La Société française
depuis cent ans

DEUXIÈME SÉRIE

MADAME AUBERNON ET SES AMIS

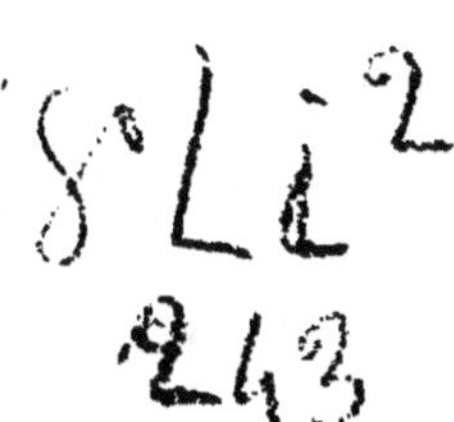

OUVRAGES DU MÊME AUTEUR

**La Société française du seizième au vingtième siè-
cle.** *Ouvrage trois fois couronné par l'Académie française*, neuf volumes in-12, PERRIN, éditeur, 35, Quai
des Grands-Augustins, Paris.

Histoire de la Monarchie de Juillet, 2 volumes in-8º,
CALMANN-LÉVY; *Couronné par l'Académie française* :
Prix THÉROUANNE.

Les Causeurs de la Révolution. Un volume in-12,
CALMANN-LÉVY; *Couronné par l'Académie française* :
Prix MONTYON.

Le Prince de Ligne et ses Contemporains. Un volume in-12, CALMANN-LÉVY.

Orateurs et Tribuns, 1789-1794. Un volume in-12,
CALMANN-LÉVY.

La Société française avant et après 1789. Un volume
in-12, CALMANN-LÉVY.

La Comédie de Société au dix-huitième siècle. Un
volume in-12, CALMANN-LÉVY.

Le Bridge et les Bridgeurs : *Règles, Psychologie,
Anecdotes.* Un volume in-16, DELAGRAVE.

**Histoire anecdotique et Psychologie des Jeux de
Cartes, Dés, Echecs.** Un volume in-16. DELAGRAVE.

L'Envers et l'Endroit, roman, un vol. in-12, PERRIN,
éditeur.

**La Société française depuis cent ans. Quelques Sa-
lons du Second Empire.** Un volume in-16, BLOUD
et GAY.

VICTOR DU BLED

La Société française depuis cent ans

DEUXIÈME SÉRIE

MADAME AUBERNON ET SES AMIS

PARIS
LIBRAIRIE BLOUD & GAY
3, rue Garancière
1924

Tous droits réservés

Madame Aubernon et ses Amis

CHAPITRE PREMIER

DANS LES VOSGES ET EN HAUTE-SAONE

Il y a, hélas ! des parents qui, par leur conduite ou par leurs conseils, semblent avoir à cœur de dévelouter l'âme des collégiens, en commentant sous toutes les formes le triste paradoxe lancé par Alphonse Karr dans une heure de misanthropie : « On sait que, pour être heureux et bien vus de tous, il faudrait qu'ils fussent un peu égoïstes, un peu avares, un peu voleurs, un peu traîtres ; mais on n'ose pas le leur dire. » Mon Dieu, si, on le leur dit, on le leur a toujours dit, et, à défaut de la famille, le monde, les événements, les faux amis se chargent de développer cette dangereuse leçon de choses, avec ses spécieux arguments. Les mauvaises fées ne manqueront pas de leur répéter la leçon du *Neveu de Rameau* montrant à son fils un louis d'or avec cette glose : « Voilà l'honneur moderne ! » Les mauvaises fées leur diront que le patriotisme, c'est le sang des autres, que les affaires, c'est l'argent des autres, que les idées directives, qui forment le patrimoine moral de l'humanité, sont des chimères, des amorces pour les niais, qu'on n'a pas trop de soi pour penser à soi, que Prudent Formichel, dans la *Famille Benoîton*, est le sage idéal, lui qui, comme fils, prétend respecter son père, mais le roule comme acheteur. Elles citeront avec admiration le mot de Voltaire : « Je donnerais cent ans d'immortalité pour une bonne digestion. » Elles mettront le siège devant les croyances de l'adolescent, s'introduiront en son âme comme les espions allemands au cœur de la France, rabaissant les grandes actions en leur cherchant de petits motifs, glorifiant les vilenies ou leur trouvant des circonstances atténuantes. Et, parmi elles, au premier rang, figurent : la fée des révolutions, une des plus funestes écoles d'abaissement des caractères, — la fée de l'arrivisme triomphant ; la fée qui préside aux grandes fortunes mal acquises ; la fée de l'anarchie, qui prêche la haine, la lutte des classes, démembre un pays vis-à-vis de lui-même et de l'ennemi ; la fée des injustes conquêtes, si habile à obscurcir par ses sophismes l'idée de ce droit des gens qu'invoquent les vaincus, que jusqu'à présent les vainqueurs ont presque toujours nié, ou escamoté en le prônant. Grâce aux mauvaises fées, beaucoup sacrifieront encore aux fausses idoles, rouleront de chute en chute aux abîmes où sombrent définitivement la dignité et l'honneur ; et les forts eux-mêmes auront leurs heures d'incertitude, de détresse. La parabole de Jésus tenté sur la montagne, la lampe de Psyché, l'aventure du docteur Faust, ne sont pas seulement des fictions : elles figurent des vérités universelles où se reflète l'histoire de chacun de nous.

L'affirmation d'Alphonse Karr n'en demeure pas.

moins un blasphème romantique, une injure à l'humanité.

On n'est pas *un peu* égoïste, *un peu* avare, *un peu* voleur, *un peu* traître ; on ne s'arrête pas à volonté dans cette quadruple voie, et l'inconscient a tôt fait de dépasser la limite qu'il s'est peut-être assignée au début, que ses juges concédaient. Et quel est ce bonheur qui réconcilie avec des tares faites pour le détruire dans son essence même ? Ce bonheur où les sources de l'idéal sont taries d'avance, où l'estime de soi-même est écartée, le culte des valeurs morales aboli, la vertu bafouée, le succès à tout prix divinisé. Bien vus de tous ? Oui, bien vus des philistins, de ceux dont le caractère pusillanime va toujours au secours du vainqueur dans tous les genres de la victoire, de ceux qui semblent avoir pratiqué l'ablation de leur âme, de leur goût, de leur dignité, de leur jugement vis-à-vis de celui qui peut leur donner des places, ou seulement des dîners, des fêtes. Bien vus de tous ! Quelle apparence ! Quelle fantasmagorie ! Beaucoup de gens, plus adroits, non plus délicats que d'autres, se prosternent devant le succès, tout en le méprisant: tel ce parasite qui, ayant appris un trait horrible de son Mécène, concluait cyniquement : « Je ne le verrai plus ! Je souperai encore chez lui deux fois par semaine, mais je ne le verrai plus ! » Bien vus de tous ! Non, certes. Un sur dix mille, comme dit l'autre, les autres sont des bipèdes ! Il se rencontre par-ci par-là, des hommes que l'argent, la puissance, n'éblouissent pas, des hommes qui refusent de les saluer, de tendre la main à leurs détenteurs ; il y en a même plus qu'on ne croit: ces hommes là représentent la conscience humaine, et pour le coupable parvenu font l'office de la conscience individuelle, lorsque celle-ci est anéantie en lui. Ils forment un tribunal de Cassation de l'honneur, tribunal d'autant plus redoutable qu'il est en quelque sorte invisible et mystérieux dans ses décrets sans appel, qu'il existe chez chaque peuple, à chaque époque de sa vie nationale, et contribue en même temps à établir un code moral, à décerner des récompenses aux bons soldats, en les inscrivant sur le grand livre de l'idéal. Soyez, dit-il, ce que vous pourrez, républicain ou monarchiste, autoritaire ou libéral, croyant ou incroyant, pourvu que vous gardiez le respect de vous-même, avec la religion de l'âme ; vous avez, au lycée, vécu dans la familiarité des grands écrivains et des grands penseurs, des êtres de beauté, d'héroïsme et de lumière. Emportez avec vous ce précieux viatique, qu'il soit votre étendard dans les heures de découragement. A ceux qui prêchent l'idolâtrie du dieu dollar, opposez ce couplet symbolique :

> Argent prend villes et châteaux
> Sans coup férir, quand il frissonne ;
> Argent fait courir grands bateaux,
> Tant que la mer cercle et vironne ;
> D'une mauvaise cause bonne
> Argent corrompt lois et édits :
> Reste sans plus qu'argent ne donne
> Santé, jeunesse et paradis.

Et, à ceux qui agitent devant vous les brillants haillons du pessimisme sceptique, citez cette admirable pensée d'Ernest Renan :

« Oh ! le bon être que l'homme ! Et quand on pense que ces sacrifices à un dieu inconnu, il les a faits, pauvre, souffrant, jeté sur la terre comme un orphelin, à peine sûr du lendemain ; oh ! je ne puis souffrir qu'on l'insulte, cet être de douleur qui, entre le gémissement de l'existence et celui de l'agonie, trouve le moyen de créer l'art, la science, la vertu ! »

Et enfin, aux adolescents qui s'élancent dans la vie, répétez cette maxime d'un moraliste : Pour faire fortune, il n'est pas absolument indispensable de n'avoir ni foi, ni talents, ni honneur, ni préjugés.

Mes parents avaient un sentiment élevé de la vérité morale, et j'ai fait mon possible pour m'assimiler leurs discrètes leçons. Mon père aimait passionnément la nature qu'il appelait, d'après un écrivain d'autrefois, le *Manuscrit de Dieu;* successivement fonctionnaire à Saint-Dié, Argenteuil, Sceaux, Paris, il ne connaissait pas de plus grand plaisir que les promenades à travers la forêt ou la montagne. Peu après que ma mère *m'eut donné les pieds,* comme dit Mistral, il commença de m'emmener avec lui ; d'abord dans une voiturette ; ensuite, je l'accompagnai sur mes jambes, et je trouvais parfois que le retour était bien plus long que l'aller, mais mon petit amour-propre surexcité ne voulait pas confesser la fatigue. Et puis quel plaisir de gravir les pics des Vosges, de pêcher la truite dans les torrents, de tendre des pièges aux oisillons, de ramasser fleurs, myrtiles et noisettes, de botaniser un tantinet ! Oh ! une botanique d'alouettes, disait modestement mon père ; du moins m'apprenait-elle un peu les noms des fleurs, et quelques-unes de leurs vertus. Avec quel appétit je goûtais ! Et, malgré le goûter, quelle faim je rapportais en revenant de ces montagnes qui me semblaient hautes comme l'Himalaya ! De telles randonnées valent mieux que toutes les pharmacies du monde ; je les ai recommencées plus tard, beaucoup plus tard, pendant mes villégiatures chez Charles Ferry, à Foucharupt : elles n'ont pas peu contribué à éveiller en moi la passion de la chasse et des voyages; et, cette grande paix qui descend des nobles paysages, plus d'une fois a ramené la résignation, la sérénité dans mon cœur endolori.

Tout en participant à nos excursions, ma mère aimait la vie de salon; elle lisait beaucoup, tournait à merveille un billet : la correspondance qu'elle entretint pendant plus de vingt ans avec un Président de Chambre, mériterait d'être publiée. Le mot, le trait, l'anecdote humoristique, la charmaient, elle contait bien, tirait pour moi des leçons piquantes de ses auteurs de chevet : madame de Sévigné, Rivarol, Chamfort, Balzac, Dumas, Sardou, E. Augier, Mérimée. Quand je sortis du lycée, je ne savais rien, en dehors des classiques, et encore! Elle m'indiqua les bons auteurs, et me guida adroitement, tout en me recommandant de ne pas me cantonner dans tel ou tel genre. Comme tous les adolescents, j'avais une véritable fringale d'inédit, et je dévorais ce qui me tombait sous la main dans les cabinets de lecture du Quartier Latin. Ma mère m'a de bonne heure inculqué l'habitude de prendre des notes sur ce qui m'avait frappé dans les livres et les conversations; elle le faisait elle-même, et avait plusieurs cahiers renfermant de petites anthologies de pensées. Il y avait le cahier des moralistes, le cahier des historiens, où Augustin Thierry, Amédée Thierry, Michelet, occupaient la place d'honneur; le cahier des faiseurs de Mémoires, où dominait Chateaubriand; le cahier des écrivains religieux, avec Pascal, Donoso Cortès, de Bonald, Lacordaire, Joseph de Maistre; le cahier des poètes, avec beaucoup de vers des rimeurs spirituels du xviie et du xviiie siècle, de Musset qu'elle préférait à tous, de Lamartine et de Hugo. Enfin le cahier des enfants, où elle consignait les mots dits par ceux-ci, ou prêtés à ceux-ci;

car, il faut le confesser, les enfants sont comme les
princes, leurs parents s'admirent en eux, et mettent
au compte de leurs héritiers une partie de ce qu'ils in-
ventent ou entendent eux-mêmes. De temps en temps
ma mère ouvrait un cahier, me faisait déguster un certain nombre de réflexions, m'exhortant à les retenir,
affirmant qu'à force d'emmagasiner dans ma mémoire,
les mots originaux finiraient par jaillir tout naturellement sur mes lèvres. Du reste elle faisait grand cas
de la mémoire, et ne pensait nullement comme cette
belle dame du xviiie siècle, à qui l'on contait qu'une
jeune fille ne pouvait rien retenir : « Tant mieux,
elle ne citera pas ! » C'est trop commode, disait ma
mère, de faire table rase du passé, pour se donner des
airs de créer continuellement ; j'estime au contraire
que le nouveau est surtout l'oublié, et, très souvent,
les lanceurs de mots ou de pensées se contentent de
rhabiller au goût du présent ceux du passé. Le plus
fort, c'est qu'ils ne s'en doutent presque pas : ils ont
lu telle pensée dans deux, trois auteurs, les noms de
ceux-ci se sont effacés de leur souvenir, mais l'idée,
comme une libellule sur l'étang, voltige dans leur
cerveau, mêlée à d'autres idées similaires ; et, puis,
brusquement, la plume, *accoucheuse de l'esprit*, une
causerie alerte où chacun devient le briquet de l'autre,
font surgir la forme, une forme vivante qui luit
comme un éclair, brille, est acclamée. Cela semble
une génération spontanée, mais il n'existe pas de génération spontanée.

C'est imiter quelqu'un que de planter des choux !
Après tout, j'aime mieux répéter un trait rare d'autrui, qu'émettre une platitude de mon cru ; il y a des
chances pour que les auditeurs rapportent l'honneur
du premier à celui qui le cite avec à propos.

« D'ailleurs, continuait-elle, il y a une mémoire latente, faite de milliers de lectures, causeries, impressions, remarques fugitives ; poussière d'anecdotes, voie lactée d'idées, de traditions héréditaires, amalgames de rêves, de légendes et d'histoires : ils se pressent confusément dans les chambres obscures de notre moi intellectuel, comme les atomes dans l'air, ou les vagues dans l'Océan, et, à certains appels, par une sorte d'alchimie qui les tire du creuset magique, ils se condensent, s'épanouissent en formules savoureuses, s'élancent dans le monde par la parole ou par la plume ; poétiques diamants du cœur, perles des pensées profondes, sorties du mystérieux écrin où s'alimentent l'esprit, le talent, le génie. »

Dans le cahier des Enfants, ma mère avait noté un trait de lord Salisbury. Dès l'âge de huit ans, il manifestait pour la toilette un dédain qui allait jusqu'à l'horreur, et le classa plus tard comme un arbitre des inélégances. Il lui arriva de soupirer mélancoliquement : « Ah ! que je voudrais être chat ! — Vous souhaiteriez d'être un simple animal ! Vous ! Est-ce possible ? s'exclama sa gouvernante indignée ! » Mais oui. — Et d'où vient cette bizarre vision ? — Parce que je songe avec ennui quel nombre énorme de fois il me faudra m'habiller jusqu'à ma mort. Aussi j'envie le sort du chat qui ne change jamais de costume. »

Au dessous de cette réponse, ma mère racontait une naïveté dont elle-même était l'auteur. Toute petite, elle disait longuement ses prières, les dimanches soirs, avant de s'endormir : sa maman, intriguée de cette ferveur qui ne se renouvelait pas les autres jours, lui dit : « Lydie, tu invoques donc tous les saints du calendrier, le dimanche ? — Oh ? non, maman, je dis seulement mes prières pour toute la semaine, afin de

n'avoir plus à m'en occuper. » Elle apprit alors que
les règles canoniques n'autorisent pas ce système expé-
ditif.

Les Vosges.

On sait la charmante définition du Paradis par Victor Hugo. « Un endroit où les parents sont toujours jeunes, et les enfants toujours petits. » Et donc, les années
que j'ai passées à Saint-Dié me laissent un souvenir
tout-à-fait paradisiaque ; cependant je ne me rappelle
pas beaucoup de détails, et ces belles montagnes, ces
torrents, ces forêts de sapins, ces lacs nagent pour moi
dans un brouillard rose, ou, si l'on veut, dans une
atmosphère de béatitude. Je sais surtout que j'ai passé
un an au collège de Saint-Dié, où je faisais ma neu-
vième, que je commençais à me passionner pour *Robinson Crusoé* et *Robinson Suisse*, que j'adorais pa-
tauger avec mes petits camarades dans le ruisseau de
Robache, où nous prenions des grenouilles et des ver-
rons ; je ne l'ai plus retrouvé, ce cher ruisseau, quand
je suis revenu à Saint-Dié (vers 1895) : il avait été
comblé, ses eaux dérivées dans une autre direction.
Et puis mes parents avaient rencontré là un noyau
de société aimable, M. Benoist, procureur impérial,
M. Hoffmann, substitut, magistrats pleins d'esprit et
d'entrain, des forestiers, le sous-préfet M. de Golbéry avec madame de Golbéry et leurs quatre fils : on
dînait les uns chez les autres, on jouait au whist, on
improvisait à chaque instant de joyeuses excursions,
où l'on nous emmenait assez souvent, les Golbéry et
moi ; c'est dans l'une d'elles que m'arriva une aven-

turette qui redoubla mon goût pour le roman de Daniel de Foë.

Nous étions allés assez loin; les voitures restaient au pied de la montagne, et nous avions gaiement déjeuné sur la crète, au milieu de roches élevées, qui, tels les rochers de l'Estérel, affectent des formes bien étranges; elles m'ont fait songer depuis aux légendes où des géants sont punis de leur révolte en devenant des pierres, et gardant presque leur aspect humain. Nous avions comploté, les Golbéry et moi, une grande partie de cachette; le sort désigna celui qui chercherait les autres, et, pour ne pas être découvert facilement, je descendis rapidement vers de nouvelles roches semées sur l'autre versant de la montagne. Je courais, tout enivré par cette nature et mon propre entrain, ne me rendais plus compte du temps; à un moment je me retournai, les grands sapins m'empêchaient de voir d'où je venais : je compris que je m'étais égaré. Que faire? A une grande profondeur, j'apercevais une vallée étroite, où serpentait la route; je m'imaginai que nos voituriers étaient dans cette direction, et, déjà troublé, mais ne voulant pas me confesser à moi-même que j'avais peur, tout en pensant à mes parents, aux amis d'en haut, je continuai à descendre ; chemin faisant, j'emplissais mes poches de myrtiles, de noisettes, afin de calmer la faim, au cas où la faim me tenaillerait. Enfin, après bien des détours, j'arrivai à la route, et je me demandais comment je m'orienterais, lorsque je vis s'avancer une voiture. C'était un gros boucher qui s'en allait au petit trot de son cheval, ayant derrière lui une cargaison de veaux : il s'arrêta, regardant avec étonnement le petit garçon, coquettement vêtu, qui stationnait au bord de la route, fort loin de toute habitation, et qui le saluait profondément. *Robinson Suisse* recommande la plus extrême politesse vis-à-vis des gens qu'on veut solliciter ; et les *Contes de Perrault* insistent dans le même sens. Alors, rassemblant toute ma diplomatie, je demandai : « Monsieur, est-ce que nous sommes bien loin de Saint-Dié ? — Je crois bien ; vingt deux kilomètres — C'est bien loin pour moi. Alors, Monsieur, voudriez-vous avoir la bonté de me prendre sur le derrière de la voiture, à côté de ces veaux ? Je me suis perdu là-haut, et mes parents doivent être bien inquiets. — Montez à côté de moi, mon petit ami, et contez-moi cela. » Je ne me le fis pas dire deux fois, et le brave homme poussa l'obligeance jusqu'à me faire goûter à l'auberge du prochain village ; partout où nous passions, il clamait de sa forte voix : « Voici un enfant qui s'est égaré du côté du Lac Blanc ; si on vient s'informer, vous direz que je le ramène à Saint-Dié ; il était avec Mᵣ le sous-préfet et avec ses enfants. » En effet, les jeunes de notre caravane s'étaient égaillés de tous les côtés en éclaireurs ; l'un d'eux, M. Hoffmann, informé de mon retour, trouva le moyen d'avertir les autres, on était revenu dare-dare, et, quand mes parents montèrent l'escalier de notre logis, ils me trouvèrent tranquillement endormi sur le paillasson ; ils avaient emporté la clef, donné congé à la bonne, et nous devions tous souper à la sous-préfecture. On soupa gaiment, et ma mère me regardait avec des yeux souriants, encore mouillés de son émotion de l'après-midi, tandis que ses amis faisaient mille plaisanteries sur mon compte, et mettaient en garde mes parents contre mon fol engouement pour les Vosges. M. Hoffmann m'appelait ensuite *Victor ou l'Enfant de la Forêt*, M. Benoîst me donna le surnom de Robinson Crusoë, et les parties

de cache-cache sur les cimes furent mieux surveillées dorénavant. Au fond, je n'étais pas vexé, mais
plutôt flatté d'être comparé à mon héros favori, à celui dont je récitais imperturbablement l'odyssée, cette
odyssée que j'aurais voulu vivre. C'a été là une de
mes premières vocations, le désir de continuer les
Marco Polo, les Christophe Colomb, les Vasco de
Gama, désir qui s'est fondu en un sentiment d'admiration reconnaissante pour nos explorateurs.

En Haute-Saône.

De 1855 jusqu'à 1870, j'ai passé mes vacances chez
mon grand'père maternel, au château de la Barre,
canton de Montbozon, Haute-Saône. Je n'y suis pas
revenu depuis plus de trente ans, et je revois toujours, *with the mind eyes*, cette vieille maison qui
n'avait d'autre cachet original que sa grande toiture
à la Louis XIII, très modeste en somme et médiocrement confortable, mais que la bonne grâce de mes
grands parents transfigurait pour moi en un véritable palais ; la petite allée de sapins en face, avec
les communs, le chenil, un grand jardin potager,
un clos de six à sept hectares, avec des petits monticules, des berceaux de verdure et des files de vieux
arbres fruitiers ; le clos, le potager, dévalant vers
une très longue terrasse qui dominait l'Ognon. Cette
rivière est là pour la joie des yeux, à cent mètres en
dessous, venant de Beaumotte, si coquette, si élégante en ses gracieux méandres, arrosant les prairies
sur son parcours et puis, tout d'un coup, devant la
terrasse, s'élargissant, formant une morte, sorte de

lac, entourée de joncs où se cachaient poules d'eaux, canards sauvages, où, aux approches des vendanges, venaient se coucher des nuées d'étourneaux. L'Ognon, dont l'eau très limpide mesurait rarement plus d'un mètre cinquante de profondeur, en avait trois ou quatre à cet endroit ; c'est là de préférence qu'on tendait les nasses, les lignes dormantes. Et il était fameux, le poisson de cette rivière, si fameux, qu'en signe de reconnaissance, dans les foules mes amis et moi, nons avions adopté ce cri : Brochet de l'Ognon ! Ce panorama n'était pas grandiose, mais je n'en ai jamais vu de plus riant ; on venait s'asseoir sur la terrasse, sous quatre énormes sapins qui, même pendant les fortes chaleurs, donnaient de la fraîcheur, tant de fraîcheur, qu'il fallait souvent se munir de pardessus ; on fumait, on causait, on contemplait les villages de Blarians et de Germondans, perchés sur une crète à quelque distance, et, dans les jours très clairs, on voyait, ou l'on croyait voir se profiler la silhouette bleue des monts du Jura. Les hôtes du château étaient jeunes et gais, les voisins aimables, pleins d'entrain, toujours à l'affût de distractions nouvelles : on se recevait beaucoup. Les jolies femmes ne manquaient pas dans ce décaméron, et peut-être, par un miracle d'équilibre moral, faisaient-elles, comme madame Récamier, de la coquetterie une vertu. En tout cas on ne dédaignait pas le flirt, ses augmentatifs, ses diminutifs, et là, comme ailleurs, les plus spirituels, les plus nobles d'âme n'étaient pas toujours les mieux écoutés, les mieux appréciés. Le monde, en général, vit, dure, prospère par la frivolité, par certains retours aux lois naturelles qui semblent incompréhensibles, absurdes aux observateurs les plus distingués, lorsqu'ils ne l'ont pas longtemps pratiqué, et ne l'ont étudié que dans les livres ; ceux-ci disent une chose, la vie en dit une autre. Et la frivolité a ses héros, ses demi dieux ; ils passent avec les applaudissements du monde, mais ils ont touché l'usufruit de leurs petits agréments, et n'espèrent sans doute pas plus qu'une célébrité viagère.

Et donc, cette société de la vallée de l'Ognon, qui allait de la Barre à Montbozon, en passant par Beaumotte, Loulans, Larians, et zigzaguant jusqu'à Filain, avait, du plus au moins, les défauts et les qualités de toutes les sociétés ; active, exubérante, toujours par monts et par vaux, attrayante en somme, car elle donnait l'illusion de la force courtoise et du plaisir à jet continu. Caquets, cancans, médisances, mystifications, jouaient un rôle majeur dans les conversations : ce qui ne saurait étonner personne ; on médit, on *blague*, on calomnie même à Paris, où les sujets de causerie sont infiniment nombreux, où les idées générales éclosent, se baignent dans une atmosphère privilégiée. Beaucoup d'hommes, de femmes de haute vale ., n'ont ils pas marqué une curiosité inextinguible pour les on-dit, les pétoffes, les personnalités ? Qui donc en a été plus insatiable que Richelieu, Louis XIV, la marquise de Sévigné, la marquise du Deffand, Voltaire, Napoléon 1er, Cavour ? Curiosité d'autant mieux fondée, que pour les puissants, les cancans sont enrore un moyen de gouvernement : par eux ils savent à quoi s'en tenir sur les dévouements hypocrites et les hostilités réelles. Au fond le service de l'espionnage et du cabinet noir n'est que la mise en œuvre, très étendue, de ce besoin d'être fixé.

On dînait plantureusement chez les Duchon, chez le docteur Coillot, chez la Baronne Henri à Loulans-les-Forges, très bien aussi chez madame Camille Thierry,

où la conversation était plus brillante qu'à Loulans.
Je fus présenté par cette dernière à Armand Barthet,
l'auteur du *Moineau de Lesbie*, joué par Rachel ; très
fin, assez mordant, ne retenant guère un bon mot qui
venait sur ses lèvres, même s'il égratignait un ami,
Armand Barthet dépensait sa verve en égrenant une
foules d'anecdotes et d'épigrammes sur les choses et
gens de Paris. Madame Thierry, très cultivée, l'écoutait avec délices, et obtenait parfois pour lui, chose
rare partout, spécialement en province, le silence
déférent des autres convives. Pauvre Armand Barthet !
Sa raison a fini par sombrer dans les abîmes de la
folie !

C'est à la Barre qu'on dînait le plus agréablement,
surtout quand messieurs les chasseurs voulaient bien
garder pour le fumoir leurs histoires cynégétiques, que
les dames trouvaient si longues ; ma mère leur cita
un jour le mot de Michaud à Viennet qui se vantait
d'avoir terminé un poème épique de trente mille vers :
« Il faudra donc quinze mille hommes pour le lire ! »
La critique si fine ne convertit point les Nemrods.
Jeune Eliacin nourri dans le sérail de Diane, je m'in-
téressais à ces bavardages ; le reste de la compagnie
les jugeait insupportables. Ma grand'mère de la Barre,
qui avait une manière de salon à Vesoul, possédait le
grand talent d'écouter ; elle était peu lettrée, mais,
tout en ayant l'air d'être charmée par les exploits de
Brifaut, les ruses d'un vieux bouquin et la randonnée
du sanglier, elle savait tourner la causerie vers des
sujets capables de rallier tout le monde. Elle avait des
mains admirables, ma grand'mère, des mains comme
je n'en ai vu qu'à la marquise de Grammont et à la
duchesse de Rarécourt-Pimodan ; ces mains avaient
été peintes par notre compatriote Léon Gérôme,

chantées aussi par des rimeurs comtois. Son automne
valait l'été de beaucoup d'autres ; avec cela maîtresse
de maison, et mère de famille parfaite, ayant l'esprit
de gouvernement, assez autoritaire ; on aurait pu lui
appliquer le surnom donné au xviiie siècle à la princesse de Beauvau : *la dominante*. Fanatique du whist,
tous les jours, en toute saison, à la campagne comme
à la ville, elle lui consacrait deux ou trois heures ; je
lui fis grand plaisir, quand je racontai que cette passionnette avait hanté beaucoup de gens célèbres, Talleyrand entre autres.

Oui, la causerie avait un véritable cachet d'élégance, lorsque MM. Choppin d'Arnouville, Delmon,
Emile Grillon et son frère le commandant Grillon
(depuis général), Pastoureau préfet du Doubs, etc.
tenaient le dé ; ma mère excellait à mettre en branle
les esprits, donnait la réplique, préoccupée surtout
d'entretenir le foyer intellectuel, en offrant à chacun
l'occasion d'y apporter son combustible, de satisfaire
son amour-propre oratoire. M. d'Arnouville avait été
substitut à Vesoul, où ses réquisitoires étaient fort
goûtés, non seulement du monde judiciaire, mais du
monde sans épithète. Emile Grillon, un des premiers
avocats du barreau comtois, était un grand caractère :
j'ai rarement rencontré un esprit plus vigoureux, plus
précis, aussi habile à saisir le fil conducteur dans les
labyrinthes juridiques, qu'à pénétrer les tortueux replis de certaines consciences. Mes compatriotes, mieux
inspirés, auraient dû lui offrir un siège au sénat ou à
la chambre des députés ; mais Emile Grillon détestait,
dans tous les sens, cet esprit de parti qui n'est presque
jamais le parti de l'esprit ; il disait leur fait aux sectaires de droite comme aux sectaires de gauche, can-
tonné dans sa fière indépendance, content de son tra-

vail, de l'estime générale, incapable de concéder aux
ignorants leur fatuité, aux arrivistes leurs mesquines
passions. Et il ne fut ni sénateur, ni député, mais il
aurait pu reprendre le mot d'Edouard Grenier, qui
stupéfia un immortel en déclarant qu'il visait plus
haut que l'Académie Française : « Oui, je vise à m'en
passer. » Et puis, déjà âgé de près de 4o ans, il épousa
une femme d'élite, la sœur de mes amis Abel et Va-
lère Lamboley, qui le rendit très heureux.

Eugène Voisard ne manquait pas de culture, et
l'étude continuelle de P. J. Proudhon, son dieu intellectuel, lui inocula, avec une subtilité extrême, le goût
de la contradiction : quoi qu'on dît, qu'on pensât, on
pouvait être sûr qu'il élèverait des objections, et, lorsque personne ne discutait avec lui, il se réfutait lui-
même, selon le rite proudhonien des *Contradictions
économiques* : thèse, antithèse et synthèse. Républicain
exalté, athée militant, et, comme tant d'autres, fanatique de ses doutes, il lui était arrivé une assez bizarre
aventure : pendant une grave maladie qui le conduisit
aux portes du tombeau, un prêtre lui administra les
derniers sacrements. Il était au plus mal, et, ayant à
peine sa connaissance, ne pouvant parler, tendait les
mains pour détourner le calice abhorré, tandis que les
assistants interprétaient son geste dans un sens tout
différent. Docteur en médecine de la Faculté de Strasbourg, il fréquenta toute sa vie les cliniques, et je
crois bien qu'il ne délivra pas dix consultations pendant sa vie entière ; on l'horripilait en lui demandant
un conseil thérapeutique. Il venait tous les ans à Paris,
y vivait en étudiant, assez chichement, malgré sa fortune, habitant une modeste chambre dans un hôtel de
la rue Jacob ; et, je n'ai jamais pu savoir quelle lubie
le hantait, il ne se décida à acheter un parapluie que

vers la fin de son existence : de sorte que, les jours de
mauvais temps, il s'enfermait dans son logis, et se contentait de regarder la pluie tomber. Avait-il fait contre le *riflard* le serment d'Annibal ? Comme il était
franc-maçon, et même plus ou moins vénérable de sa
loge, je lui demandai un jour si cette antipathie faisait partie des rites. « Que tu es bête ! répondit-il, »
mais il continua de ne pas s'expliquer. Homme du
monde à ses heures, assez féru de la dame de pique,
aimant la musique, le théâtre, il était réfractaire à la
poésie : son grand homme n'en faisait aucun cas, et
l'on sait avec quelle désinvolture, pendant son exil à
Bruxelles, il tourna le dos à Victor Hugo, le déclarant
immoral et ennuyeux. Bien qu'il n'eût guère le sens
de la famille, — ses parents s'étant toujours montrés
aussi économes de cœur que d'argent, — Eugène
Voisard me témoignait quelque sympathie, parce qu'il
aimait les laborieux, qu'il me prêtait un à un les volumes de Proudhon, et que nous discutions à perte de
vue sur les théories de celui-ci : j'étais son cadet de
vingt-cinq ans environ. Je le faisais enrager, tantôt en
signalant les perpétuelles incohérences du publiciste,
tantôt en rappelant ses éreintements foudroyants des
hommes du socialisme et de la démocratie ; il arrivait
au paroxysme de la colère quand je citais les critiques,
railleries, philippiques de toute sorte emboursées depuis 1848 par ce paysan du Danube, « ce rustre impie et
vaniteux, dit Veuillot, » en particulier les articles parus dans la *Revue des Deux Mondes* sous la signature
d'Eugène Pelletan, un bon républicain cependant. —
« Républicain, soit, et encore ! Mais quel pauvre penseur ! grondait-il. Quel médiocre pondeur de prose
poétique, genre bâtard, genre Lamartine ! » Malgré
mon irrévérence, mon scepticisme envers Proudhon,

le docteur ne m'en voulait pas, et provoquait sans cesse de nouvelles batailles : aussi bien les proudhoniens étaient rares à Vesoul, même à Paris, et avec eux la dispute était inutile ou même impossible, tandis qu'avec un adversaire qu'on se flatte de convaincre et de terrasser, il y a ragoût. Mon cousin était passionné, mais sincère et désintéressé. Je me souviens qu'un jour, je lui avais servi un abatage *di primo cartello* sur son héros, ses fameuses propositions : *Dieu c'est le mal! La propriété c'est le vol!* [1] son apothéose du droit de la guerre, les paradoxes sur le principe de l'impôt, la fameuse phrase de démence orgueilleuse, écrite en 1839 : « Prie Dieu que je trouve un éditeur ; ce sera peut-être le salut de la France ! » Il m'écouta sans m'interrompre, ce qui n'arrivait pas souvent, et finit par me proposer d'aller ensemble à Compiègne le dimanche suivant « afin, dit-il, de pulvériser mes sophismes. » Et nous allâmes à Compiègne, et, bien entendu, nous restâmes chacun sur nos positions.

C'était un fameux original ; il m'admit, — grande faveur — plusieurs fois, à faire avec lui la promenade du Sabot, colline située à quelque distance de Vesoul, au dessus de Frotey, finissant, non en pointe, mais par un plateau assez vaste, de 15 à 1800 mètres de pourtour : le docteur avait pris l'habitude, en toute saison, par n'importe quel temps, de monter tous les jours au Sabot. Cela commençait par une baignade dans le Durgeon, petite rivière qui coule au pied du mont ;

---

1. A la fin d'une violente altercation avec Proudhon, Félix Pyat le souffleta rudement, et, joignant le commentaire au geste : « Je vous le donne en toute propriété, dit-il. » « Il ne l'a certes pas volé, remarqua un témoin de la scène. »

il se déshabillait à côté d'un vieux saule, se jetait à l'eau, assez profonde en cet endroit, nageait trois minutes, se rhabillait, — et nous grimpions. Une fois sur le plateau, nous allions droit à une grosse pierre, pesant au moins quinze kilos, et nous la lancions en avant, le plus loin possible, toujours dans la direction de l'enceinte. « Vois-tu, dit-il à notre première course, je lui ai déjà fait parcourir trente fois le tour du plateau ». Ensuite, aux quatre points cardinaux, on jetait dix cailloux sur les flancs de la colline; et nous terminions cette petite fête, imitée de l'antique, par une course de deux ou trois cents mètres. — « Grâce à ma méthode, reprit le docteur, je me porte à merveille, les bourgeois de Vesoul se moquent de moi, les paysans hochent la tête et m'appellent : *le fou du Sabot*. Peu m'importe. Le seul ennui que m'ait donné mon sport quotidien, c'est qu'un jour, pendant mon bain, j'ai vu un inconnu se faufiler vers mon saule, enlever jaquette, gilet, bottines, chapeau, montre, porte-monnaie, puis détaler à toute vitesse : de telle sorte, qu'au mois de janvier, tout nu, j'ai dû gagner une maisonnette, assez distante, où l'on me prêta des sabots, un pantalon, une veste, pour rentrer à Vesoul en petit équipage. Mon voleur n'a jamais été découvert. — Que voulez-vous ? La propriété, c'est le vol ! — Mauvais plaisant ! — Quant au surnom malséant, cher docteur, vous avez bien raison de ne vous en point émouvoir. Lorsque Victor Hugo allait voir sa belle amie, la princesse Negroni (Madame Drouet), la concierge, interprétant en concierge ses airs distraits, annonçait ainsi son arrivée : « Ah ! voilà l'idiot ! » Eugène Voisard était de taille moyenne, brun, avec un nez en pied de marmite, de beaux yeux et des sourcils superbes. Ceux-ci avaient leur historiette. Un jour, à la Barre, ses cousines germaines, mes tantes et ma mère, lui persuadèrent de se laisser raser les sourcils : elles avaient entendu dire qu'ils repoussaient plus touffus que jamais. Il consentit, et il était convenu qu'après lui ce serait le tour des jeunes filles ; mais, l'opération faite, elles le trouvèrent si laid, qu'il ne put les décider, et qu'elles se gaussèrent copieusement de lui. Le moqué d'alors devint le moqueur quinze jours après. Je me rappelais l'anecdote, et lorsque mes enfants eurent cinq ou six ans, je les conduisis chez mon coiffeur, leur fis raser les sourcils, couper les cheveux, et leur docilité fut récompensée par une belle pièce blanche. Mais, quand nous rentrâmes pour le déjeuner, madame du Bled s'aperçut bien vite de la surprise que je lui avais ménagée, et je reçus une avalanche de reproches, auxquels j'opposai en vain le cas du docteur. Elle alla dans l'après midi visiter plusieurs Esculapes, qui firent une réponse conforme à mon système ; malgré cela j'essuyai encore bien des gronderies. Et le préjugé demeure si tenace, que, malgré l'éloquent exemple cité par moi à une foule de mamans, — mes enfants ont de très beaux cheveux et d'épais sourcils, — deux ou trois à peine risquèrent l'épreuve. Il ne suffit pas d'aimer, il faut savoir aimer.

Au reste la farce, la mystification ne cessa d'être en honneur à la Barre : il semble que ce genre de galéjades soit en quelque sorte inhérent à toute compagnie où domine la jeunesse, une jeunesse un peu étourdie, égoïste, aventureuse, qui veut s'amuser à tout prix, et ne raffine pas sur la qualité de son plaisir. Mon oncle Théodore de la Barre menait le bal dans l'ordre des facéties, plaisanteries, hardiesses et parties de tout genre ; paresseux comme un loir quand il s'agissait d'un travail cérébral quelconque, n'ayant jamais pu, surtout voulu arriver au baccalauréat, se faisant renvoyer ou s'évadant de tous les collèges, incapable d'écrire une lettre, sans la consteller de fautes d'orthographe, — mais ses sœurs lui venaient en aide, comme dans la *Grammaire* de Labiche, — il prenait sa revanche dans les sports d'exercice, adorait la campagne, la terre, réalisait dans toute sa vigueur le type du gentilhomme rural, beaucoup trop décrié par les salons et les romans, plus utile à tout prendre que les Vadius et les Trissotin, que les lettrés eux-mêmes et les fonctionnaires : car c'est parmi les hommes de la terre que se recrutent les défenseurs et les sauveurs du pays dans les grandes crises, c'est là qu'il y a le moins de déchets, le plus de héros capables de supporter les fatigues du soldat. Le retour aux champs, la nécessité de l'encourager inlassablement, s'imposent de plus en plus, si toutefois la France ne veut pas mourir, si l'on ne doit considérer que comme une fanfaronnade malsaine ce mot d'Ernest Renan : la gloire est le foin dont on nourrit les peuples.

Au contraire on ne saurait trop prêcher à nos législateurs le conseil du poète :

> Grevez d'impôts la ville et dégrevez les champs :
> Ayez moins de bourgeois et plus de paysans !

Je pourrais citer des gentilshommes ruraux, fidèles aux vieilles traditions, à la devise de Bugeaud : *ense et aratro*, faisant valoir eux-mêmes leurs terres par le système des métayers, et lisant le soir Horace, Virgile, Bossuet, Lamartine. Mon oncle lisait peu ou point dans les livres, beaucoup dans le grand livre de la vie, ce qui l'avait conduit à une sorte de bon sens réaliste. Et, tant le domaine d'Eros défie toutes les règles, tant cet Eros méprise le talent, l'atticisme, et obéit en somme au vœu secret de la nature, il avait le vol des dames, leur plaisait beaucoup, trop, sans doute parce qu'il était grand, fort, admirablement découplé, de figure avenante, audacieux comme Lauzun ou Richelieu, ne pouvant rester une demi-heure auprès d'une jolie femme, châtelaine, soubrette ou paysanne, sans lui conter fleurette, traitant, sous ce rapport, la morale chrétienne ou même la morale sans épithète, comme le requin traite les autres poissons. Oui, les femmes lui souriaient plus qu'il n'eût fallu, et il comptait aussi plus qu'il n'eût fallu sur ses forces, de même que le poète Henri Heine qui s'en repentit avec tant d'humour. Taillé comme il l'était, il aurait dû vivre cent ans, et atteignit à peine soixante, puni par où il avait péché.

Mon oncle était né sous une heureuse étoile, avec une cuiller dans la bouche, comme disent les Mongols, presque aussi hâbleur que le Marquis de Crac — chaque province a ses Gascons, — un peu cynique dans sa conversation avec les hommes, lançant volontiers un juron quand les choses n'allaient pas à son gré, ou marchaient selon son désir, — il avait tout un arsenal de jurons, pour la joie comme pour le dépit. Courageux comme un lion : je l'ai vu administrer une maîtresse pile à deux vigoureux braconniers qui, dans un cabaret où nous étions entrés en revenant d'une chasse éloignée, avaient injurié en bloc les propriétaires ou amodiataires de bois, en le regardant de travers : ils passèrent un vilain quart d'heure, et durent faire de plates excuses.

Une gaieté à gros grains, de l'entrain, la poignée de main facile, acceptant volontiers d'aller à la fête chez les cultivateurs des villages voisins, et de danser, après des dîners de quatre, cinq heures, où il ingurgitait une demi-douzaine de bouteilles de vin de Miserey sans qu'il y parût le moindrement, fréquentant les foires, ces parlements ruraux, où il tenait tête aux maquignons les plus retors, il voyait pousser l'herbe à quinze pas dans l'ordre pratique, et ce n'est pas lui qui eût conclu de ces marchés avec le diable, où l'acheteur ne reçoit qu'un peu de cendre et de feuilles sèches. Assez jaloux et ombrageux dans les affaires de la chasse qui resta, en somme, sa principale passionnette presque jusqu'à la fin ; partageant la haine des ruraux pour l'impôt et ses collecteurs, il répétait volontiers un mot que je lui avais soufflé : « L'impôt a une assiette, et beaucoup de pique-assiettes, » le criait par dessus les toits. Grâce à certaine prudence innée, il observait avec les gens du monde une sage réserve sur les nombreux sujets qu'il ignorait. Cela ne l'empêchait pas, par exemple, entre intimes, de se déboutonner, et de clâmer à tout bout de champ, quand une thèse le choquait : « Il n'y a rien de si ridicule ! » Et l'on s'amusa longtemps, au cercle de Vesoul, d'un débat où il avait à plusieurs reprises répété son verdict coutumier : « c'est mon opinion ! « Là-dessus quelqu'un conclut : « C'est votre opinion, et vous la partagez ? — Est-ce que vous vous f... de moi ? Non je ne la partage pas. » Il y eut un éclat de rire prolongé. Eugène Voisard, qui ne l'aimait guère, le traitait de paysan madré, de faux bonhomme, et lui lançait en pleine face ces aménités, qu'il appuyait de son éternel rire goguenard, énervant, guttural, sorti du fond de l'estomac, figurant assez bien un hoquet précipité et à rebours. — Mais mon oncle, rendant pain blanc pour fouace et fève pour pois, lui en servait de toutes les couleurs sur la franc-maçonnerie, sur l'anarchie

proudhonienne ; je dois confesser que je fournissais
des arguments contre ce pelé, ce galeux de proudhonien : « Ah ! tu me traites de Jésuite ! Eh bien tu
en es un autre, tu n'es qu'un jésuite rouge, la pire
espèce de jésuites, le pire de tous les tartuffes. — Tu
dis tartuffes ! ricanait le docteur ; es-tu bien sûr de ne
pas te tromper en prononçant ainsi ? — Mais j'avais
secrètement fait signe que c'était bien dit. « Oui,
continuait Théodore ; et ton Proudhon n'est qu'un fou,
un malfaiteur dangereux, et il a engendré une terrible postérité de fous qui font prendre en horreur la
République ! Mieux vaut le plus mauvais prince que
l'anarchie. — Et ainsi de suite.

Voici une farce dont je fus bien honteux sur le
moment, dont je sus bon gré plus tard à mon oncle.
C'était un jour de grand déjeuner à la Barre, avec
vingt personnes au moins, dont sept ou huit belles
madames des environs ; je venais de terminer ma seconde, on me demanda de porter un toast ; comme
j'avais été averti à l'avance, je réussis, dans mon *improvisation*, à complimenter chacune des invitées. Là-
dessus mon oncle me fit boire un grand verre de vin
de champagne où il avait traîtreusement versé de l'eau
de vie de prune, et il proposa, pour amuser les dames
qui nous contempleraient du haut de la terrasse, une
partie de pêche sur l'Ognon. J'acceptai, j'étais dans
la barque de mon oncle ; il m'avait donné un coquin
de londrès que je fumais pour faire comme les grands
messieurs — je n'avais jamais dépassé la cigarette —
mais mon petit succès de toast m'avait un peu grisé.
Pour compléter la plaisanterie, son auteur imagina de
m'inonder en se servant de sa rame comme d'une
pelle, je ripostais de mon mieux, mais je n'étais pas
de force. Résultat : le mal de mer dans toute sa lai-

deur, nécessité de rentrer au plus vite, et de gagner ma chambre en piteux état, tandis qu. les invités, après s'être moqués de moi, passaient à d'autres divertissements. Le coupable d'ailleurs fut vertement chapitré par ma mère, et ne fit qu'en rire ; le lendemain, je lui dis gravement : « Vous m'avez, sans vous en douter, rendu un fameux service ; j'ai été assez sot pour vous écouter et fumer un cigare : ce sera le dernier. » J'ai tenu parole, et n'ai plus allumé une cigarette de ma vie. Comme j'avais sur le cœur mon humiliation, j'ajoutai : « Mais, vous qui fumez comme une cheminée d'usine, méfiez-vous du cancer des fumeurs. Il en a terrassé de plus solides que vous. » Naturellement il ricana, j'avais mon thème, et lui citai l'exemple de plusieurs fumeurs *que le crabe* n'avait pas épargnés. Si j'avais pu lire dans l'avenir, je lui aurais nommé notre pauvre ami Emile Colard, maire de Vandelans, riche propriétaire, dont les parents et grands parents célébraient la fête annuelle du village avec les nôtres depuis cent cinquante ans, un gaillard robuste comme un yeuse, labourant tout seul avec quatre bœufs, un de nos compagnons de chasse habituels, qui, petit à petit, en était venu à fumer la pipe jour et nuit. Je lui recommandais vainement de se modérer ; le tabac, paraît-il, a son vertige, comme l'opium, le jeu, l'argent, l'ambition. Il vint un jour me trouver à Paris, désespéré, sentant à la langue la morsure de *la bête qui ne pardonne pas* : je le fis entrer à l'hôpital Laënnec, où il subit une première ablation, puis une seconde six mois après ; un an plus tard il mourut dans des souffrances atroces. Je l'entends encore répondre à mes inutiles remontrances : « M. Victor, rien ne me peut rien. » Hélas !

Mon oncle fit crânement son devoir comme capitaine de mobiles en 1870-71 : quand il mourut, après une longue et douloureuse maladie, il fut sincèment regretté dans les cantons de Rioz et de Montbozon. « Encore un de parti, disaient, en hochant la tête, les nombreux amis accourus à ses funérailles: les bons s'en vont, les méchants restent ! » Il m'advint, je ne sais comment, de rapporter cette réflexion à Etienne Lamy, qui protesta finement : « Non, non, les méchants partent comme les bons : mais ils sont si vite remplacés ! »

Moins tumultueux, moins emballé, moins extérieur, avec plus de bonté réelle, plus de psychologie que son fils, mon grand père de la Barre réalisait, d'une manière plus complète aussi, le type du terrien. Très casanier, — je ne crois pas qu'il soit allé plus loin que Besançon, Vesoul et Nancy — très méditatif, il faisait peu de cas de la science livresque, beaucoup de celle qui s'acquiert par le frottement des êtres et des choses.

C'est lui qui m'a initié au noble déduit de la chasse; dès l'âge de sept ans, je parcourais avec lui et sa vieille Flore les territoires de la Barre, Vandelans, Beaumotte, le Magny, Cirey, alors fertiles en gibier, poil et plume ; lui, armé de son fusil à baguette qu'il ne voulut jamais quitter, moi d'un grand arc, — souvenir de Robinson Crusoé. — J'appuyais à ma manière le coup de mon grand'père, mais la bête était déjà tombée quand la flèche partait; cependant, à force de tirer, je touchais de temps en temps une alouette, un étourneau, une pie. Un jour, mon chef de file me fit un signe d'appel, nous battions un champ de pommes de terre, Flore était tombée en arrêt, comme foudroyée, puis, au bout de quelques secondes, elle avait regardé son maître, et lui indiquait du nez le gibier. « Regarde ce capucin à deux pas en avant de Flore. » J'écarquillais les yeux, je l'aperçus, très pelotonné, se faisant tout petit pour échapper au danger. « Tire ! » Je visai, et la flèche, s'enfonça réellement dans le corps de l'animal qui néanmoins commença de détaler ; mais Flore le serrait de près, la flèche le gênait sensiblement, mon grand'père ne voulait pas *appuyer*, et la chienne dans un crochet saisit le levraut : ce fut un grand jour pour moi, et l'on organisa une cérémonie comique, où je fus reçu membre de la confrérie de Saint-Hubert. J'ai aimé passionnément la chasse, et l'on m'a dit parfois que c'était une passion malheureuse, car j'ai toujours tiré comme un sabot ; mais il y a autre chose que la tuerie, il y a la communion avec la nature, la poésie des sites, les randonnées dans les solitudes des forêts, la causerie avec un compagnon fidèle qui partage vos goûts ; et tant pis pour les ménagères qui ne voient dans la chasse qu'un auxiliaire du garde-manger, pour les snobs qui envisagent seulement la gloire d'un beau tableau, et ne se doutent pas, les pauvres gens, qu'une journée de battue, en compagnie de M. Gabriel Hanotaux, vaut mieux que la présence de dix grands fusils.

Trois fois au moins par semaine, on chassait au bois, avec une douzaine de chiens, de braves chiens du pays, bien créancés. Mon grand-père avait dans son bissac intellectuel toute une cargaison d'axiomes, proverbes, provincialismes, récoltés au fur et à mesure, ou créés par lui au hasard de l'improvisation : bien qu'il ne lâchât pas volontiers la bride à sa langue, certains sujets, la chasse, la culture, le rendaient éloquent et pittoresque : « Vois-tu, petit, me disait-il, — j'ai toujours été appelé petit, même quand je le dépassais de plusieurs centimètres ; — pour avoir une bonne meute, il faut d'abord des chiens chassant tout gibier; quatre hurleurs, quatre cogneurs, quatre siffleurs; parmi eux, un ou deux chiens de tête, un chien de chemin pour dépister les ruses du lièvre sur les routes, deux chiens capables de coiffer le sanglier, — c'est ce qu'il y a de plus rare — un chien de change, pour ramener les camarades qui s'emballeraient sur une voie autre que celle de l'attaque. Que le maître soit capable, ainsi que le piqueur, de suivre la bête au pas quand il s'agit de loup, sanglier ou chevreuil, rien de plus nécessaire; je veux t'apprendre ce diagnostic là, il vaut bien ceux des médecins. Un bon chasseur de bois doit aussi savoir s'orienter; j'ai chassé des loups, des chevreuils, qui, lancés au bois de Marloz, ou de Chambornay, ou d'Aubertans, me conduisaient d'une seule [traite à sept lieues de là ; j'étais souvent seul, je recouplais les chiens en pleine forêt, je marchais toute la nuit, et me serais égaré si je n'avais trouvé ma boussole au ciel. J'ai tué soixante-treize loups, quatre-vingt-dix sangliers, et cent quatre-vingts chevreuils; ce n'est pas en restant les deux pieds dans un soulier. »

Une autre fois, en allant au bois de Bellevaux, où les bûcherons signalaient une harde, il évoquait des souvenirs du passé. « Petit, mes arrière grands parents avaient beaucoup plus *d'empor,* (de biens), que nous n'en avons aujourd'hui; ils étaient seigneurs de la Barre, Vandelans, la Roche, Verchamp, Beaumotte, Guizeuil, etc... Au salon tu as vu le portrait d'un grand'oncle, le chevalier de Verchamp, très friand de la lame, et si adroit, qu'il désignait d'avance à l'adversaire l'endroit où il le frapperait. Nous avions de ce côté-ci des bois très étendus, et la Révolution nous en a beaucoup pris. » Comme son fils, grand-père n'aimait ni la Révolution, ni l'État qui se manifestait à lui sous l'image disgracieuse d'une harpie aux doigts crochus, — brebis, bergers, tous tondus par le fisc —, ni Paris, ce fabricant de révolutions que les ruraux subissent et réparent par leur économie. Il avait aussi en déplaisance les bavards de toute sorte, les bavards politiques en particulier, et je l'enchantai un jour, en rapportant la réponse d'un conservateur à un avocat jacobin qui demandait ironiquement : « Qu'avait-il donc fait de si extraordinaire, votre Napoléon ? — Il vous avait fait taire ! » Petit, c'est très bien, cela, et je veux te dire le précepte de Barbisier, notre Guignol moraliste bisontin : « Pale pou toi et coise-te pou les autres ! (Parle pour toi et reste coi pour les autres. »

Mais surtout il était, comme j'ai dit plus haut, inépuisable en proverbes du cru comtois, qui venaient tout naturellement sur ses lèvres, et qu'il débitait d'une voix douce, avec l'accent un peu traînard du terroir. Les proverbes d'un pays, c'est de la poussière d'âme nationale, comme l'histoire de nos villages, c'est l'histoire de France en petits morceaux : ils font penser à ces fils de la vierge qu'on voit voleter au-dessus des champs et des prairies, quand celles-ci sont peintes des fleurs du printemps. J'avais déjà l'habitude de prendre des notes, et grand-père, souriant à la vue du carnet sorti de ma poche, prédisait : « Tu seras un homme de plume, il en faut pour tous les goûts. »

« Bon papa, repris-je, c'est dans un livre que j'ai lu cette sage maxime : « Dieu a fait la campagne, et l'homme a fait la ville ! » — C'est superbe ; tu m'écriras cette phrase-là, et je la répéterai aux blasphémateurs de la terre.

Et donc, j'ai retrouvé dans un vieux cahier ces adages de la sagesse, ou de l'ignorance des vieux Comtois. En voici quelques-uns :

Ferme sans bétail est cloche sans batail.

Une bonne parole est une action — Cette maxime appartient aussi à la Folklore russe ; d'ailleurs, en lisant les principaux ouvrages sur les proverbes de chaque pays, j'en ai noté un grand nombre qui se répètent, comme s'ils avaient été copiés les uns sur les autres ; même idée, même formule ; des besoins identiques ont fait surgir des expressions pareilles.

L'automne donne les cartes, le printemps joue le jeu.

Tout est dans le caractère, et non dans les opinions.

La conscience de certaines gens habite leur poche.

Je l'aime comme la grêle sur un champ de blé (belle-mère sur belle-fille).

Réflexion d'un paysan sur une profession de foi électorale : trop de beurre, on ne voit plus le pain.

Donner l'extrême-onction : cirer les bottes.

Où vas-tu ? — A Maiche, pour acheter une jupe à notre vache (c'est ainsi qu'on rembarre un curieux).

Les mots ne puent pas.

On n'a de bien que celui qu'on se fait.

Pour que le vin fasse du bien aux femmes, il faut que les hommes le boivent.

Œuf d'une heure, pain d'un jour, vin d'un an, poisson de dix, maîtresse de quinze, ami de trente.

Celui qui dort trop dort son esprit.

Mal de tête, mal de grand seigneur : on ne peut pas l'avoir plus haut.

Si la mort ne l'embellit pas, ce sera un vilain défunt (moquerie).

On lui ferait croire que les lièvres pondent sur les saules (d'un jobard).

On ne trompe pas la terre, opinait encore mon grand-père, elle nous trompe souvent, et cependant je n'ai jamais pu me décider à acheter des valeurs mobilières, quand par hasard j'avais économisé quatre sous. Les valeurs, c'est du papier, c'est des invites perpétuelles à la noce sans frein, c'est léger, décevant comme un serment de femme, ça se volatilise, se réduit à rien, si les lanceurs sont des malhonnêtes gens ou des fous. —Comme *la Peau de chagrin*, fis-je ! — (Je commençais alors de lire Balzac). La Peau de chagrin, soit, reprit grand-père qui ne faisait pas grand cas des romanciers, et pour cause ; en tout cas, j'ai acheté quelques bons prés et champs sur la Barre, Vandelans, Beaumotte ; tiens, en voici un, et ta mère aura sa part de mes acquêts comme du reste, le plus tard possible. »

Quand j'eus treize ans, désireux de me récompenser de mes lauriers scolaires, il me donna un fusil à un coup qu'il avait acheté pour moi à Saint-Etienne : je le reçus comme un Chevalier de la Table ronde aurait reçu le Saint-Graal. Et je m'appliquai, vainement, à devenir un tireur passable, les leçons et objurgations de grand-père demeurant infructueuses, tandis que mon amour pour la chasse ne cessait de s'accroître. Malgré son inclyte origine, ce petit fusil repoussait, et j'avais souvent l'épaule endolorie ; là-dessus on me disait que j'épaulais mal, ce qui n'était pas exact : en y pensant, je me demande si mes parents ne me laissaient pas cette arme pour ralentir un peu mon zèle cynégétique. Le petit fusil fut donc mon compagnon pendant trois ans ; alors ma grand'mère de la Barre me remit solennellement un fusil

Lefaucheux, à deux coups, pour fêter mon diplôme de bachelier ; autre grand événement dans ma vie. C'est le 17 août 1865, que je reçus ce cadeau précieux, agrémenté de recommandations de prudence et d'adresse : pour mieux graver cette date mémorable dans mon esprit, *on but le champagne* en l'honneur de ma sortie du *bahut*.

Ma tante Francisca, qui mourut jeune, laissant une fille, avait épousé un propriétaire de Navenne, M. Roussel, qui se remaria avec une autre sœur de sa femme, ma tante Marie. Celle-ci, dans le train coutumier de l'existence, montrait une grande douceur et une égalité de caractère qui donnaient à son commerce de l'agrément. Son intelligence n'avait pas grande portée, et sa causerie ne présentait aucune originalité ; mais ce n'est pas seulement la gravité qui est un mystère du corps inventé pour cacher les défauts de l'esprit, c'est aussi et surtout, l'éducation, le respect des rites sociaux, l'art de ne pas dire de choses pénibles au prochain, de lui servir des banalités bienveillantes. Sous ce rapport, ma tante Marie excellait, et le monde lui savait gré de sa modestie, de son goût pour les rôles de pénombre.

Ma tante Isaure de la Barre avait de l'esprit naturel : elle ne disait point des choses rares ou profondes, et je ne pourrais pas citer un mot d'elle, mais elle avait des saillies, des drôleries, des à peu près mis en relief par une volonté constante de plaire, et arrivant avec à propos ; si bien qu'on s'écriait parfois : c'est charmant ! et qu'à la réflexion, on s'étonnait d'avoir pris une bulle de savon pour un cerf-volant. L'à-propos joue un grand rôle dans les relations mondaines, où l'on a plus souvent besoin de petite monnaie que de billets de mille. Tout ceci contenu presque toujours

dans les limites d'un bon sens très ferme, et d'une diplomatie gracieuse, qui lui conciliaient la sympathie en
désarmant la critique. Au fond elle possédait, comme
sa mère, l'esprit de domination, mais le dissimulait avec un soin infini : pas assez cependant, pour que
les victimes ne fussent tentées de protester. Point de
règle sans exception : les cerveaux des gens habiles
ont leurs fissures, d'où s'échappent des maladresses,
des contretemps, des *cudes*, comme on dit en Franche-
Comté. Parmi les victimes, figura la première femme
de mon oncle Théodore, Hélène Bouvré, fille de
M. Bouvré, procureur du roi à Besançon.

Belle et surtout jolie, grande, élégante, *traînant
tous les cœurs après soi*, et n'en étant pas fâchée,
ayant des relations brillantes, et se targuant un peu
maladroitement de celles-ci, au fond bienveillante,
avec de la bonne grâce et du mouvement dans l'esprit, ma nouvelle tante ne tarda pas à exciter la jalousie des anciennes, beaucoup moins comblées par la
nature. Elles mirent leur mère et ma mère dans le
complot, firent à leur belle-sœur une guerre sournoise, féroce, où, plus tard, je trouvais, toutes proportions gardées, mainte ressemblance avec l'hostilité de
Mesdames, filles de Louis XV, envers Marie-Antoinette. Hélène se vengeait en étalant, avec quelque
indiscrétion, ses succès mondains. J'avoue aussi que
j'étais choqué dans ma candeur, en voyant mon oncle
et ma tante s'embrasser pendant les repas, comme
des tourterelles : Mon petit Ma-Ma! — Ma petite fa-
fame! — tout ce patelinage me semblait assez ridicule.
A seize ans, on est un peu Saint Jean Bouche d'Or, et,
comme j'avais sur le cœur la mystification du cigare,
je demandai à ma grand'mère, pendant un déjeuner, la permission de placer une historiette. Là-des-

sus je contai qu'un grand seigneur de l'ancien régime, énervé de voir sa fille et son beau-fils se becqueter sans vergogne à table, les avait interpellés :

« Monsieur mon gendre et Madame ma fille, ne pourriez-vous descendre de votre appartement tout baisés ? »

Eclat de rire général, sauf de la part des intéressés ; mon oncle devint rouge comme un coq, et se tint à quatre pour ne pas me bourrer. L'autre coupable, bonne enfant, ne m'en voulut pas, elle avait trouvé le trait plaisant ; et puis, faute de mieux, elle me prenait pour confident de ses rancœurs, et elle m'expliqua, vaille que vaille, le pourquoi de ce débordement de tendresse conjugale :

« Que veux-tu, mon pauvre Victor, ça fait enrager ces dames, et alors ça m'amuse ; on me taille assez de croupières ici, et il faut bien se distraire un peu. Je suis tombée dans une famille où les gendres et les belles-filles ne sont pas en odeur de sainteté. »

Ma mère avait, pendant vingt ans, rendu les plus grands services à ses sœurs ; nous en fûmes médiocrement récompensés.

Les pêches de l'Ognon ! Les pêches du ruisseau d'Aubertans ! Que d'agréables souvenirs elles m'ont laissés ! Dans l'Ognon, on pêchait à la senne, au tramail, à l'épervier, à la ligne dormante, on allait relever les nasses, où l'on avait au préalable mis une espèce de pain de poisson qui amorçait fort bien celui-ci. Je ne lançais pas trop mal l'épervier, et j'excellais à attraper des grenouilles avec une ligne munie d'un morceau de laine rouge au bout de l'hameçon. Nous emportions nos fusils, et nous décrochions souvent un canard sauvage ou une poule d'eau cachés dans les roseaux. Il fallait livrer une véritable bataille d'adresse, pour amener sur le pré ou dans la barque un gros brochet, qui nous glissait parfois dans les doigts au moment décisif.

Le ruisseau d'Aubertans était alors très réputé pour la pêche aux écrevisses. On y allait en bande, on pêchait de deux heures à six et demie, et il était rare que l'on rapportât moins de trois à cinq cents *grébeusses*. Un jour, mon père et moi, nous déclarâmes que le lendemain nous irions tout seuls — une heure et demie de marche — chargés de nos balances, des cerceaux, d'un grand panier, des amorces, et de notre déjeuner. En effet nous arrivâmes à neuf heures, et posâmes aussitôt nos vingt balances, bien amorcées avec du poisson, des tripes et boyaux. Jusqu'à midi, les écrevisses dormirent prudemment dans leurs retraites, et, très vexés, nous prîmes le parti de déjeuner. A une heure, nous relevons les balances, et dans une seule tournée nous ramassons cent vingt-deux grébeusses; à six heures et demie, nous comptions onze cents prisonnières : nous rapportâmes tout notre butin, on nous félicita beaucoup, mais nous étions recrus de fatigue, et je restai à moitié fourbu pendant quarante-huit heures.

Quand mon oncle était absent, et mon grand-père trop occupé pour me cornaquer, j'allais seul au bois avec Jean Tonneins, le Michel Morin de la maison, qui remplissait tous les emplois, sauf celui de maître d'hôtel pour servir à table : jardinier, cocher, laboureur, faucheur, mais surtout excellent chasseur, pêcheur, braconnier à ses heures, très amateur de la purée septembrale, et toujours d'humeur à fêter la dive bouteille. Il me conta les bons tours joués aux gendarmes et aux gardes forestiers avant d'entrer en condition, je lui narrais les menus détails de ma vie de collégien, étudiant en droit; et, ce qui m'étonnait un peu, mes récits l'intéressaient, bien qu'il fût un primaire dans toute la force du terme. Il m'apprit beaucoup de secrets de la nature silvestre et champêtre; étant près de l'une et de l'autre, il avait médité sur leurs arcanes, sans, bien entendu, vouloir en tirer autre chose que le moyen de dominer la terre, ses enfants qui nagent, courent ou volent en liberté: par des chemins divers, nous nous rejoignions dans un naïf enthousiasme pour elle. Grâce à lui, j'arrivai à découvrir les nids des ramiers, merles, geais et pies, à appeler ceux-ci en imitant le cri du hibou avec un reclin, ou, pour alterner, en baisant fortement la paume de la main; il me disait où le gibier devait probablement passer. Que de fois j'ai entendu crier ce conseil: « M. Victor, ouvrez l'œil! » ou bien: « Courez au chemin rouge! le lièvre va le piquer! » Il.faisait le bois savamment, et quand il avait déclaré: « le ragot, ou un brocard, est remis dans la septième coupe, c'est une bête de trois ans » c'était comme si le notaire avait passé le contrat. « Tenez, prononçait-il, en suivant un layon, voilà une coulée de lièvre! Ah! c'est une asse! Tiens, tiens! tiens! Il y a des amateurs, suivons-la » et, chemin faisant, il relevait des lacets, *des cravates pour ces pauvres capucins;* deux ou trois fois nous nous trouvâmes en présence du lièvre colleté. Alors Jean le ramassait, le fourrait dans son carnier, et opinait en riant : « En voilà un qui ira au château au lieu d'aller chez un tel. » (Ici le nom d'un braconnier de la région). Ça ne m'étonne pas que le gibier se fasse plus rare au bois des Neuves-Granges; ces brigands-là, ils tendent des lacets même aux chevreuils; pourquoi pas aux sangliers? S'ils pouvaient s'y étrangler eux-mêmes! » Il oubliait ses propres méfaits ; d'ailleurs il m'a juré ses grands dieux qu'il n'avait jamais *tendu*, mais seulement *affuté*, péché à peine véniel aux yeux des braconniers.

C'est avec lui que j'ai tué mon premier sanglier ; j'en avais déjà manqué trois, et l'on me tympanisait ferme sur ma maladresse. C'était une bête de garde de 140 livres ; pour un peu, je l'aurais embrassé quand il tomba.

Le parler de Jean ne manquait pas de pittoresque. Nous passions le long d'un champ : « Ah ! vlà du beau sainfoin. Vous savez comment qu'on appelle c'te denrée : « le fourrage de Jésus-Christ pour son bourricot. » — Où que tu vas, Jérôme ? — Je vais aux blondes, (faire la cour aux filles). — T'as de la chance ! — Et je compte bientôt me marier. — Te marier gendre ? (habiter avec les beaux parents). — Oui-da. — Alors, méfie-toi de la vouivre, et des briques de belle-mère (la belle-mère comtoise a la réputation de couper le pain en petits morceaux). — Tu couillonnes toujours, vieux malin, mais tu seras quand même invité à la noce. — On ira. » Jean Tonneins savait rioler, chanter, jouer un peu du violon, et il avait le mot pour rire.

Alfred de Molombe passait à la Barre les trois premières semaines de septembre. Un type assez bizarre, ce de Molombe : des petits ridicules qu'il portait en panache, des petites mines, des affirmations hétéroclites et sans preuves, des cancans colportés de château en château, un cynisme de corps de garde, une existence de parasite, par-ci par-là un mot drôle ; toujours par monts et par vaux à travers la Haute-Saône, l'hiver à Paris où il excitait les sourires ironiques des élégants par ses toilettes biscornues, et ses promenades au bois de Boulogne sur son éternelle Pusicate, pauvre jument qui semblait descendre en droite ligne de Rossinante. Avec cela, comme il était célibataire, très sportif, — bon valseur, — cependant je l'ai vu tomber deux fois en une semaine avec sa danseuse, — toujours disposé à aller de l'avant, fanatique de la chasse, de bonne humeur, galant sans délicatesse, et assez joli garçon, remplissant l'office de colporteur pour ces menues historiettes qui font la joie des belles mondaines ; — comme il menait consciencieusement la vie de vibrion mondain, ne lisant jamais un livre, à peine les journaux illustrés, se croyant sincèrement l'homme le plus occupé du monde, bien autrement occupé, disait-il, que Billault, Rouher et Leverrier réunis, comme il ne manquait jamais de visiter ses amies à leur jour de réception ; comme les gens qui reçoivent ont besoin d'amuseurs, de familiers, et que la gaieté de seconde ou de troisième qualité l'emporte en général sur l'atticisme et la verve contenus dans les limites du goût, il était bien accueilli dans une foule de maisons, où d'ailleurs on se moquait souvent de lui.

Ce métier de cancanier mondain lui attira parfois des disgrâces assez cuisantes, et l'on parla longtemps d'une réception à rebours qui eut lieu à Montbozon, chez la comtesse de Nattes. Le bel Alfred avait eu la langue trop longue sur quelques dames ; la renommée aux cent bouches avait rapporté ses caquets. Les victimes résolurent de se venger. Invitation en règle à venir tel jour, à midi ; de Molombe, gros mangeur, ultra-gourmand, accourt, on le conduit par la salle à manger, où il contemple avec ravissement un superbe brochet de l'Ognon, un succulent pâté de Strasbourg, qui se font vis-à-vis. Il trouve dans le salon six dames majestueusement assises sur des fauteuils ; on le salue à peine, et la doyenne de l'aréopage, prenant la parole, faisant fonction tout ensemble de ministère public et de président des assises, dans un réquisitoire foudroyant, énumère les calomnies, imprudences de langage... ou indiscrétions de l'accusé; puis sans attendre son plaidoyer, elle ajoute : « Nous ne vous retiendrons pas plus, Monsieur, » et lui montre la porte d'un geste olympien. Que faire ? de Molombe repassa, mélancolique, par la salle à manger qui exhalait de si suaves parfums: un vrai chemin de Croix ! Tout déferré des deux pieds, n'ayant pas dîné, hélas ! il remonta piteusement sur Pusicate, envoya ses témoins à deux maris de ces dames, qui prirent la chose en plaisanterie, et déclarèrent que cette vengeance féminine ne les regardait pas. Ce fut un beau sujet de glose dans toute la vallée de l'Ognon : six bonnes tables fermées d'un seul coup, quelle disgrâce ! Cependant deux jugesses pardonnèrent plus tard. Le monde ne décrète pas l'enfer pour les médisants, il se contente du purgatoire. Qui n'a médit, peu ou prou ?

Ma cousine Marie Roussel, fille de tante Francisca, et moi, nous n'aimions guère de Molombe, surtout dans les premières années. Nous lui reprochions son indiscrétion gastronomique ; il mangeait de tout, deux fois, et nous devions nous contenter des morceaux les moins savoureux, comme l'Abbé dans *On ne badine pas avec l'amour*. Ma tante Isaure, ma grand'mère, ma mère, confectionnaient tous les jours, pendant la saison, des tartes aux prunes, des merveilles qui me font venir l'eau à la bouche rien que d'y penser ; c'était une lutte entre *lauréates*, et chacune cherchait à surpasser les autres. Quand il y avait une seule tarte, de Molombe revendiquait le privilège de la découper ; alors il faisait, si nous étions dix, neuf parts moyennes, en s'arangeant pour qu'il restât au moins un quart, et ce quart là, en un tour de main passait sur son assiette ; lorsqu'il y avait deux tartes, il trouvait le moyen de s'adjuger un quart de chacune. Les autres convives le regardaient, amusés de ces perpétuels manques de tact : ma cousine et moi nous étions indignés, tellement qu'un jour je servis à ce goinfre un apologue tiré de la Fontaine ou de Florian, avec une moralité peu flatteuse pour son indiscrétion. Grand papa me fit les gros yeux, de Molombe sourit, et n'en perdit pas un coup de dents.

Sa conversation, entre chasseurs, était plus que décolletée, et choquait mes aspirations sentimentales. De l'entendre se vanter d'avoir changé de femme tous les jours de 20 à 40 ans, d'avoir eu ainsi 4.000 bonnes fortunes, — (quelles bonnes fortunes !), cette outrecuidance me semblait un vilain mensonge. J'ignorais alors que les califes de Bagdad, Grenade, le Caire, et autres potentats asiatiques, eurent des harems de 4 à 5.000 femmes. Je ne pus m'empêcher de lui demander si le chiffre de ses conquêtes s'écrivait avec deux ou trois zéros, et s'il connaissait le vers de Victor Hugo :

Fils, cent maravédis valent-ils une piastre ?

Il nous çonta une double mystification culinaire. Son curé de Roche-sur-Linotte l'invita un jour à manger un beau lièvre, qu'un braconnier lui avait en cachette apporté en temps prohibé. Un lièvre avant l'ouverture de la chasse, double aubaine ! On sert cérémonieusement le civet ; chacun en mange deux, trois fois. « Comment le trouvez-vous ? M. de Molombe ? — Fort bon, M. le Curé, un peu ferme peut-être ; mais ce doit être un vieux lièvre — Pas du tout ; c'est tout simplement un renardeau dont on m'a fait cadeau, et je pensais bien que vous y seriez pris — Ah ! le tour est bien joué. » Quatre mois après, de Molombe invite son curé à manger deux bécasses qu'il a tuées en octobre, à la relevée. On sert le rôti ; chacun a sa bécasse, et la savoure lentement. — Comment trouvez-vous cette bécasse, M. le Curé ? — Très bonne — Eh bien, je vous ai rendu la monnaie de votre pièce ; j'avais tué deux bécasses, mais j'ai mangé la première hier, en gardant la tête et le cou que ma cuisinière à plantés sur le corps de la chouette qui hululait la nuit au-dessus de votre clocher. »

La mort continue la *Saint-Barthélémy éternelle :* ils ont disparu, hélas ! les amis, les parents, toute cette société qui a charmé mon enfance, ma jeunesse, guidé mes premiers pas dans la vie mondaine, traité en somme avec bienveillance mes rêves, mes aspirations, mes incohérentes velléités, encouragé mon travail, excusé les frasques où m'entraînait ma papillonne, une imagination qui ne savait guère discerner les limites du possible, et lançait parfois son maître, ou plutôt son serviteur, dans des voies où il se serait rompu les os, si on ne lui eût crié casse-cou ! Fantômes gracieux, êtres jadis si débordants de vitalité, qui marquiez d'une vigoureuse empreinte votre passage sur toutes les routes, amis de ma famille, amis personnels, j'aime vos travers presque autant que vos qualités ; et je vous envoie, à tous, le salut du vieux lettré qui ne se doutait guère, il y a soixante ans, qu'il essaierait de vous évoquer. Je vous paie, tant bien que mal, ma dette de reconnaissance, et voudrais croire que peut-être vos âmes se réjouiront d'un bien incomplet hommage. J'aurais tant d'autres silhouettes à esquisser ; mais le temps ne m'entraîne pas seulement à reculons[1], comme dit Montaigne ; il me montre aussi un long pèlerinage, à peine commencé, entrepris bien tard, avec la nécessité de résumer, d'élaguer beaucoup, afin de me rapprocher le plus possible du chapitre final. A mesure que nous avançons dans la vie, nous perdons ceux qui nous aimaient, il ne nous reste que ceux que nous aimons, et la différence est sensible. Comment ne pas nommer ceux qui incarnent le culte des ancêtres, prolongent la race, et planent, génies protecteurs, sur leurs descendants ? Je me suis souvent demandé si nos chers absents doivent se féliciter d'être partis avant cette guerre prodigieuse où nous aurons tous vécu cent vies, où nous aurons souffert mille agonies : plus que jamais, en tout cas, il me semble que la bonté, l'intelligence, l'esprit, la sérénité, l'héroïsme, doivent être glorifiés, dans le passé comme dans le présent, par ceux qui ont coudoyé leurs représentants.

1. J'ai écrit ce chapitre et les chapitres suivants en 1917 ; je les relis en 1924, pour une dernière revision de tout ce que j'ai composé jusqu'à présent. Dix volumes sont presque terminés : avec trois ou quatre autres, je crois que j'arriverais à présenter, en raccourci, un tableau de la société française depuis cent ans. Voir la préface du tome 1er, Bloud et Gay, libraires-éditeurs, rue Garancière, 3.

CHAPITRE II

VANVES ET LOUIS-LE-GRAND

Tout chemin mène à Rome, et les Mémoires, ayant
le privilège de chevaucher, tantôt en zigzags, tantôt
en ligne droite, de passer en un instant de la cave au
grenier, d'un pôle à l'autre du monde moral, peut-
être parce qu'ils ont la prétention de refléter la vie
dans ses manifestations les plus imprévues et les plus
illogiques, je voudrais dire quelques mots d'un personnage dont la conversation m'a beaucoup captivé. Je
l'ai rencontré pour la première fois, vers 1882, chez
madame Charles Buloz; il m'invita à venir le voir, et
je n'eus garde d'oublier cette gracieuse autorisation,
l'homme m'ayant paru aussi sympathique que l'écrivain; cette première impression ne cessa de s'accentuer. Maxime du Camp alors atteignait à peine la
soixantaine, et l'on ne se s'en serait guère douté, tant
il respirait la force et la santé dans une harmonie de
vigueur intellectuelle et physique, entretenue avec
soin. Comme Ulysse, il a parcouru beaucoup de pays,
pénétré dans les bas-fonds, dans les empyrées des

civilisations, connu la plupart des écrivains qui brillèrent depuis 1830 : plusieurs d'entre eux, Baudelaire, Théophile Gautier, Louis Bouilhet, Gustave Flaubert, furent ses amis intimes. Certains auteurs n'ont de l'esprit que la plume à la main ; Maxime du Camp causa aussi bien, mieux même qu'il n'écrivit ; j'admirais cette érudition surprenante, cette mémoire implacable, où se gravaient les moindres détails, cette chaleur communicative qui me faisait penser à Diderot, à Rivarol, à madame de Staël, cette verve universelle que, seuls, peut-être, Victorien Sardou, Macaulay, ont surpassée. Ce ne fut ni un improvisateur, ni un créateur, mais personne mieux que lui, Taine — et mon ami d'Avenel — n'a excellé à *porter le document*, à mettre en relief une situation, une maladie sociale ; en lisant ses principaux ouvrages, *Paris, sa vie et ses organes*, La *Commune de 1871*, Les *Souvenirs littéraires*, on sent aussi qu'il eut l'âme d'un poète, d'un dramaturge.

Il était de grande taille, front large, nez fin, barbe et cheveux grisonnants ; ce qui me frappa davantage en lui, ce fut ses yeux bleus, d'une finesse, d'une acuité extrême. Newton prétend que le pouce seul suffirait à prouver l'existence de Dieu ; on pourrait ajouter que des yeux semblables constituent un argument en faveur de l'immortalité de l'âme. — Dans la conversation, Maxime du Camp aimait le monologue, très peu le duo ; aussi me savait-il gré de former pour lui un auditoire admiratif et ému. Véritable orateur de la causerie, il faisait sur n'importe quel sujet une conférence pailletée d'anecdotes, de réflexions originales, si bien qu'on oubliait presque de manger et de boire, à force de l'écouter.

« Ah ! me dit-il un jour, vous êtes un Louis-le-

Grand ! Vous avez passé votre jeunesse dans ce bagne !
Eh bien, moi aussi. » Là-dessus, il interrompit le récit
de son voyage en Orient, — il essayait sur moi l'effet
des *Souvenirs littéraires* qui devaient paraître un
peu plus tard, — et, avec une éloquence rancunière,
il traça un tableau fulgurant de son martyrologe pédagogique, tableau un peu poussé au noir, comme
ces Ribéra qu'on voit au Musée de Madrid, ou ces
toiles de peintres flamands qui représentent les damn-
nés dans la géhenne.

Il fallait l'entendre maudire le lycée, sans lui concéder la plus mince vertu, la plus faible circonstance
atténuante. Quelles imprécations contre le niais fétichisme du règlement appliqué à tort et à travers, quelle
philippique contre cette règle uniforme appliquée à
cinq ou six cents caractères différents, la tristesse
des cours entourées de hautes murailles, la saleté des
quartiers, des classes, des water-closets, des réfectoires, les privations de sortie, de promenade, les pen-
sums idiots, la sévérité étroitement pharisaïque ou
envieuse des maîtres d'études, la cellule des arrêts, la
nourriture lamentable, l'incurie administrative ! Et
la grossièreté des domestiques, et leur vénalité coutu-
mière, le quinquet de révolte entouré d'un fort gril-
lage en fer, afin que l'on ne pût pas le briser à coups
de dictionnaires ; et l'absence de soins matériels, de
poésie extérieure, de recueillement pour l'esprit, et la
brutalité militaire de la discipline !

Ceux, disait-il, qui prétendent que le collège forme
le caractère, nous la baillent belle ; je trouve, moi,
qu'on y devient hargneux, menteur, hypocrite et dé-
vergondé : la sensibilité naturelle, les délicatesses du
cœur, s'y anéantissent souvent, ou du moins s'y émous-
sent dans une léthargie asphyxiante. Et dire que j'ai

passé neuf ans dans cette pétaudière! J'ai eu plusieurs excellents professeurs, Huguet, Adolphe Régnier, Egger, Frin; mais le proviseur, le censeur, l'économe, les maîtres d'études, quelle engeance! Quelle ignorance de nos âmes! Quel défaut de goût, de tact, de psychologie! Rappelez-vous l'aveu de Saint-Marc-Girardin : « Nous instruisons, nous n'élevons pas. »

« Les pions! Entre eux et nous le conflit n'avait pas de trêve, et nous n'étions pas les plus forts ; mais nous leur donnions souvent du fil à retordre. Un de mes camarades eut l'audace de dire tout haut à l'un d'eux : « Vous faites bien de rester au collège, car ce n'est pas dans ma famille que l'on vous accepterait comme domestique. » Naturellement l'élève eut son paquet, mais à ses camarades il parut grandi de vingt coudées. Un autre pion eut le mauvais goût, en pleine étude, de traiter de paillasse le père d'un élève, comédien aimé du public; le lendemain, le père vint retirer son fils du collège, fit appeler au parloir le pion, et lui administra une magistrale correction. »

Maxime du Camp se louait cependant de deux ou trois maîtres d'études ; il en retrouva plus tard quelques-uns dans des emplois assez humbles; plusieurs avaient mal tourné; l'un d'eux confessa : « Ce qui m'a perdu, c'est la funeste passion du domino. »

Ce jour-là, j'osai interrompre Maxime du Camp pour placer une histoire de cachot (synonyme d'arrêts) au lycée de Rouen, où fut envoyé le docteur Max Simon. « Quelqu'un demandait un jour au domestique de Berzélius » « Qu'est-ce donc que cette chimie qui a rendu votre maître si célèbre ? » « C'est bien simple, expliqua le naïf serviteur ; j'apporte chaque jour à mon maître toutes sortes de grands vases et de bouteilles remplies de toutes espèces de choses. Il verse ça dans de petites fioles et dans des verres, je jette le tout dans de grands seaux que je vais porter à la rivière : voilà la chimie. » Rustan, le mameluck de Napoléon, avait résumé plus succinctement encore sa conception des sciences physiques et chimiques : « La physique, déclarait-il, c'est une boule suspendue au plafond ; la chimie, c'est tout ce qui pue. » Ayant inscrit comme épigraphe cette définition de Rustan en tête d'une composition sur un sujet de chimie, mis en vers de huit pieds, la prison fut ma récompense... »

Cette bêtise amusa l'immortel ; c'était un nouvel argument pour sa haine, et il classa l'anecdote dans un de ses innombrables dossiers, le dossier scolaire.

« Mon cher camarade, reprit-il, les parents sont bien coupables, ou bien mal avertis, quand, de gaieté de cœur, ils soumettent leurs enfants au régime de l'internat ; et ceux qui soupirent après l'heureux temps du collège se pipent eux-mêmes, confondent autour avec alentour, leur jeunesse avec le lycée. Je n'étais pas un cancre à Louis-le-Grand, j'étais un insurgé. Mais, patience, tout ce que je vous conte là, vous le trouverez un jour dans mes Souvenirs, et je serai amplement vengé si cette lecture fait réfléchir quelques familles. Pour mieux montrer à celles-ci le danger que courent les âmes et les corps de leurs petits, je dirai mes misères de gamin ; et, afin de bien faire éclater la sottise de mes bourreaux, je rappellerai que deux de mes plus chers camarades et moi, nous fûmes renvoyés pour indiscipline et mauvaise conduite : l'un d'eux, Corot, un des héros de la charge des cuirassiers à Reichshoffen, est aujourd'hui un de nos plus brillants généraux de cavalerie ; le contre amiral Mouchez, un des savants dont s'honore la France, a dirigé des expéditions scientifiques, préside aux travaux de l'Observatoire ; le troisième est membre de l'Académie Française, et je n'ai pas besoin de vous le nommer. »

Maxime du Camp a tenu parole, et son dossier de colère, dossier de pitié aussi, puisqu'il met en garde les parents, éperonne les pouvoirs publics, morigène de haut les routiniers et les v. .iteux, il l'a reproduit tout vif au début de ces spirituels Souvenirs que je voudrais voir, ainsi que ceux de M. E. Lavisse, (car ils se complètent) — entre les mains de nos législateurs, de nos universitaires, de tous les parents. Je n'ai connu que par oui-dire les arrêts : Maxime du Camp décrit de main de maître ces chambrettes atroces, aux portes de chêne armées de verrous en fer, qui servirent de cellules de punition aux détenus politiques pendant la Terreur, et que leur historiographe proclame bien inférieures, comme confortable, à celles de Mazas, de la Conciergerie, de la Santé.

Et donc, lecteur, savourez cet épilogue. Quarante ans après, en 1873, muni d'une lettre ministérielle, Maxime du Camp visite le lycée Louis-le-Grand, et son premier mouvement est de monter aux arrêts. Il retrouve le poèle de Rouillon, dont on ne franchissait le seuil qu'après avoir payé l'obole au vieux Caron de cet enfer : les tables, les tabourets sont encore scellés dans le carrelage, car la bêtise humaine est immuable. Maxime du Camp écrit à Jules Simon, alors ministre de l'Instruction Publique, qui répond que, les *arrêts ayant quelque analogie avec les plombs de Venise*, il les fait fermer.

Mais, miracle éternel de la bureaucratie, les ordres du ministre étaient considérés comme non avenus : Maxime du Camp put le constater en retournant au Lycée le 10 mai 1881. Les arrêts dans les Collèges ne furent décidément supprimés qu'en 1883, par Jules Ferry, grand maître de l'Université.

Voilà l'envers de la médaille, et peut-être Maxime du Camp n'a-t-il pas tout dit, ou assez insisté sur certains détails.

Qui donc a affirmé que la propreté est une vertu mineure, ou même une vertu sans épithète ? Cette vertu n'était pas en honneur au Lycée ; un bain de pieds par quinzaine, quelques bains froids pendant la belle saison, jamais de bains chauds, une espèce de fontaine en zinc, ornée de robinets d'où s'échappaient de minces filets d'eau avec lesquels, le matin, nous faisions des ablutions sommaires, qui n'allaient jamais au-delà des mains et du visage. Je me suis rappelé souvent cette installation rudimentaire en admirant les cabinets de toilette des belles mondaines qui ne sauraient se lever sans le bain, ou du moins sans le tub ; et aussi en lisant certaine page où Louis Veuillot développe ce paradoxe, que les peuples forts sont les peuples sales. Oh! pour malpropres, nous l'étions copieusement, et j'entends encore un camarade, réputé très soigneux, se moquer d'un autre qui avait les ongles en deuil : « Il a toujours les mains comme nous avons les doigts de pieds. » Cette spirituelle Déjazet, qui excella dans le travesti, déclarait : « Si j'avais été embrassée par Napoléon Ier, je ne me serais plus débarbouillée de ma vie. » Pareille affirmation n'aurait pas paru très invraisemblable à des lycéens en l'an de grâce 1861, lorsque Sully-Prudhomme remarquait ironiquement :

> Leurs camarades les croient riches,
> Parce qu'ils se lavent les mains.

J'ai, en général, fait bon ménage avec les maîtres

d'études, [1] et je confesse n'avoir pas nourri à leur égard des sentiments aussi amers que ceux de Maxime du Camp. Quelques-uns étaient assez tolérants, et ne se souciaient guère de ce qui occupait les élèves pendant l'étude, pourvu qu'ils ne fissent pas de bruit, et ne les empêchassent point de préparer eux-mêmes leurs examens de licence ou d'agrégation. Avec ceux-là, on pouvait suppléer aux lacunes de la mémoire, en dissimulant sa leçon dans son képi, ou bien encore, lire dans son pupitre l'*Art d'aimer* d'Ovide, les élégies de Tibulle, Properce, Catulle. Mon principal grief contre les pions, c'est qu'à la promenade du jeudi, ils nous conduisaient en général dans des quartiers affreux, abandonnés des hommes et des dieux, au lieu de nous montrer le Bois de Boulogne, les charmants environs de Paris : peut-être n'avaient-ils pas envie qu'on les aperçut avec nous, et cherchaient-ils à cacher leur modeste situation.

Formé par l'agrégation de nombreux collèges que la générosité des fondateurs avait dotés et pourvus de bourses, notre lycée porta des noms divers :

Jusqu'en 1563 collège de Clermont, ainsi nommé par reconnaissance des bienfaits d'un évêque de cette ville.

Collège Louis-le-Grand à partir de 1674; après 1789 Institut de Bouviers; Prytanée français; Lycée Impérial (1808); collège royal Louis-le-Grand 1815. —

---

1. Le Marquis de Bièvre continue d'avoir de nombreux émules. Un maître d'études de l'Institution Massin, vers 1855, composa pour le Tintamarre des *épitaphes anticipées* dont le premier vers devait s'adorner d'un calembour; une épitaphe des frères Nisard débutait ainsi :

Nous connaissons plus d'un isard en France.

Lycée Descartes 1848, Lycée Louis-le-Grand 1849; —
Le collège de Clermont, avant 1789, est une sorte de
champ clos, où l'Université de France et les Jésuites
se livrent une bataille trois fois séculaire, bataille violente ou sournoise selon les temps, à armes courtoises
et quelquefois discourtoises, où les parties tour à tour
invoquent la papauté, les rois de France, le parlement,
l'opinion publique, le suffrage des écrivains, et plai-
dent très habilement leur cause. Bataille où les Jésuites triomphent pendant plus de deux cents ans, et
finissent par succomber en 1762.

Tandis que l'ancienne Université proscrit les arts
d'agrément, ceux-ci sont cultivés avec soin par les
Jésuites : ils instituent des espèces de concours de
parole, donnent fréquemment des fêtes, des spectacles,
s'efforcent de créer une atmosphère d'activité, de joie,
de confiance, de pitié sociale aussi, ne perdent pas de
vue leurs anciens élèves: [1] sous ces rapports, leur supériorité est éclatante.

La liste des gens célèbres qui sortirent de Louis-le-
Grand, du xvie au xixe siècle, deviendrait une sorte
d'armorial, d'Almanach de Gotha, où brillerait la plus
haute noblesse de France, avec ceux qui furent eux-
mêmes des ancêtres par leur génie ou leur talent.
Parmi ces derniers : Molière, Chapelle, Voltaire,
Gresset, Crébillon, Rulhière, Malesherbes, Geoffroy.
— Dans le camp des professeurs, le P. Porée qui
donne à l'Académie Française dix-neuf de ses élèves,

1. On peut croire que les Pères Jésuites ne recevaient pas fréquemment des visites comme celle de Ninon de Lenclos, qui,
ayant un fils chez eux, leur dit plaisamment : « Je vous prie
surtout de lui inspirer de la religion, car mon fils n'est pas
assez riche pour s'en passer. »

à qui Voltaire dédia sa tragédie de *Mérope* ; Maldonat, Auger, Pétau, Bouhours, Cossart, la Rue, qui méritèrent de figurer à côté des Coffin, des Hersan, des Crevier, des Rollin. Dans ce lycée se personnifie la gloire de notre ancienne Université ; il est le plus illustre, par son antiquité, par ses maîtres et ses élèves, par les services qu'il a rendus au pays ; son histoire reflète en miniature notre histoire politique, judiciaire, scientifique, guerrière et littéraire.

De ce que tout n'est pas parfait dans nos lycées, il ne faudrait pas imaginer que nous possédons le monopole des lacunes, des sottises ou des abus. Par exemple, les collégiens anglais ont l'espace, la verdure, l'air, les sports terrestres et nautiques portés au maximum d'intensité ; quelques-uns même une chasse annexée à l'établissement, des salles de jeux, de bridge, un confort bien supérieur au nôtre.

Mais, comme dit Cherbuliez, on n'a pas encore inventé de paradis international. Les Anglais aiment autant la liberté que nous adorons l'égalité — nous l'adorons même quand elle devient un niveau abrutissant — et on peut être assuré que nos fiers lycéens regimberaient devant ces coutumes qu'on appelle *le fagging* et *le flagging* ; la première condamnant les écoliers des petites classes à jouer le rôle de factotums, de souffre-douleurs des grands ; la seconde à accepter sans barguigner les coups de fouet ou de martinet décernés par les maîtres *upon the bottom, à vif*, devant toute la classe. Sans parler du traitement des boursiers, *les blue-coats*, de leur accoutrement grotesque, marque humiliante de la gratuité de l'éducation que reçoivent ceux qui le portent... ou le portaient. Car les mœurs se sont adoucies, et, en Angleterre comme ailleurs, moins qu'ailleurs, les

traditions aristocratiques, bonnes ou mauvaises, s'ef-
fritent, tombent tour à tour devant l'assaut que leur
livre la démocratie : celle-ci a du bon, quand elle ne
remplace pas les vieux abus par de jeunes abus plus
lourds que leurs aînés.

Je n'ai commencé à prendre sérieusement des notes
qu'en 1865, et, lorsque j'ai songé à rédiger mes souvenirs, je retrouvais tout d'abord peu de détails sur ma
jeunesse, ma vie scolaire ; à l'inverse de Petit-Jean, ce
que je savais le moins, c'est mon commencement. Peu
à peu, à force de scruter mon passé, de relire des notes
trop elliptiques, les premiers points de repère servant
de fils conducteurs dans ce labyrinthe,... j'ai vu surgir
des ombres, des figures d'abord indécises, auxquelles
se rattachaient une foule d'incidents minuscules.
M. Ferté, le distingué proviseur de Louis-le-Grand,
m'a prêté des palmarès, où les noms des lauréats, des
professeurs illuminaient soudain des traits de caractère, éveillant des pensées, tantôt reconnaissantes,
tantôt ironiques, ou même des rancunes juvéniles ;
et tout cela prenait corps, vie, mouvement et couleur
après un brouillard prolongé de cinquante à soixante
ans. Comme dans le festin qu'offre Ulysse aux mânes
des Champs Elysées, dans ma mémoire rajeunie
s'empresse mainte silhouette d'ancien condisciple ;
combien je regrette de passer sous silence la plupart
d'entre eux! Plus d'un *Labadens* est devenu un homme
distingué, il en est même qui ont presque atteint la
célébrité. Beaucoup, je le sais, sont partis pour le
pays de l'infini, où j'irai les rejoindre bientôt. Y a-t-il
là-bas aussi des Lycées, des Universités, une jeunesse,
une vieillesse, des désirs, des passions, des rêves, des
espérances ?

— Vanves (on l'appelle *Vanvres* jusqu'en 1860, et

c'est aujourd'hui le lycée Michelet) Vanves avait ce qu'il fallait pour séduire une imagination d'enfant comme la mienne, imagination hantée par la vision des montagnes des Vosges, que j'avais quittées en 1858. Cet ancien château des princes de Condé, gardait un cachet seigneurial; grand parc, larges allées en gradins ombragés par des hêtres séculaires, où ncus prenions nos ébats l'été, belles classes et études bien ensoleillées, réfectoires à l'instar, immenses préaux où l'on avait de quoi courir éperdument, vastes dortoirs, nourriture décente; un brave homme de directeur, Hervau, qui se montra vraiment paternel à notre endroit.

Et puis, c'est en septième et sixième que j'ai obtenu le plus de prix, et ceux-ci m'ont valu d'être nommé sergent-major de la quatrième cour, quand je passai de Vanves à Louis-le-Grand; il y avait un sergent et parfois un sergent honoraire par étude, un seul sergent-major pour chaque cour.

J'avais remarqué, pendant les récréations, un grand garçon, à la physionomie sympathique, qui en général ne jouait guère; il était *des Iles*, et regrettait sans doute la nature tropicale de son pays d'enfance. J'avais eu une pleurésie assez grave, et j'étais encore délicat; ma mère, qui venait souvent me voir à Vanves, me demanda s'il me serait agréable d'avoir un compagnon les jours de sortie. J'acceptai avec empressement, désireux de jouer, moi aussi, mon petit rôlet providentiel, et je lui désignai Pampellonne, que le directeur appela. Pampellonne sortit assez souvent avec moi: il était doux, facile à vivre, toujours disposé à essayer ce qu'on lui proposait pour le distraire; mais il avait le mal du pays, la mer, le soleil de la Trinité lui faisaient deuil, il avait froid à l'âme et au corps, souf-

frait de grosses engelures que rien ne pouvait guérir ;
il finit par retourner à la Trinité ; je ne l'ai plus revu,
je n'ai jamais entendu parler de lui. Et, au soir de ma
vie, je pense avec douceur et mélancolie aux disparus,
aux paysages que je ne reverrai plus, aux livres que
je ne lirai plus, aux évènements agréables, aux belles
journées qui ne se reproduiront point. Je ne dirai pas,
comme Chateaubriand : « O souvenirs, vous traver-
sez le cœur comme un glaive ! » Mais comment ne pas
répéter après lui : « J'ai souvent conduit, avec des bri-
des d'or, des vieilles rosses de souvenirs que je pre-
nais pour de jeunes espérances ? »

Parmi les belles journées, se détache celle que je
passai chez un ancien élève de Louis-le-Grand, un des
clairvoyants serviteurs du Second Empire, M. Drouyn
de Lhuys, qui fut à quatre reprises ministre des Affaires Étrangères. Il avait demandé à notre directeur
Hervau d'amener un jeudi, à sa maison de campagne
d'Amblainvilliers, les vanvistes qui, dans les dernières
semaines, avaient été premiers ou deux fois seconds.
Nous étions une quinzaine environ, très contents, à la
fois fiers et intimidés d'être présentés à un si grand
personnage. Il trouva pour chacun une parole aimable, nous offrit un *goûter impérial, cardinal et pon-
tifical* auquel nous fîmes honneur ; après quoi la
bande joyeuse s'égailla comme une volée de moineaux
dans le parc qui n'était pas très grand, et nous parut
immense, en raison directe de notre imagination ignorante, de notre joie, et de la science d'hospitalité du
maître de céans ; je crois bien aussi que celui-ci donna
à chacun un joli souvenir pour ses parents. C'était
un grand séducteur, ce Drouyn de Lhuys, et sa diplomatie de grâce m'a fait plus tard penser à lord
Chesterfield, avec qui on peut lui trouver plus d'un

trait commun. Il aimait sincèrement, et savait aimer Louis-le-Grand. Vous pouvez croire qu'il fut applaudi à tour de bras, lorsque, présidant en 1860 la distribution des prix de Vanves, il délivra un speech que nous trouvâmes bien supérieur, dans sa brièveté élégante, à celui du professeur.

Alfred Droz eut en 1865, le prix décerné par l'Association des Anciens du Lycée; prix donné à l'élève de rhétorique qui, pendant les trois dernières années, s'était le plus distingué par sa bonne conduite, son travail et ses succès. Il y eut bataille à ce propos; un autre candidat, non moins brillant, plus brillant peut-être, André Morillot, se trouvait sur les rangs, et le Comité d'administration des Anciens avait voulu que les élèves fussent appelés à voter aussi dans cette circonstance. Or donc, les professeurs avaient une voix, le proviseur une voix, les maîtres d'études une voix, et les élèves de rhétorique une voix. L'adversaire de Droz était mon ami intime, et je travaillai avec ardeur à lui assurer la majorité : nous fûmes battus, et je connus pour la première fois, pas pour mon compte personnel, les émotions électorales, les mystères insondables de la popularité. Morillot eut deux voix, Droz deux voix, et le Comité d'administration, arbitre suprême, fit pencher la balance en faveur du candidat des élèves.

Mon camarade Yarka, au rebours de la plupart de ses compatriotes roumains, marquait une vocation assez faible pour le travail, ce qui ne l'a pas empêché plus tard de tirer son épingle du jeu, et de résoudre heureusement le grand problème du bonheur, en se mettant dans les bonnes grâces de cette artiste célèbre, mais toujours inconnue, la vie. Celle-ci lui a souri, il a compris ses avances, et le sens de cette pensée bizarre de Renan : la gaîté est la seule théologie de cette grande farce qu'est le monde. Cet excellent garçon, en quatrième surtout, amusait ses condisciples par les mille petites ruses auxquelles il recourait pour se soustraire aux servitudes scolaires, et persister dans sa flânerie. Les jours de composition, il nous sollicitait, par des mines éplorées, de lui fournir quelques phrases, afin d'échapper au bonnet d'âne dont l'avait menacé un maître facétieux. Pendant l'étude, nous recevions souvent des papiers où était inscrit cet appel tentateur : « *Mon cœur et trois pommes à celui qui fera ma version !* Ou bien : Mon cœur et quatre sucres d'orge à l'ami généreux qui fera mon thème grec ! » Comme il avait le porte-monnaie bien garni, ces largesses lui étaient plus faciles qu'à d'autres. Quarante-cinq ans après, j'ai retrouvé Yarka à Bucarest, où nous avons évoqué les saynètes du collège, et puis à Cannes, où il venait passer plusieurs mois chaque hiver : nous hésitions à nous tutoyer, et, en fait on ne se tutoie plus guère, lorsque trente ans ont coulé depuis la dernière rencontre : il y a prescription. Charles Bigot a dit, avec un peu d'exagération : « Le collège a son trésor, et ce trésor, c'est l'amitié. » Mais l'amitié, elle aussi, a besoin de la présence réelle. Yarka gardait quelque rancune à un professeur qui lui donnait toujours d'exécrables places, et ne perdait pas une occasion de le mortifier : « On ne m'ôtera pas de l'idée, affirmait-il, qu'il jetait les copies au milieu de la chambre, les faisant ensuite rapporter une à une par son caniche, et que les places étaient données suivant l'ordre où Mürken rendait les compositions. »

Hamelin était mon camarade de promenade en quatrième et troisième : il avait une mémoire étonnante, adorait les romans de Dumas père, les lisait chez lui

le dimanche, et le jeudi, me récitait des chapitres en-
tiers des *Trois Mousquetaires*, de *Monte-Cristo*, de
la Dame de Montsoreau : il y mettait l'accent, le
geste, et sa voix claironnante traduisait à merveille
toutes les péripéties du drame. J'ai lu, plus tard, ces
romans du roi des amuseurs, et j'ai eu la sensation
qu'Hamelin n'oubliait rien.

L'argot, qui est en quelque sorte le braconnage, le
cancan et le voyou de la langue, était aussi sévèrement proscrit que le tabac ou les romans pornogra-
phiques ; raison de plus pour commettre ce péché défendu. On se livrait donc, entre camarades, à des
petites débauches d'argot, et cela n'allait pas bien
loin en somme, tandis qu'aujourd'hui cette manie
d'estropier le français a pris des proportions inquié-
tantes. Il y avait un afflux perpétuel, entre les anciens
Labadens et les nouveaux, entre ceux qui étaient reçus
aux grandes Ecoles de l'Etat, et ceux qui s'y prépa-
raient : sans parler du contingent fourni par la presse,
par les idiotismes de chaque profession.

Nous avions des sobriquets pour désigner nos tyrans,
d'après leurs insignes dans les circonstances solennelles ; le proviseur et le censeur étaient baptisés : les
peaux de chat ; les professeurs : les peaux de lapin.
Alfred de Musset, dans une lettre à madame Jaubert,
emploie le mot *rabibocher*. Quel argument pour les
fanatiques de l'argot ! Et, dans les dialectes provin-
ciaux, quel arsenal pour l'argot, voire pour le français !

J'étais complètement nul en sciences, en dessin ;
le latin, le grec, ne me déplaisaient pas, le français
non plus, bien entendu ; dès le début de mes études,
j'ai éprouvé pour l'histoire un goût qui n'a cessé de
s'accroître. Je figurais parmi les dix premiers pour les
lettres, et chaque année, j'allais trois ou quatre fois

tenter la redoutable épreuve du concours général.
Trente ans après, Jacques Normand, qui concourait
pour un autre lycée, me disait en souriant qu'il avait
plusieurs fois composé à côté de moi; — on ne se
connaissait pas alors, — et combien il s'amusait de
voir arriver les Louis-le-Grand, avec leur petit filet
contenant du pain, une demi-bouteille *d'abondance*,
une grosse pomme, un pâté et deux œufs durs. Nous
avions quatre heures pour bâtir notre devoir, et il
paraît que nous savourions notre déjeuner avec une
gravité minutieuse, que n'observaient pas les candidats des autres *boîtes*; ceux-ci, externes ou non, étaient
plus habitués à bien dîner. C'était d'ailleurs un spectacle assez piquant que celui de ces soixante à quatre-
vingts élèves, réputés les meilleurs en chaque faculté,
réunis pour la plus grande gloire de leurs maîtres et
du lycée qu'ils devaient illustrer : un observateur
attentif aurait, dans quelque mesure, pu tirer un ho-
roscope, ou du moins établir une psychologie du caractère de ces combattants à armes courtoises, d'après
leurs attitudes et procédés de travail.

Nos Maîtres.

Il y aurait une curieuse étude à esquisser sur la
gent professorale. On s'imagine volontiers qu'elle est
uniformément coulée dans le même moule, et que le
mot d'un ministre du Second Empire : « A cette heure,
tous les élèves de troisième, dans chaque lycée de
France, composent en version latine, » s'applique au
fond même de l'enseignement. Rien de plus inexact :
les maîtres, en dépit de tout, gardent leur tempéra-

ment, leurs caractères, leurs goûts, et leurs dégoûts ; les élèves ont tôt fait de deviner les manies, les habitudes morales et sociales du professeur ; par delà les murs du lycée, on les renseigne même sur certaines faiblesses privées. Il y a les sympathiques, qui excitent de véritables passionnettes dans les âmes des disciples : tel mon ami Marion, qui aurait fourni une belle carrière, si la mort ne l'eût arrêté en chemin. Et il y a les antipathiques qui prennent à rebrousse-poil leurs élèves, sont aux petits soins pour déplaire, accumulent contre eux des rancunes qui parfois éclatent bruyamment, suscitent des espèces d'émeutes ; celles-ci se terminent presque toujours par des punitions sévères, arrêts, privations prolongées de sorties, même par des renvois assez mal justifiés: *l'alma mater* se comporte maternellement, d'abord pour ses desservants, si veut la discipline. Il y a les maîtres épris de tatillonnage, de pratiques minutieuses, ayant le fétichisme de la lettre, nullement le culte de la grande beauté classique; tels... mais ils sont trop. Il y a ceux — assez rares — qui se dévouent sincèrement à leur tâche, étudient avec soin les tendances de chaque élève, s'efforcent de les mettre en relief, d'accoucher ses mérites, de tirer parti même de ses défauts ; ceux qui font passer toute la classe sous le même niveau égalitaire, comme on traite les soldats à la caserne — le mythe de Procuste semble avoir été imaginé pour de tels cuistres — ; ceux qui exécutent leur besogne sans entrain, sans amour, se disant qu'ils en font toujours assez pour ce que cela leur rapporte; les ambitieux, les modestes, ceux qui considèrent leur classe comme une sorte de tribune où ils développent leurs facultés oratoires.

En général, ces hommes ont des existences très

dignes; le reproche d'ensemble qu'on peut adresser au personnel enseignant, c'est qu'il ne montre pas à l'élève la poésie de la nature, le chemin de son âme. C'est encore certain exclusivisme, consistant à croire qu'il a seul le dépôt de la vérité, que les titres et diplômes universitaires confèrent toutes les compéten- ces, à traiter de haut en bas les concurrents comme s'ils étaient quantité négligeable, tout en prétendant leur interdire l'eau et le feu; c'est une tendance à considérer les hommes dans les livres, d'après une espèce de géométrie morale, par suite à glisser dans l'utopie qui guette toujours les cerveaux des penseurs. / Mon ami George Duruy, professeur d'histoire à l'Ecole Polytechnique, mort au champ d'honneur, en mars 1918, (pendant son cours), à qui je faisais com- pliment de son adresse dans tous les arts sportifs, me disait en souriant : « Je suis un mouton armé. » Mou- ton armé, soit ; autrement dit bon chien de garde pour défendre la bergerie; les ennemis de celle-ci sont nom- breux et ont les dents longues. Les professeurs se préoccupent-ils assez de préparer l'élève au rôle de mouton armé? J'en doute véhémentement.

Quinze ans après ma sortie du Lycée, je revis mon ancien professeur de rhétorique, Gustave Merlet, dans un petit cabinet de lecture situé au coin de la place de l'Odéon, où il venait régulièrement lire les jour- naux. Je me présentai, et j'avoue que j'étais assez troublé, car *au bahut*, nous le trouvions distant, un peu fermé, malgré ses consciencieux efforts pour dé- fricher nos cerveaux. Il me fit bon accueil, me donna d'excellents conseils littéraires, poussa l'obligeance jusqu'à me prêter quelques-uns de ses ouvrages, son *Tableau de la Littérature française de 1800 à 1815, Attiques et Humoristes, Réalistes et Fantaisistes.* Il avait un style élégant, avec une pointe de préciosité ; d'ailleurs la cloison restait parfaitement étanche entre son enseignement et ses livres. Au fond, nous éprouvions la sensation vague qu'il aurait pu se livrer davantage, faire faire à ses élèves un joli voyage de découvertes autour de son talent, des sujets qu'il traitait, comme Xavier de Maistre fit un voyage autour de sa chambre. Mais l'étiquette universitaire ne permettait peut-être pas une telle dérogation aux vieux us.

Gustave Merlet avait suivi les cours de Villemain, Saint-Marc Girardin, Michelet, Quinet ; il me conta mainte anecdote sur eux, celle-ci entre autres. Villemain était bossu comme Quasimodo, et le bruit de ses disgrâces physiques s'était répandu, on ne sait comment, parmi les élèves de rhétorique qu'il allait gouverner ; ceux-ci résolurent, peu charitablement, de lui faire payer sa bienvenue, et Villemain, entrant dans la classe, fut accueilli par un charivari de grande envergure. Le jeune professeur attendit une accalmie ; alors, regardant bien en face les émeutiers : « Messieurs, dit-il, c'est ma bosse qui, je crois, a le privilège d'exciter votre verve railleuse ; eh bien, je vous propose un marché. Je vais me promener devant ma chaire, de long en large, pendant une demi-heure, vous pourrez me contempler sur toutes les coutures, et vous esclaffer à satiété ; après cela, dans votre intérêt, j'espère que vous me permettrez de faire mon métier ; vos familles, que vous aimez, ne me pardonneraient pas de l'oublier, et vos examens de fin d'année en souffriraient ». Les élèves comprirent la leçon, se turent comme par enchantement, vouèrent au maître une sympathie admirative qui ne cessa de grandir.

Mon autre professeur de rhétorique fut Georges Perrot, brillant élève de l'École d'Athènes, plus tard directeur de l'Ecole Normale, membre de l'Institut. Faut-il le dire ? Perrot n'était pas le professeur idéal; il faisait sa classe en grand seigneur de la littérature, nous cachant à peine, qu'en dehors des quinze meilleurs élèves, il ne s'occupait guère, de la plèbe scolaire. Or nous étions 75 environ, entassés dans cette vilaine salle que je vois encore, et les parents des soixante négligés trouvaient sévère cet exclusivisme ; sélection assez naturelle en somme, car s'occuper sérieusement de 75 élèves, est une tâche au-dessus des forces humaines, et l'ambition de préparer des candidats bien armés pour l'épreuve annuelle du concours général, ne cesse de hanter les cerveaux des professeurs. Ceux-ci à leur tour sont bien notés en haut lieu, lorsque leur classe a remporté plus de prix et d'accessits que les classes similaires des autres lycées et collèges rivaux. D'où la nécessité de façonner des *bêtes à concours*, en les bourrant de science, en surchauffant leurs cerveaux, en procédant pour celui-ci comme la Gaveuse mécanique pour les volailles du Jardin d'Acclimatation. Dans ce steeple chase, Louis-le-Grand avait le plus souvent la majorité, mais Bonaparte, Charlemagne, Saint Louis, nous serraient de près, et certaine année Rollin remporta des succès tout à fait extraordinaires. Quelle gloire pour un professeur, pour un proviseur, de compter des lauréats tels que Prévost-Paradol, Taine, ou de mon temps les Croiset, ou plus tard les Reinach ! L'un de ceux-ci, élève de Condorcet, n'a-t-il pas, une année, remporté huit prix au Concours général, ce qui ne s'était jamais vu ? Aussi la discipline, rigoureuse à l'excès pour tant d'autres, fléchissait-elle en présence de certains élèves, d'un naturel rebelle ou mystificateur, sur lesquels on fondait des espérances légitimées par les succès antérieurs, ou par des dons singuliers ; tel cet Edmond About qui, ayant pris en grippe son professeur, lui expédie au Lycée plusieurs voitures de foin, et chez lui, un matin, une demi-douzaine de porteurs de bains : on n'osa pas sévir, à cause du concours général.

Georges Perrot d'ailleurs avait des envolées charmantes, quand il daignait oublier qu'il était professeur. Un jour, il égrena quelques souvenirs de son séjour à Athènes, et le tableau était si pittoresque, les paysages si riants, les anecdotes si plaisantes, que nous eûmes tous la vision de cette Grèce trop vantée par les poètes, qui faisait dire à la duchesse de Duras, sous la Restauration : « Après tout, la Grèce est la Vendée du christianisme ! » et au raisonnable Villèle : « Je ne comprends pas l'engouement qui s'attache à cette localité. » Une autre fois, Georges Perrot nous servit un couplet assez inattendu sur la recherche des succès légitimes, qui lui semblait un art compliqué, diplomatique, fait de prudence, de volonté tenace et de raison ; il y faut, ajoutait-il, le savoir, le savoir-vivre, le savoir-faire, et il importe que ces trois savoirs demeurent en parfait équilibre. Perrot glosa assez longtemps sur ce thème, et je crois bien qu'il avait envie de nous le proposer comme sujet de composition française. Après tout, il n'était pas mauvais de prémunir des garçons de 16 à 17 ans contre les insuffisances de l'enseignement classique, et contre les trahisons du destin : il y a la manière.

Ce n'est pas dans un cabinet de lecture que j'ai revu Georges Perrot, mais à l'Ecole Normale supérieure, où Madame Perrot donna de belles fêtes, et, surtout dans une salle d'armes, rue des Saints-Pères, où il venait se reposer de son travail cérébral : « Je

prends la leçon, je ferraille avec vous, me disait-il, et
en une petite séance je produis l'effort musculaire de
plusieurs heures ; c'est du Liebig hygiénique. » Nous
nous en donnions à cœur joie, et cassions pas mal de
fleurets dans nos corps à corps, ce qui n'était pas pour
déplaire au maître d'armes. J'étais un peu plus souple
que mon ancien professeur, et me comparais à Arnault
lorsque, jouant au noble jeu de l'oie avec Bonaparte :
il remarquait : « Général, ici le génie militaire ne sert
de rien, et à ce jeu-là je suis tout aussi fort que vous. »

La classe de Pierron, professeur de seconde, donnait sur le jardin de l'infirmerie, et de ce simple fait
nous semblait déjà plus avenante que les autres
classes de Louis-le-Grand, si noires, si tristes, si peu
confortables, où l'on était empillé, encaqué comme
des harengs dans un tonneau. Le maître était excellent, très affectueux, plein de sollicitude pour les
semi-adolescents qu'il régentait ; il avait publié un
livre sur les tragiques grecs, et l'on chuchotait qu'il
en préparait un autre sur l'histoire grecque. Sans
tomber du côté où il penchait, il ne perdait pas une
occasion de nous initier aux beautés de la littérature
aimée de lui, et, pour que le chemin fût parsemé de
roses, il nous servait un joli choix de mots, maximes,
anecdotes, empruntés aux écrivains grecs. Un jour
par exemple, tirant la morale d'une bataille où une
armée nombreuse avait été taillée en pièces par une
petite troupe, il cita ce proverbe : « mieux vaut une
armée de cent moutons commandés par un lion, que
cent lions commandés par un mouton. » Les Mongols
ont un proverbe similaire.

Il y avait à Louis-le-Grand quatre classes de quatrième. Mon professeur de quatrième fut Cartault,
ancien camarade de collège de mon père, conscien-

cieux, zélé jusqu'à l'excès, agitant d'une manière comique son grêle petit corps dans sa grande robe symbolique, roulant de tous côtés des yeux perçants, rapides, investigateurs, habiles à démêler les moindres incartades qu'il traduisait aussitôt en mauvais points. Il fallait le voir porter à sa bouche le crayon redouté, et prononcer la formule sacramentelle : X... un mauvais point ; si vous continuez ainsi, vous serez privé de sortie dimanche prochain ! Cartault avait deux fils dont l'un figura parmi nos grands lauréats ; et ce ne fut pas le cas de dire : *laureat mediocritas.* En dépit du préjugé, j'ai vu nombre de *potaches* devenir des hommes distingués, après avoir été de brillants élèves ; il est vrai que beaucoup de camarades, qui débutent avec éclat sur les bancs du lycée, rentrent plus tard dans l'immense armée des gens ordinaires ou des ratés, tandis que des cancres scolaires ne commencent à se débourrer qu'après le baccalauréat, décrochent soudain la timbale, et font figure de gens à talents. Voici une raison de ces virevoltes ; au Lycée on nous prépare à tout, on nous met entre les mains un passe-partout ; mais il arrive que le passe-partout se rouille, n'ouvre pas certaines portes. La loi du succès dans la vie de société, c'est la spécialisation ; ceux qui semblaient bons à tout, ne peuvent pas toujours entrer dans le cadre d'une fonction précise qui les conduirait aux honneurs, à la gloire ; ceux qui, au lycée, se sentaient étouffés dans leurs vagues aspirations, se lancent résolument sur le chemin de leur idéal, une fois qu'ils l'ont reconnu ; et ils arrivent à y exceller.

Bouchot, mon professeur de troisième, avait bien plutôt l'air d'un diplomate, ou d'un marquis de l'ancien régime, que d'un universitaire ; très sensible aux considérations mondaines, il avait un salon, ce qui était presque inouï alors, recevait dans son bel appartement de la rue de Vaugirard, au coin de la rue Bonaparte: d'ailleurs il s'occupait de ses élèves correctement, mais d'un peu haut. Madame Bouchot avait été belle, et faisait avec beaucoup de grâce les honneurs du salon ; Bouchot déployait une politesse raffinée qui nous intimidait un peu. De temps en temps cette distinction de manières s'échappait en axiomes sur le goût, l'urbanité romaine, et, en y pensant depuis, j'ai compris que le maître voulait insensiblement nous initier à ses habitudes. Il possédait une villa sur la plage du Tréport, où, plus tard, je passais annuellement quinze jours, trois semaines, chez ma tante la baronne d'Alcochete : il avait depuis longtemps pris sa retraite; nous ne parlions guère du vieux lycée, mais beaucoup des salons où je fréquentais; et ce sujet l'intéressait vivement. Comme j'avais l'honneur d'être reçu au château d'Eu, je me trouvai singulièrement grandi dans son estime.

J'ai consulté plusieurs anciens élèves sur notre proviseur Jullien : tous pensaient comme moi. Le censeur Talbert, sa doublure, était certes plus avenant, moins rébarbatif, et je me suis demandé, en y réfléchissant, s'ils se partageaient les rôles. Jullien donnait l'impression d'un ragot surpris dans sa bauge par une meute de vendéens, et il avait la chanson de son air : portant toujours la tête comme un Saint-Sacrement, les yeux durs abrités sous d'austères lunettes, une vilaine barbe qui paraissait former buisson autour de la mine renfrognée, la démarche raide comme s'il avait avalé un pal, cherchant visiblement à imposer le respect par le mystère de ses attitudes hiératiques. Il ne sou-

riait presque jamais, et, quand il voulait sourire, n'ob·
tenait de son visage qu'une grimace. Il se montrait
sévère aux élèves, rarement aimable avec les parents.
Mon brillant confrère, Emile Berr, dans une phrase
savamment balancée, déclare que les élèves admi-
raient, révéraient Jullien, mais avaient de lui une
peur affreuse. On sait ce que parler veut dire : Emile
Berr pérorait dans une cérémonie officielle, devant un
sous-secrétaire d'Etat, devant les parents, les élèves,
les professeurs du lycée Michelet, et, ne voulant mécontenter personne, il s'acquitta en perfection de sa
tâche. Aussi bien, les inspecteurs généraux, les hauts
personnages qui voyaient Jullien une ou deux fois l'an,
lui prodiguaient les compliments flatteurs, et il leur
rendait amplement la monnaie de leur pièce. *Passe-
moi la rhubarde, et je te passerai le séné*. Quant à
nous autres, enchaînés par le respect, surtout par la
crainte d'être mal notés, nous n'osions piper. Sous
Louis XIII, Louis XIV, les sceptiques étaient contenus par la *crainte rafraîchissante des fagots*, ou de
la Bastille ; au Lycée, les élèves marchaient comme
un régiment, mûs par le désir légitime de sortir le dimanche, par la crainte de chagriner leurs parents,
sans parler de cette terreur vague, indéfinie, que fait
peser sur un être jeune, petit, débile, un maître revêtu
d'un titre imposant, à qui on suppose une quasi toute
puissance. Et puis, de mon temps, la mode n'était pas
aux émeutes de collégiens. En ce qui concerne l'hygiène, le matériel, la guenille, si justement chère à
Chrysale, la nourriture et la toilette, nous étions lit-
téralement abandonnés, livrés à un exécrable économe
contre lequel nous avons pensé plus d'une fois à nous
rebeller ; mais nous n'avons été que des *velléitaires*,
pour parler le charabia politique. Ce qui n'empêche

pas que, lorsque nous voyions passer dans les cours
ce personnage, grand, gras comme un moine de Rabelais, mine fleurie, l'air papelard, nous nous vengions
tout bas en lui prodiguant les noms des animaux les
moins sympathiques. Ah ! soupirions-nous, il n'est pas
si gras de lécher les murs, et les plus lettrés ajou-
taient sentencieusement : C'est la maigreur des uns
qui fait un ventre aux autres.

Si nous n'accusions pas formellement nos chefs di-
rects de complicité avec l'économe, nous remarquions
qu'on servait aux maîtres d'études les bons morceaux
en nous réservant les déchets, et nous nous imaginions
naïvement que la table du proviseur, celle du censeur, devaient faire concurrence à celles de Nomenta-
nus, d'Apicius, (nous n'avions pas encore entendu
parler de Grimod de la Reynière, Cambacérès et
Brillat-Savarin). Nous supportions, sans regimber en
fait, ce que M. Ernest Lavisse appelle : *le régime du
minimum de soins* ; et, quant au costume, à mesure
que nous grandissions, on nous faisait endosser, pour
l'ordinaire, de vieilles tuniques qui avaient déjà servi
plusieurs fois, et qui nous attiraient les plaisanteries humiliantes des Barbistes, toujours plus élégants
et mieux tenus. Il est vrai que, les jours de sortie,
nous jouissions d'une tunique faite sur mesure ; notre
garde-robe se composait donc de trois tuniques, avec
pantalons, képis, gilets, souliers dignes des godillots
militaires. Ce qui nous vexait encore, c'est que nous
étions tous immatriculés, nous avions un numéro,
comme les habitants des bagnes : le mien était le 636,
et nous nous imaginions, aux heures de rancune, ne pas
peser plus qu'un simple chiffre dans la pensée de nos
despotes.

Nous avions toujours faim ; oui, je n'ai pas eu faim

à Vanves, mais j'ai eu toujours faim pendant mes cinq années de Louis-le-Grand ; la première fois que je suis entré dans le réfectoire de la quatrième cour, j'ai failli mettre cœur sur carreau, tant l'odeur était nauséabonde : et je n'ai jamais pu m'y habituer complètement. Nos jérémiades à nos parents, répétées par ceux-ci au proviseur, étaient accueillies par des sourires dédaigneux, quelquefois par de vagues promesses qu'on ne tenait pas. Nos familles, lasses de récriminer, nous conseillaient le silence, afin de ne pas attirer sur nos têtes les foudres universitaires; les mamans venaient plus souvent voir leurs chers petits, leur apportaient du pâté, des ailes de poulet, des gâteaux, augmentaient les semaines. Ernouf-Bignon et moi, nous avions, en seconde, passé un marché avec le panetier; moyennant une subvention de trois francs par mois, il nous remettait en cachette, tous les jours, un grand pain bien frais de deux livres ; avec ce supplément, nous parvenions à nous rassasier, même il nous advint de faire des largesses ou des échanges.

Malgré ma timidité, je m'enhardis un jour, au point de révéler publiquement nos rancunes gastronomiques. Cela se passa au réfectoire de la première cour. Nous vîmes, pendant que nous ingurgitions en silence notre brouet noir, entrer un inspecteur général, borné au Nord par le proviseur, au Sud par l'économe. Il passe le long de nos tables de dix, et, je ne sais quel démon le poussant, s'arrête devant la nôtre : « Eh bien, jeunes gens, interroge-t-il, êtes-vous satisfaits de votre nourriture ? » Mutisme sur toute la ligne. — Vous pouvez constater vous-même, Mᵣ l'Inspecteur Général, insinue Jullien, de quel appétit ils dépêchent ce ragoût de mouton. — « Mais le questionneur, qui avait peut-être ses raisons de derrière la tête, renouvelle sa demande, mon voisin de gauche me pousse du pied, et murmure : puisque tu es sergent, parle. — Je prends mon courage à deux mains, et, tout ému, rouge comme une pivoine, je hasarde une réponse : « Non, M^r l'Inspecteur Général — Comment, non ? Vous êtes mal nourris? — Oui, M^r l'Inspecteur Général, et, ma foi, brûlant mes vaisseaux, j'ajoute: « La nourriture est médiocre et insuffisante — Ah ! — » Ce Ah ! je l'ai encore dans mon oreille, et je l'entendrai toujours. Là-dessus, M^r l'Inspecteur Général se remit en marche, et sortit, flanqué de ses deux acolytes. Dans la cour, pendant la récréation, les camarades voulurent me porter en triomphe, mais je me dérobai à cet honneur.

Epilogue. L'ordinaire fut amélioré pendant quinze jours, trois semaines. Quelque temps après, des élèves de mon étude profitèrent d'une absence momentanée du pion, pour organiser un concert charivarique digne de l'arche de Noé ; le censeur étant entré, on se tut, et toute l'étude fut privée de sortie pour le dimanche suivant, tant que les coupables ne seraient pas connus. Pour rien au monde, nous n'aurions *cafardé*, et nous défendîmes même aux tapageurs de s'accuser ; c'était là un des beaux côtés de cette éducation, qu'on poussait à l'extrême le sens de l'honneur, et qu'un délateur était aussitôt mis en quarantaine, traité comme un pestiféré, avec bourrades, refus de l'accepter dans les jeux. Les choses d'ailleurs se passaient de même dans les grands couvents aristocratiques du xvııı^e siècle. Le Proviseur, le Censeur, appelèrent les gradés dans leur cabinet, nous refusâmes de parler, bien entendu, et la privation de sortie, la seule que j'encourus au lycée, eut son plein effet, pour les autres gradés et moi, tandis qu'elle était levée pour le reste de l'étude. Encore si l'incident se fût passé au moment du banquet annuel des anciens élèves, alors que le Proviseur accorde une amnistie plénière!

Non, décidément, je ne puis considérer Jullien comme un administrateur impeccable : il faut qu'il se contente des éloges de ses collègues.

Il y avait des occasions où ce faux bonhomme quittait le ton revêche, essayait d'enguirlander certains élèves, ceux dont le travail faisait entrevoir une possibilité de triomphe au concours général. Il tentait aussi d'amadouer les parents, afin d'obtenir que leurs enfants redoublassent certaines classes; le truc consistait à faire briller la perspective d'éclatantes couronnes, gages certains des succès de l'avenir ; si les parents n'étaient pas riches, on accorderait volontiers une demi-bourse, voire une bourse entière au futur lauréat. Et quelle gloire, si l'année prochaine il décrochait un, deux prix, sur le turf universitaire ! Cette petite comédie se jouait quelques semaines avant les grandes vacances. Notre proviseur adonisa son langage, flûta sa voix, déploya ses grâces d'emprunt auprès de ma mère; il tombait mal, et avait affaire à forte partie. Ma mère, depuis cinq mois, m'avait poussé à brûler ma philosophie, et lui proposer de redoubler ma rhétorique, allait précisément à l'encontre de son plus vif désir. Passer deux années de plus au Lycée, pour complaire à ce proviseur contre lequel j'avais une dent, une dent creuse de cinq ans, pareille perspective ne me souriait en aucune façon. Donc, silencieusement, mettant les morceaux doubles, je piochais, de concert avec d'autres camarades peu épris de gloriole, les manuels de philosophie. Il fut répondu au tentateur que l'on avait d'autres vues sur moi, que l'on m'encourageait, au contraire, à risquer dès maintenant l'épreuve du baccalauréat; ma mère, qui avait l'esprit vif et pénétrant, profita de l'occasion pour déclarer à Jullien que tout n'était pas pour le mieux sous son principat, que je n'avais pu digérer mon injuste privation de sortie, sans compter les rancunes collectives contre nos menus :

C'est ainsi qu'en partant *il* lui fit ses adieux.

Nous approchions du fatidique mois d'août, et, persuadée que je serais reçu bachelier, elle n'était pas fâchée de savourer une petite vengeance, sans danger pour moi, d'infliger leçon et déconvenue au personnage. Vainement il plaida pour la sacrosainte discipline, pour les beautés hygiéniques du brouet noir. Son interlocutrice lui *mit ses raves dans son panier*, comme nous disons en Franche-Comté, et riposta sévèrement : « une injustice est une injustice, un mauvais régime alimentaire ne laisse pas d'être condamnable, quels que soient les sophismes dont on les décore. » Ce vilain tyranneau passa un mauvais quart d'heure, et je bus du lait en écoutant le récit de la conversation [1].

Conclusion.

A ceux qui me trouveraient sévère pour ce Jullien, je conseille de lire Maxime du Camp, et aussi les pa-

---

1. Ne pas prendre comme thermomètre d'éducation le système du khédive Méhémet-Ali, ordonnant au précepteur de son fils de remplacer les rapports sur les études de son élève par une pesée mensuelle. Quand Mohammed Saïd grossissait trop, son père lui infligeait une correction . Ivère, en disant : « Tu engraisses, donc tu ne travailles pas. »

ges que consacre au collège de Laon, à l'Institution Massin, au lycée Charlemagne, l'homme le plus célèbre de l'Université, historien de haut vol, républicain gouvernemental, Grand Croix de la Légion d'honneur, Ernest Lavisse. Ses *Souvenirs* dénoncent le défaut de soins matériels et moraux, les pions libertins, ivrognes ou brutaux : « Je garde en ma mémoire, un amer dégoût de ces pions dont le contact me répugnait. Mes professeurs étaient de braves gens, sans aucun doute ; mais de notre valeur morale, ils ne se souciaient guère. Je ne me rappelle pas avoir entendu aucun d'eux adresser une exhortation sérieuse à aucun de nous. Il s'agissait de bien faire ses devoirs, de bien réciter ses leçons, de se bien tenir en classe. Laisser tomber un encrier était une faute plus grave qu'un mensonge car, disait le maître : « Si tout le monde laissait tomber son encrier... » Mais personne ne nous proposa de devenir meilleurs que nous-mêmes... Et je suis bien sûr qu'aucun de nos maîtres, aucun ne se proposa de connaître nos âmes et de les conduire. Certains jours, tout enfant que je fusse, je me sentais abandonné. Ma petite âme en souffrait... Ma vie morale, je la vivais dans ma famille... Nous voyions dans nos promenades naître et mourir les fleurs, et une petite herbe verte poindre et devenir l'épi des champs de blé, car le Lavernais est un des terroirs nourriciers de la France. Mais personne ne nous a dit les mœurs des fleurs ni des plantes... Nous montions tout droit du réfectoire au dortoir, et personne jamais ne nous a dit le nom d'une étoile. Certes, il aurait été bien facile de trouver le temps de nous initier à la connaissance de la nature, car nous fîmes trop de thèmes et de versions à coup sûr ; le collège ignorait la nature, et je répète : c'était une ab-

surdité trop grande ; mais je n'en sentis que plus tard
les effets déplorables... »

Au Lycée Charlemagne comme dans les autres lycées, à Paris comme à Laon, comme partout, l'élève
était un être de convention, partout supposé le même,
un élève X habitant l'endroit Y. « Aucun des écrivains
ne nous fut présenté dans la vie de son temps, sous la
couleur de son ciel, vivant parmi les vivants auxquels
il parlait. Ils semblaient des ombres vivant dans un
milieu incolore et muet... Personne ne nous conseilla
d'aller voir dans un musée un tableau ni une statue.
Nos livres, nos tristes volumes ternes, ne nous montrèrent aucune image... Nous fûmes invités à dédaigner
les langues et littératures vivantes ;.. on nous permit
d'ignorer les sciences... Les humanités, comme on
nous les enseigna, nous apprirent vraiment trop peu de
chose sur l'humanité...

Et mélancolique, impartiale, douloureuse, entre-
mêlée, rehaussée de justes éloges, de portraits piquants,
la plainte continue lorsque M. Ernest Lavisse parle de
l'Institution Massin, du Lycée Charlemagne, arrive à
la plus pathétique éloquence dans une page triplement
vécue, toute frémissante de souffrances individuelles et
collectives, contre le régime de l'internat.

Que peut-on ajouter après un jugement tombant de
si haut ? J'aurais à apporter bien d'autres témoignages
d'hommes de haute valeur, d'hommes tels que le docteur Peter, Debove, Victor Legrand, René Millet, etc.

Je sais qu'après 1865, mon vieux lycée, où les murs
eux-mêmes *comprenaient le latin*, tout en suintant
l'odeur de prison et de mélancolie, a été rajeuni, méta-
morphosé. Lorsque j'y suis retourné, en 1918, — au
bout de cinquante trois ans, — je n'y ai reconnu, ou cru
reconnaître que la vieille horloge, avec cette devise en

exergue : *ut cuspis, sic vita fluit, dum stare videtur,* comme cette aiguille qui semble immobile, ainsi s'écoule la vie ! Je sais que le régime alimentaire, l'hygiène, avec une sage lenteur, ont été réellement améliorés ; je le sais par les lycéens que je n'ai jamais *manqué d'interroger* sur cette question capitale : car le témoignage des intéressés compte seul en pareille matière. Ils m'ont fait des réponses impliquant un progrès plus ou moins sensible, selon les temps, selon les caractères et les lycées, des réponses où la note *bien* allait en *decrescendo* jusqu'à la note *honorable, suffisante, passable.* Je sais que les réfectoires n'empoisonnent plus, que classes, dortoirs, études, cours, ont été agrandis conformément aux lois de l'hygiène, si longtemps méconnues ; je sais qu'un peu de soleil entre dans la vieille maison, toute surprise des caresses d'un tel hôte ; je sais que l'Association des anciens élèves de [1] Louis le Grand ne se contente pas de signaler les lacunes du temps passé, que ses présidents indiquent, à mots couverts, dans leurs discours interpoculaires, les réformes encore en suspens.

Je sais que les élèves ne sont pas surmenés — l'étaient-ils autrefois ? sincèrement, je ne le crois pas ; —

1. Les associations d'anciens élèves de lycées ont été, par décrets successifs, reconnus établissements d'utilité publique... celle de Louis-le-Grand, fondée il y a près de quatre vingts ans, n'a cessé de rendre de précieux services, en favorisant l'œuvre du *Petit Sou,* en créant des bourses nombreuses, grâce à un budget modeste, mais bien administré. Plusieurs pensionnaires sont régulièrement invités au banquet annuel ; parmi les membres du conseil d'administration, élus pour quatre ans, figurait en 1910 M. Maurice Donnay. Chaque année se tient un Congrès des Associations des anciens élèves des Lycées de France et d'Algérie ; en 1902 à Marseille, en 1903 à Paris, en 1904 à Clermont Ferrand.

je sais qu'on multiplie les vacances, — et aussi les prix
de la pension, — au point d'inquiéter, de mécontenter
beaucoup de familles.

Le temps est loin où Boursault rimait contre un
principal de collège, qui avait les verges rapides et la
main lourde :

> Apparemment ce qui l'anime
> A paraître un si grand brutal,
> C'est que, d'une voix unanime,
> Des ânes du collège il est le principal.

Tout cela ne suffit pas ; l'esprit de routine, père des
abus, n'a point dit son dernier mot, et il ne faut pas per-
mettre à l'Université de s'engourdir dans les délices du
farniente. Il y a une franc-maçonnerie pédagogique,
comme il y a une franc-maçonnerie radicale, libre pen-
seuse, comme il y eut jadis une franc-maçonnerie
royaliste, religieuse. Les mandarins de toutes les
franc-maçonneries, n'ont ils pas toujours été enclins
à se congratuler les uns les autres, à nier les fautes des
frères et amis ? On devrait instituer pour chaque lycée
des comités de parents élus, chargés très expressément
de faire triompher les justes revendications dans toutes
les questions d'hygiène, ayant des délégués qui, à l'improviste, visiteraient cuisines, dortoirs, réfectoires, ma-
gasins d'habillement, water-closets, adresseraient, en
double, leurs rapports confidentiels au Ministre, à l'Association des anciens élèves. Il faudrait faire aboutir la
réforme capitale, celle que, depuis tant d'années, pré-
conisent penseurs, hygiénistes, écrivains : les lycées
d'externes conservés à Paris, les lycées d'internes éta-
blis dans les environs de Paris, en pleine lumière, en
pleine ivresse de la nature, en pleine communion avec

celle-ci, avec les meilleures chances de santé physique et morale. J'entends bien que certains parents commenceront.par murmurer et gémir ; mais ils s'habitueraient vite à ce progrès. Quand nous étions à Vanves, nos mamans venaient nous voir sans se plaindre de la distance et du temps : aujourd'hui tramways, chemins de fer, en se multipliant, réalisent le prodige des Bottes de sept lieues. La santé, la vie de milliers d'enfants, dépendent d'une telle réforme, qui résume toutes celles de l'avenir, qui couronnerait toutes celles du passé.

CHAPITRE III

LA FACULTÉ DE DROIT DE PARIS

J'ai eu la bonne fortune de conserver un certain
nombre d'amis, qui, possédant la science de la vie,
dépassèrent sensiblement le huit fois dix, ou même le
neuf fois dix, pour parler comme d'Urfé dans l'Astrée :
je les appelais mes *Fontenelle*, en souvenir du célèbre académicien qui ne manqua que de quelques mois
ses cent ans, ou bien encore mes *Chevreul*, faisant
allusion au savant qui vécut cent trois ans, et qui, vers
1882, disait naïvement à Eugène Labiche, dans le
salon de Madame Buloz : « Monsieur, j'adore vos pièces, mais je ne suis pas allé au théâtre depuis 1830. »
Il m'advint parfois de répéter à mes chers Fontenelle
a réponse de Léon XIII à un Cardinal qui manifestait
sa conviction de le voir régner jusqu'à cent ans : « Il
ne faut pas assigner de limites à la toute-puissance divine. » Et cela ne leur déplaisait pas.

Parmi eux, figure Charles Limet, bon avocat d'affaires, poète aimable, aimant à la folie les voyages,
la musique, le monde, les salons, au point de revenir
tout exprès de Montreux pour assister à une réception

chez Emile Ollivier, et de repartir le lendemain, pra-
tiquant lui-même l'art de l'hospitalité, avec des dîners
très agréablement pailletés de gens d'esprit et de jolies
femmes, terminés par des bridges qui l'amusaient infiniment, bien qu'il méconnût souvent les règles et la
stratégie de ce jeu si justement mondial : il est vrai
qu'il rima sur lui de gentils sonnets qui consolaient
les partenaires perdant par sa faute. Si Charles Limet n'a pas tout à fait célébré ses noces de diamant
avec le Palais de Justice, du moins a-t-il publié un
agréable volume intitulé : *Quatre vingts ans de souvenirs* (1827-1907). Quatre vingts ans ! Excusez du
peu ! Et il était né en 1820 ! Il est vrai que souvent on
se remémore mieux le printemps de la vie que l'été,
l'automne et l'hiver ; ce diable d'homme se rappelait
toutes les saisons, ou plutôt il avait fait de sa vie un
printemps perpétuel.

Que de fois il nous *causa* ses Souvenirs, avant de les
écrire ! Sans compter des historiettes plus ou moins
croustillantes, des galéjades dont il a sevré le lecteur !
Et il aurait pu consacrer aussi des pages piquantes à
des salons qu'il effleure à peine. Mais il avait 89 ans
quand il composa ses Mémoires, et il a voulu faire
court afin, peut-être, de n'être point surpris par la
Camarde, qui ne lui envoya que cinq ans après son
arrêt sans appel.

On évoquait quelquefois en sa compagnie le temps
des études juridiques, et, malgré l'écart des années
entre lui et moi, (trente ans environ) on se rejoignait
par certains noms : ceux qui les portaient avaient été
ses camarades d'études, ils avaient été mes professeurs.
Limet, beaucoup plus Philinte qu'Alceste, garda
toutefois une dent à Ducaurroy, un cuistre à la quatrième puissance, qui, par amour du droit romain,

appela ses filles Titia et Sempronia ; d'une sévérité telle aux examens, qu'il faisait trembler les meilleurs élèves, il dispensait des boules rouges, surtout noires, avec une prodigalité que l'autorité bienveillante de ses collègues parvenait, non sans peine, à modérer. Or les quatre boules blanches étaient d'autant plus désirées, qu'il fallait les avoir obtenues pour figurer dans la petite élite que le professeur Oudot invitait, à ses soirées pendant l'hiver, et pendant l'été à ses réunions du dimanche en sa villa de Fontenay-aux-Roses. Pensez donc ! Voir de près les maîtres de qui dépendait le diplôme, la clef des carrières et des autres succès, danser avec leurs femmes et leurs filles, y rencontrer, frôler, écouter peut-être le fameux Rossi, pair de France, membre de l'Institut, déjà célèbre dans toute l'Europe, c'était une faveur insigne, quelque chose comme l'initiation aux rites de la franc-maçonnerie juridique ! Peu importait qu'on fût réduit, en fait de rafraîchissements, à des verres d'eau sucrée ou de limonade, avec des brioches chaudes dans les occasions solennelles. En ce temps-là on s'amusait à bon compte ; et puis il y avait l'honneur. Détail piquant : Vuatrin, ayant épousé une des filles d'Oudot, continua la tradition du beau-père, et, après mon premier examen de droit, je fus invité pendant quatre ans à ses réceptions, ainsi qu'à celles de sa sœur, mariée à l'avocat Rivollet. Je crois me rappeler que cet excellent Vuatrin — qui n'avait aucun rapport avec Antinoüs, — n'exigeait pas toujours l'unanimité des boules blanches ; en tout cas, il s'était mis à la mode du jour, et gâteaux, verres de punch, glaces, circulaient, fort appréciés par la jeunesse qui a toujours, comme on dit en Franche-Comté, un boyau libre au service de ses amis.

Rien de pareil au procédé d'un vaniteux émule d'Harpagon, qui parfois terminait ses lettres d'invitations par ce *Nota bene* : Il y aura des gâteaux frais. »

Le professeur Bugnet, dit *le Rustique*, était tellement négligé dans sa mise, qu'à un dîner de l'avoué Glandaz, le concierge, le prenant pour un maître d'hôtel, le fit monter par l'escalier de service. Il était par excellence le professeur analytique, terre-à-terre, tandis que Valette, assez paysan du Danube lui aussi, planait dans les hautes sphères de la science du droit, cherchant toujours à dégager la synthèse, attirant à son cours les laborieux, les aspirants au doctorat, à l'agrégation, et se faisant pardonner son effroyable nasillement par des vues très ingénieuses, une singulière puissance de persuasion ; on peut ajouter :

L'accord d'un beau talent et d'un beau caractère.

C'était, parait-il, le temps où des professeurs facétieux posaient aux candidats des *colles* de ce genre : « Vous passez à côté d'un noyer en septembre, vous gaulez les noix, elles tombent ; qu'est-ce que vous faites juridiquement ? — Silence du candidat — Vous faites des meubles ; le noyer debout est immeuble, les noix tombées deviennent des meubles. — » Ou bien encore : « J'ai l'usufruit d'un âne : qu'en fais-je ? » Silence des trois premiers élèves ; mais le quatrième, plus subtil, ou plus audacieux, répond : « Monsieur, la loi est formelle, vous devez en jouir en bon père de famille. » Un professeur grincheux, irrité du mutisme persistant de sa timide victime, interpelle l'huissier de service : « Apportez une botte de foin pour le déjeuner de Monsieur. » Mais alors le candidat retrouve sa présence d'esprit, et avec fermeté : « Huissier, apportez-en deux : Monsieur le professeur déjeune avec moi ! » *Se non e vero...* Tout ce que je puis dire, c'est que, au moment où j'ai commencé mes études à la Faculté de droit, (fin de 1865), ces plaisanteries n'étaient plus de mise.

Autrefois, Aujourd'hui.

La Faculté de droit de Paris, agrandie et dotée par la troisième république, enrichie par de généreux donateurs, a des débuts modestes. Elle fait d'abord partie de l'Université de Paris, cette *fille aînée des rois*, qui comprenait trois autres facultés: Théologie, Médecine et Arts. De 1219 à 1679, elle n'enseigne que le droit canonique, et on l'appelait la *Faculté de décret*, parce qu'elle prend pour base de ses leçons le décret de Gratien. Pas de droit romain — il est considéré comme trop suggestif. Oui, vous avez bien lu: trop attrayant. Un moine du douzième siècle regrette le temps qu'il lui a consacré à l'Université de Bologne: il avait énivré son esprit, il lui semblait presque *lascif* par l'urbanité élégante de son verbe: *lepida orationis urbanitate lascivius*. En somme, on le permettait à Orléans, on le défendait à Paris, de peur que le droit civil ne détournât l'esprit de l'étude des livres saints et du droit canonique. N'avait-il pas pour lui la méthode, la logique, la beauté de la langue, l'enchaînement rigoureux des déductions, l'attrait de la nouveauté? Et en effet, les moines eux-mêmes, assure un auteur médiéval, désertaient leurs cellules pour se presser aux leçons des légistes, avant la prohibition. Un professeur de droit canonique, s'efforçant de maintenir la supériorité hiérarchique du droit canon sur le droit civil, conclut ainsi: « Ces deux servantes sont nécessaires dans la maison de Dieu. L'une, Marie, qui, assise aux pieds du Seigneur, et qui, absorbée dans sa contemplation, ne regarde et ne voit que lui. L'autre, Marthe, qui, s'inquiétant des choses de son ministère, se préoccupe de ce qu'exigent les nécessités de la vie. » Plus loin, il compare encore les deux droits, l'un à Rachel, dont la merveilleuse beauté attire tous les regards ; l'autre à Lia, qui, malgré ses vilains yeux, se distingue par ses utiles travaux et sa fécondité.

De grandes, de précieuses réformes ont été opérées depuis 1880. Au lieu d'une seule agrégation où les épreuves de droit romain, jouant un rôle excessif, ont découragé d'avance une foule de jeunes gens distingués qui auraient pu aborder le professorat, il y a maintenant quatre agrégations où chacun peut se diriger, selon ses goûts et ses tendances. 1° Droit privé et droit criminel ; 2° Histoire du droit ; 3° Sciences économiques. 4° Droit public. La part faite au droit romain a été sensiblement restreinte, pas assez encore, j'imagine, et on me permettra d'insister dans le sens de mon opinion, qui est celle de beaucoup de penseurs soucieux des réalités de la vie contemporaine, désireux d'améliorer la condition de nos étudiants. Il n'est pas inutile de rappeler que, dès 1837, un professeur de droit romain a publié contre lui un volume entier qui, naturellement, a provoqué l'indignation des romanistes fervents, trop disposés à paraphraser le mot d'un grand seigneur après 1789 : « Les abus ! Mais c'est ce qu'il y avait de mieux ! » Bravard-Veyrières, nourri dans le sérail, en connaissait tous les détours, et son réquisitoire vaut qu'on le lise, car aujourd'hui encore les demeurants d'un autre âge ne veulent pas admettre que le droit romain soit une science d'hypogée, une science du passé, non une science du présent et de l'avenir : on est toujours l'iconoclaste ou l'obscurantiste de quelqu'un.

Et ces messieurs me font involontairement penser à une boutade ironique de Sainte-Beuve:

L'antiquité a peut-être été inventée pour devenir le pain des professeurs.

Voici la conclusion de Bravard-Veyrières.

« Oui, en vérité, le Digeste est une *Babel juridique* où l'on a rassemblé les vices de tous les siècles de la législation, les vues opposées des plébiscites et des Sénatus-Consultes, les vues mobiles et changeantes des édits des préteurs, les écrits contradictoires des jurisconsultes qui brillent en général par *la concision*, par la hardiesse extrême des ellipses de mots ou d'idées, mais nullement par la *clarté*: car les compilateurs du Digeste ne se firent pas faute de les mutiler et tronquer sans vergogne. Trop vantés d'ailleurs ces jurisconsultes, qui mettaient au service du pouvoir absolu leur science subtile, et qui, sauf Papinien, se comportèrent presque tous en plats courtisans vis-à-vis des Césars. »

Aux réfractaires, Bravard-Veyrières oppose le raisonnement du philosophe Aristippe « lequel, étant enquis de ce qu'il conseillait aux jeunes gens d'apprendre et d'étudier, répondit: Ce qui, lorsqu'ils seraient en âge d'hommes, leur serait profitable pour l'usage de la vie. Et toutefois Bravard-Veyrières recommande l'étude du droit romain dans une certaine mesure : après avoir remarqué que la littérature, la philosophie, le théâtre des Romains, sont d'origine grecque, qve leur droit au contraire leur appartient en propre, qu'il est une plante véritablement indigène, une production du sol italique, il reconnaît que, chez eux seulement, le droit, travaillé, cultivé avec zèle, avec ardeur, offre le caractère imposant d'une science. Rome a donc vu, pour ainsi dire, naître le droit; c'est de ce foyer qu'il s'est répandu sur le monde, et tous les peuples de l'Europe en ont ressenti l'influence, en portent des traces plus ou moins profondes. Et c'est pourquoi il est intéressant de l'envisager à son point de départ, d'en suivre la marche, le crédit d'abord si puissant, le prestige de plus en plus déclinant, à travers les âges. N'oublions pas qu'en Allemagne, ce droit a été, pendant de longs siècles, le droit commun, qu'en France, avant 1789, il gouvernait à peu près la moitié du territoire.

Surcharger la mémoire de textes morts, perdre un temps précieux dans de vaines et stériles recherches d'érudition scolastique, à la poursuite de formes surannées, de procédures symboliques, véritables piperies d'oiseleur, d'antiquités obscures et douteuses qui étaient un mystère, même pour les *érudits* du temps de Cicéron, en un mot, de ce que l'on pourrait appeler, ce me semble, à juste titre, *la Mythologie du droit* : voilà ce qu'il faut éviter. « Nous ne sommes, Dieu merci, les sujets, ni de l'empereur Justinien, ni d'aucun autre ; nous ne relevons, ni de la loi des Douze Tables, ni des édits des préteurs, ni des réponses des Prudents ; nous avons, par conséquent, à chercher dans le droit romain, ... non pas ce qui est *loi* ou *texte*, mais ce qui est raisonnable en soi, et conforme à une saine doctrine. Oui, je ne cesserai de le répéter, aujourd'hui plus que jamais, il faut éclairer l'étude du droit romain *par le flambeau de la critique, de la philosophie et de la législation comparée* ; il le faut, sous peine de rendre cette étude aussi rebutante que stérile, et de la voir avant peu *complète-*

ment abandonnée. Le temps des casuistes et des glossateurs est passé sans retour ! »

Maîtres et élèves.

Ne nous étonnons point que la science juridique ait pendant des siècles mérité quelques-uns des reproches qu'on adresse à la scolastique. Je ne suis pas sûr que, même aujourd'hui, les leçons de tous les professeurs soient des leçons vivantes. De mon temps, il nous arriva, plus d'une fois, de manifester, assez bruyamment, notre déplaisir à l'adresse de certains maîtres qui rabâchaient servilement le cours des années précédentes : nous leur reprochions tout bas, et quelquefois tout haut, de ressembler à ces curés du moyen âge qui se contentaient de paraphraser, ou même de lire un morceau tiré d'un recueil de sermons appropriés à chaque dimanche de l'année, et portant cette devise : « dormi secure, dors tranquille, ton sermon pour demain est tout fait. »

Mais notre mécontentement ne revêtait jamais des formes aussi violentes que celui de nos cadets qui, il y a tantôt quinze ans, sous l'impression d'un déni de justice, brisèrent bancs, vitres et fenêtres de la salle. Aussi les meneurs nous trouvaient-ils bien mous.

Camille Pelletan, qui depuis... nous étions fort liés alors, nous allions jusqu'au tutoiement — faisait déjà de la politique d'irréconciliable, écrivait au *Rappel*, exultait en nous racontant les farces agressives des élèves des écoles, par exemple lorsqu'ils répétaient à haute voix, derrière des sergents de ville :

Quel gredin que ce Louis !

Et le voisin ajoutait

Et cette Eugénie, quelle coquine !

Lorsqu'on les arrêtait pour cris séditieux, ils expliquaient, de l'air le plus candide — les meilleurs acteurs ne sont pas sur les planches — qu'il s'agissait d'un camarade nommé Louis, et d'Eugénie, une Mimi Pinson du Quartier Latin. Allez donc édifier là-dessus un procès pour offense à leurs Majestés impériales !

Le chanteur comique Kelm, ayant mis à la mode le *Sire de Framboisy*, on braillait, on sifflait dans les rues le refrain :

Corbleu, madame, que faites-vous ici ?

Et l'impératrice, devenue presque aussi impopulaire que Marie-Antoinette, ayant voulu assister à une première de l'Odéon, la jeunesse des Ecoles, Pipe en Bois conduisant le bal, entonna irrévérencieusement le

Corbleu, Madame, que faites-vous ici ?

Celle que le peuple appelait : *la reine Crinoline* et *l'Espagnole*, brava d'abord l'orage, et finit par s'en aller. Cette manifestation ne brillait pas assurément par le bon goût, mais les haines politiques et la jeunesse ne se soucient guère de cette fleur de courtoisie. Et puis l'Empire avait eu la main lourde pour ses adversaires, et l'on se vengeait comme on pouvait. Personnellement, je me rappelle qu'à l'Ecole de droit, avant l'entrée dans la salle du professeur Machelard, les avancés se lançaient, d'un gradin à l'autre, des questions comme celles-ci : A-t-on des nouvelles du *Momentané ?* — Comment va *l'animal malade de la peste ?* — Le bruit courait que l'Empereur, faisant sa cure annuelle de Plombières, était assez souffrant.

Une loi a conféré aux Facultés, avec la personnalité civile, le droit de recevoir à titre gratuit. Parmi les bienfaiteurs les plus originaux, j'ai connu Goullencourt, licencié, docteur en droit, qui, dans sa retraite de Saugeons (Oise) charmait ses loisirs par l'étude continuelle de la jurisprudence. On le voyait parfois, rarement, à Paris, où il venait surtout pour suivre les cours de la Faculté pendant une ou deux semaines, et acheter les ouvrages de droit récemment parus. Par son testament, il laissa, en 1903, toute sa fortune, plusieurs centaines de mille francs, à l'Ecole de droit. « A la mémoire vénérée de ma mère, — ordonne-t-il; j'institue légataire universelle la Faculté de Droit de l'Université de Paris. Je lui dois tout; je ne dois rien à mes héritiers de la ligne paternelle ou maternelle ; aussi je demande avec insistance que le legs ne subisse aucune réduction; tel était le vœu constant de ma mère; qu'il soit respecté ! » La Faculté de Paris a maintenant quarante-quatre chaires; de trois cents livres (qui représentent environ 1.800 francs) le traitement des professeurs est monté à douze mille, va jusqu'à quinze mille francs, (chiffres de 1914). Des cours libres, des bourses de voyage, ont été fondés, les conférences se sont multipliées, l'histoire du droit, le droit constitutionnel, le droit international, le droit des gens, l'économie politique, la législation comparée, ont pris un grand essor. — Vers 1900, un généreux donateur, qui voulut rester anonyme, a créé un certain nombre de Bourses de voyage autour du monde, chacune de 16.200 francs, réservées d'abord aux agrégés de l'enseignement secondaire, mais dont il a ensuite étendu le bienfait aux agrégés et docteurs des Facultés de droit : elles sont décernées par la voie du concours. Le nombre des étudiants n'a cessé d'augmenter, répondant ainsi aux sacrifices consentis : en 1913 il arrive au chiffre de 7,822, et parmi eux on compte 1093 étrangers.

L'apparition des femmes à la Faculté de droit date de 1885; le palmarès de 1913 signale quarante Françaises, et quarante et une étrangères, ainsi réparties : trente-cinq Russes, deux Suisses, une Turque, deux Syriennes, une Serbe. Il y a maintenant trois sortes de concours de licence, autant de doctorat. Un petit fait qui a son importance : en 1913, la Bibliothèque reçoit quotidiennement 842 lecteurs, et le service des prêts atteint 6.403 volumes; avant 1870 elle n'a que quarante places, la nouvelle Bibliothèque en a près de trois cents.

Pourquoi l'on doit aimer le droit.

J'ai aimé, j'aime toujours le droit; j'ai beaucoup regretté, je regrette encore que le destin, ce tyran des hommes et des dieux, m'ait empêché de pousser jusqu'à l'agrégation. Le droit et l'histoire restent en somme les grands maîtres de la vie humaine : parce que, jusqu'à présent, elles ne les ont pas approfondis, les femmes ne possèdent guère le sens de la justice et de l'honneur, (autre que la vertu conjugale). Pour la même raison les socialistes vont d'un pôle à l'autre dans leurs randonnées intellectuelles, pratiquent une politique de millénaires, jettent, quand, par malheur ils ont voix au chapitre, leur pays sur le chemin des aventures et des catastrophes, manifestent presque tous un mépris, qui va jusqu'à l'horreur, pour la mesure, le tact, l'urbanité, le bon sens, la liberté, la loi, et autres fadaises bourgeoises, nous replongent enfin dans l'enfer anarchique des peuplades primitives, en prétendant, avec une bonne foi qui n'en est que plus dangereuse, nous faire entrer d'un bond, de force, scientifiquement, au paradis matérialiste de leurs chimères. Si tous les socialistes devaient être docteurs en droit, il n'y aurait plus de socialistes, sauf, bien entendu, ceux qui déguisent leurs ambitions sous ce vocable, et entrent dans la politique comme on entre dans un bal costumé. Rappelons une belle pensée de Cicéron à ces chevaliers de l'Utopie, ou plutôt aux esprits impartiaux, car c'est le propre des premiers de repousser les enseignements de l'histoire ; d'ailleurs, le socialisme est devenu un superbe placement, une entreprise qui donne de magnifiques dividendes à ses actionnaires : elle les mène à tout, même sans qu'ils aient besoin d'en sortir, comme on dit pour le journalisme : « Si les volontés des peuples, les décrets des chefs de l'Etat fondaient le droit, le vol, l'adultère, les faux testaments seraient légitimes dès qu'on aurait l'appui des suffrages et des votes de la multitude. S'il y a, dans les jugements et les volontés des ignorants, une telle autorité, que leurs suffrages subvertissent la nature des choses, qui les empêche de décréter que ce qui est mauvais ou pernicieux, soit à l'avenir tenu pour bon et salutaire ? »

Le droit a réponse à tout ; tout y entre, tout en sort, tout y aboutit. Sans les travaux des juristes, sans les décisions des tribunaux, interprètes du droit, l'industrie, le commerce, l'agriculture, les arts eux-mêmes seraient entravés dans leur essor ; le droit seul leur assure la sécurité, faute de quoi ils ne sauraient prospérer : ils vivent dans le droit et par le droit. Un fabricant qui fonde une usine ; un commerçant qui vend les produits de l'industriel ; un agriculteur qui emploie des ouvriers, loue des immeubles ; un artiste, un écrivain qui touchent des droits d'auteur ; un financier qui veut lancer une valeur nouvelle, se trouvent à chaque instant en présence de questions juridiques.

La plupart des rapports sociaux entre les hommes, ou des particuliers avec l'Etat, ne sont que des relations de droit ; les conflits qui s'élèvent entre eux se concilient, s'instruisent et se jugent par l'application du droit ; la société tout entière, pour parler comme Karl Marx, repose sur une superstructure juridique et politique. N'est-ce pas Mirabeau qui s'écriait : (espérons qu'il parlait prophétiquement) ? « Un jour le Droit sera le souverain du monde. »

On ne saurait assez le répéter : du Droit naît la Loi, de la Loi naît la Sécurité, de la Sécurité la Curiosité, de la Curiosité la Science, la Science qui rendra aux peuples le goût de l'autorité, de la vraie liberté, du bon sens, en leur inspirant l'horreur des charlatans de toute sorte.

La science du droit a les vertus d'un passe-partout qui ouvre les serrures les plus compliquées, d'une lumière aiguë qui, telle la liane autour du tronc, passe derrière et devant les consciences coupables, démêle les sophismes, les arguties des avocats, éclaire au besoin les injustices des assemblées omnipotentes ; car les lois, les lois politiques surtout, méritent souvent le sarcasme de Rudyard Kipling : un bavardage d'enfant et l'ouvrage de plusieurs fous.

Le plus cruel des droits est le droit du plus fort.

Remarquons aussi que, si les guerres privées ont pu cesser entre les individus, c'est qu'il y a des lois précises qui fixent les droits de chacun, des juges qui appliquent ces lois, et une autorité qui, en cas de résistance, fait exécuter les jugements. Tout cela a manqué jusqu'ici entre les nations. Le droit sans la force est un compas à une seule branche.

Nos maîtres nous enseignaient encore que les facultés de droit ne sont ni des écoles de philosophie, ni des écoles pratiques, qu'il faut s'en tenir à la maxime romaine. « Savoir les lois, remarque Beudant, n'est pas seulement connaître les formules, mais leur âme et puissance : *Scire leges non est verba earum tenere, sed vim ac potestatem*. Le droit n'a pas de stations fixes dans sa marche ; à quelque moment qu'on l'observe, il apparaît comme le produit des passions et des luttes, des efforts et des souffrances des temps antérieurs. Pour avoir l'intelligence de l'époque contemporaine, pour démêler les éléments multiples qu'elle renferme, il faut remonter à celle qui l'a précédée, puis de celle-ci aux faits qui l'ont elle-même préparée. Qui veut se rendre compte de ses jugements, doit remonter ainsi, jusqu'à ce qu'il trouve l'origine de ce long développement, et conquérir ainsi les clartés que donnent la suite des temps, l'ordre des idées, l'évolution des doctrines. Ainsi seulement tout s'explique et s'enchaîne ; et l'on peut, malgré les contradictions passagères, concevoir l'harmonie générale. »

Et n'ont-elles pas gardé une saisissante actualité, ces paroles que faisait entendre, le 1er août 1892, Colmet Daage, alors doyen de la Faculté :

« La force prime le droit ! Telle est la doctrine nouvelle qu'ils proclament audacieusement. Il y avait des siècles que la formule : *Dieu et mon épée !* avait fait place à celle-ci : *Dieu et mon droit !* Eh bien, ils veulent faire reculer l'humanité jusqu'aux plus mauvais jours de la féodalité. Ils n'ont même pas, comme au moyen âge, l'excuse de l'ignorance. Non, ce sont les publicistes, les historiens, les jurisconsultes de cette savante Allemagne, qui, dans l'ivresse du triomphe et l'aveuglement de la haine, ont renié les principes qu'ils avaient professés, pour se faire les complices de cette adoration de la force. »

Aussi bien, les professeurs de droit, plus encore que les magistrats, sont les véritables gardiens, les pontifes de cette religion du droit, qui, si elle eût été mieux comprise et respectée, eût épargné à la France, à l'humanité, bien des calamités, bien des folies sanglantes. Comment, à la lueur fulgurante de tant de catastrophes, ne pas s'associer à ce vœu de Glasson :

« Que la France reste, par son patriotisme, la France de Jeanne d'Arc, par sa tolérance la France de Henri IV, par son amour pour la justice la France de 89 ! »

Quelques-uns de mes maîtres.

Il en est des professeurs comme des livres et des pièces de théâtre : on se rappelle très bien les uns, assez bien, un peu, presque pas les autres ; on aime beaucoup ceux-ci, moyennement, pas du tout ceux-là. Tous nos professeurs de droit possédaient assurément l'érudition, tous ne savaient pas la rendre aimable et attachante ; quelques-uns seulement joignaient à leur science le don si rare de peindre, le sentiment du pittoresque : tels Ortolan, Paul Gide, Charles Giraud ; qui étaient encore d'excellents écrivains. Paul Gide, un des plus charmants esprits que j'aie connus, mourut trop jeune pour avoir pu remplir tout son mérite ; son ouvrage sur *la Condition de la femme dans le droit romain*, reste un des livres les mieux écrits qui soient sortis de la plume d'un jurisconsulte : il a admirablement agrandi le sujet, au point de lui donner un caractère humain, général, universel. Paul Gide était assez bon magicien es-lettres françaises, pour faire aimer le droit romain, et sa personne morale était à la hauteur de son talent.

Glasson, Beudant, se montrèrent ardemment préoccupés de marcher sur les traces de Valette, qui continuait de faire la lumière dans les questions les plus ardues, les *Privilèges* entre autres, tout en se montrant subtil parmi les subtils; ils avaient le goût, le sens des idées générales, et traduisaient en tirades élégantes leurs fortes conceptions.

Duverger, Labbé, Vuatrin, fournissaient à leurs élèves des mets honorablement conditionnés, où il manquait *le je ne sais quoi*, ce qui faisait dire à Chamfort à propos d'un conte épicé : il y a ragoût. C'était la *Cuisinière bourgeoise*, le *Bouillon Duval*, le plat du jour au restaurant à trois francs le repas : les Vatel du métier étaient ailleurs. Duverger incarna le type de l'exégète consciencieux, instructif même ; il fallait le voir s'échauffer sur des textes controversés, sur certains arrêts de cours d'appel qui lui semblaient sujets à caution ; il atteignait parfois l'éloquence, jamais l'originalité.

Rataud, professeur de droit commercial, nous plaisait par sa bonhomie et sa rondeur. Valroger à peu près seul, restait décidément impopulaire ; et cependant il enseignait l'histoire du droit : mais il avait un peu trop l'air de ne se soucier, ni de son cours, ni des étudiants ; cependant Beudant me dit depuis qu'il préparait les éléments d'un grand ouvrage sur l'histoire du droit en France.

Je me le rappelle, toujours impassible, remuant à peine, tel l'oncle Vertillac dans les *Faux Bonshommes de Barrière*, lisant et annotant sans cesse, recueilli

jusqu'à être distrait, presque étranger à ce qui se passait autour de lui. « On lui reproche d'être froid et
indifférent, remarquait un de ses collègues: c'est que
son esprit est ailleurs, il voyage dans le passé. » Les
mauvaises langues prétendirent qu'il n'était pas toujours plongé dans ses rêves historiques, que l'Eternel
féminin le préoccupait assez vivement. Et après?

Pour être *professeur*, on n'en est pas moins homme.
Comme on se prêtait les cahiers entre étudiants, nous
n'avions pas manqué de remarquer que le cours de
Valroger, d'année en année, se répétait avec la mo-
notonie d'un écho, et cette incurie semblait contraire
aux devoirs du maître, impertinente pour les élèves
traités par dessous jambe.

Ortolan, professeur de droit pénal, faisait toujours
salle comble : c'était, pour les enthousiastes, Faure,
Nilsson ou Patti à l'Ecole de droit. Ses tendances poétiques et littéraires expliquent le succès qu'il obtenait
en chaire. Ses livres parlent le langage austère de la
science, mais, devant un public vibrant, la vivacité de
son imagination, l'accent d'une parole ardente et parfois passionnée, des aperçus ingénieux, hardis, colo-
raient les théories les plus abstraites. Son amour du
travail allait au point que, la veille de sa mort il corrigeait encore des épreuves, et, quelques heures avant
la fin, il s'inquiétait du maintien ou de la suppression
d'un mot dans la préface des *Pénalités* de l'*Enfer* de
Dante. Le cours d'Ortolan m'a fait penser plus d'une
fois à celui d'Andrieux au Collège de France sous le
Premier Empire. Il parlait de tout, Andrieux, avec un
filet de voix, d'où sortaient les mots, les anecdotes, les
portraits piquants; il amusait ses auditeurs, n'avait
qu'une voix contre lui, la sienne, se faisait entendre à
force de se faire écouter. Ortolan possédait cette qua-

lité oratoire qu'Emile Ollivier appelle la familiarité,
le don de se mettre en contact, en affinités électives
avec son auditoire. Je me souviens qu'un jour, à
propos du sentiment de la responsabilité, il nous parla
d'une petite chienne, une favorite, à qui l'on défendait
sévèrement de faire la sieste sur les meubles du salon ;
naturellement le fruit défendu la tentait, et aussitôt
que son maître était sorti, elle n'avait rien de plus
pressé que de se prélasser sur un bon fauteuil. Mais
elle connaissait le pas d'Ortolan, sa façon de sonner
quand il n'avait pas la clef, et, dès qu'il entrait dans
l'antichambre, elle courait se cacher sous un vaste ca-
napé ; elle avait le sens élémentaire de la responsabilité. Celui-ci consisterait-il dans le souvenir des coups
passés, la crainte des coups futurs ?

La leçon de Colmet de Santerre se distinguait par
les mêmes qualités qu'on remarque dans son excellent
Cours analytique du droit civil, simplicité, clarté,
élégance, art d'élucider les problèmes les plus obscurs.
Et puis quelle charmante courtoisie ! Quelle aménité
dans les examens ! Comme on enviait ceux qui avaient
la bonne fortune d'être interrogés par lui ! Dans son
discours de 1888, Colmet de Santerre, après un éloge
concis et substantiel du droit, citait bon nombre de li-
cenciés qui ont fait honneur à la science et à leur pays,
depuis la restauration des écoles de droit en 1804 ;
parmi eux, Thiers, Ponsard, de Serre, Ravez, Marti-
gnac, Odilon Barrot, Rémusat, Mauguin, Portalis,
Troplong, Delangle, Gambetta, Berryer, Chaix d'Est-
Ange, Bethmont, Jules Favre, Paillet. Et combien
d'autres depuis ? C'est dans un de ses discours annuels,
que cet aimable doyen demandait aux étudiants de se
donner à eux-mêmes ce mot d'ordre : Par le travail,
pour la Patrie ! En même temps, il définissait les de-

voirs du véritable étudiant, et la mercuriale s'adresse avant tout à ceux qui commettent ce péché mortel, le manque d'assiduité. L'orateur déclare avec netteté qu'il n'y a pas d'élève sans maître, que celui qui n'accepte pas le maître, répudie par là même la qualité d'élève, qu'il ne fait pas partie de l'Ecole ; n'ayant pas vécu dans un milieu juridique, à l'examen il se montre étranger au langage et aux procédés de la science ; le diplôme fuira devant lui à chaque tentative nouvelle ; l'obtient-il à la fin, et comme de guerre lasse, il ne retire de ses études mal faites qu'un titre *sine re*, un titre nominal, os sans suc médullaire.

Bien pensé assurément, et toujours vrai, à condition que le professeur remplisse son sacerdoce avec un zèle d'apôtre, qu'il se renouvelle, qu'il fasse, si j'ose dire, sortir le droit de sa gangue scolastique, de son épaisse chrysalide, de cet argot nébuleux où trop longtemps il s'est enlisé, qu'il pénètre l'esprit et même le cœur de l'élève, en lui montrant la poésie profonde de la science. Nos professeurs n'étaient pas contents de ceux d'entre nous qui désertaient l'Ecole, et qui, au moment de l'examen, tentaient un effort hâtif de mémoire, afin de conquérir la sacrosainte mascotte du diplôme, et s'élancer vers la vie pratique. Ils n'avaient certes pas tort, bien que parfois ces errements eussent des motifs sérieux ; mais quelques-uns auraient dû faire aussi leur *mea culpa*, et ne s'en prendre qu'à eux-mêmes s'ils parlaient devant un auditoire restreint. On a dit que le silence des peuples est la leçon des rois ; l'abstention des étudiants est la leçon des professeurs : tels publics, tels maîtres : ceux-ci doivent lutter contre l'aridité des textes, l'apparente inutilité d'une foule de controverses qui reposent sur des pointes d'aiguilles, et déconcertent les jeunes imaginations. La jeunesse ne se

passionne plus pour les problèmes désuets qui for·
maient le pain quotidien de la vie scolaire au moyen
âge : elle ne sait pas toujours bien ce qu'elle veut,
mais elle le veut bien. Au fond elle veut qu'on l'intéresse, qu'on l'émeuve, qu'on l'amène à la science par
des chemins droits, larges, ensoleillés. Elle ne répu-
gne nullement aux enseignements sérieux : voyez l
succès que remportaient, jadis, en dehors de l'Ecoie
de droit, Guizot, Saint-Marc Girardin, Michelet ; plus
tard Caro, Victor Brochard, Ferdinand Brunetière ; de
nos jours, Bergson. etc... D'ailleurs, les maîtres eux-
mêmes rendaient justice aux étudiants, et Beudant l'a
fait avec une belle loyauté : « La jeunesse actuelle ne
le cède en rien à celle d'aucun autre temps ; elle est
ardente et sérieuse à la fois, profondément pénétrée de
ce qu'elle doit au pays, et prête à le lui donner. Ceux
qui en doutent ne la connaissent pas. » J'ai cité cette
phrase un soir, dans le salon de madame Aubernon,
à des *pessimistes de table d'hôte*, gens fort spirituels
d'ailleurs, qui croyaient tout perdu parce qu'ils ne
rencontraient que des petits fêtards mondains ou des
arrivistes, et ignoraient l'énorme effort accompli silencieusement par la jeunesse laborieuse, sa valeur morale, sa haute conscience de la vie, ses nobles ambitions, qualités splendides qui se sont magnifiquement
épanouies depuis 1914, et ont rempli l'univers d'étonnement. Mes interlocuteurs m'ont regardé d'abord
avec une douce ironie où filtrait un peu de dédain ;
l'un d'eux finit cependant par confesser que j'avais
peut-être raison.

Bufnoir, membre du Conseil Supérieur de l'Instruction publique, du Conseil de l'Université de Paris, du
Comité consultatif de l'Enseignement du droit, du
comité des Travaux historiques, fondateur et prési-

dent des Sociétés d'Enseignement supérieur et de législation comparée, a formé plusieurs générations d'élèves qui peuplent la magistrature, le professorat et le barreau, renouvelé l'enseignement du droit civil; par sa forte dialectique, il rendait lumineux les problèmes les plus compliqués. Il passait pour être dur à la note dans les examens, et les candidats *peu calés* le redoutaient avec raison; il ne lui fallait qu'un instant pour discerner ceux qui avaient suivi les cours, travaillé consciencieusement, et ceux qui avaient fait l'école buissonnière, fréquenté plus volontiers le bal Bullier et les cafés du Quartier Latin, que la Faculté: autant il protégeait, faisait mousser ceux-là, autant il se montrait sévère pour ceux-ci, tout en interrogeant avec une courtoisie raffinée, qui d'ailleurs ne les rassurait nullement, et semblait presque une moquerie de leur néant juridique.

Accarias avait débuté par l'Ecole Normale; victime du Deux décembre, entré à l'Ecole de droit en 1865, à la suite d'un brillant concours, inspecteur général après la mort de Charles Giraud, il passa plus tard à la Cour de Cassation. Comme professeur, il s'inspirait de la méthode et de la doctrine de Giraud et de Demangeat, empruntant à celui-ci le sens et l'art de l'exégèse, à celui-là le goût des études historiques. Bon écrivain juridique, on retrouvait en ses ouvrages l'ancien normalien; sa conversation vive, originale, hardie, primesautière, ne plaisait pas moins à ses élèves qu'à ses collègues; pour tout dire, il ne reculait pas devant le mot propre, ce Saint Jean Bouche d'Or, et on ne l'en aimait que plus.

J'ai pu assister aux obsèques de mon ancien maître Camille Gérardin, mort en 1911, qui, avec Paul Gide, a tant contribué à vivifier en France les études de droit

romain ; je l'avais eu aussi comme maître de conférences pendant ma seconde année de doctorat, plus spécialement consacrée au droit français. Son érudition
et la précision de ses aperçus, la droiture et la noblesse de son caractère, m'attiraient beaucoup ; il me
permettait de rester un instant avec lui après la conférence, et sa causerie intime, toujours parfumée de
modestie et de réserve, projetait sur certaines questions, très étrangères en apparence au droit, des lumiè-
res originales. J'ai aussi gardé un souvenir reconnaissant d'Albert Desjardins, talent vigoureux, fécond,
éclairant de soudaines clartés les thèses qu'il abordait :
il a fait, après 1871, une incursion dans la politique,
a été député, sous-secrétaire d'Etat ; je l'ai retrouvé
plus tard dans les salons du duc de Broglie et du
comte de Ségur, où sa causerie élégante n'était pas
moins goûtée que celle de son frère, Arthur Desjardins, magistrat, membre de l'Institut, écrivain disert,
trop abondant, qui donnait des soirées où les canta-
trices à la mode étaient applaudies par un public
brillant, venu de tous les coins de l'horizon mondain.

M. Batbie, surnommé l'*éléphant subtil*, se laissa,
lui aussi, tenter par les blandices de la politique, cette
Mélusine qui a tous les dangers et les charmes des
légendaires sirènes de l'antiquité. Peut-être, dans la
carrière nouvelle qui s'ouvrit alors pour lui, a-t-il plus
d'une fois regretté les jouissances professionnelles que
procurent les fonctions de l'enseignement à qui s'y
consacre comme elles le demandent, c'est-à-dire sans
réserve. « Epris de mesure grâce au bon sens le plus
fin et le plus avisé, habitué, selon la tradition universitaire, à ne relever que de soi dans la direction de sa
pensée ; modéré par tempérament, libéral par la pente
naturelle de son esprit, sans prétentions d'ailleurs, et

conciliant sur le fond des choses, on peut douter, déclare un de ses collègues, qu'il fût fait pour la politique militante. » Dès le début de sa carrière, il semble avoir pressenti les contrastes qui devaient marquer sa destinée ; il écrit en 1864 : « J'ai été jusqu'à présent un homme de vérité, de science et de paix, et non un homme de passion, de parti et de lutte. Puissé-je conserver longtemps, puissé-je conserver toujours cette impartialité qui est la première condition de l'esprit scientifique ! »

Il eut la bonne fortune et l'honneur d'attacher son nom à un événement majeur de l'histoire des études juridiques : l'introduction définitive de l'économie politique dans l'enseignement de nos Facultés : grâce au décret de 1877, elle figure comme matière obligatoire dans les études de licence, avec la sanction de l'examen.

Beudant, doyen de la Faculté de droit en 1887, a précisé avec force, avec élégance, et les bienfaits de l'Economie politique, et ses limites, et ses prétentions parfois démesurées :

« C'est chose merveilleuse que l'instinct secret qui, par une sorte d'intuition supérieure, dirige l'esprit d'une époque là où il doit tendre. Le grand souci des temps modernes, c'est le droit des faibles et le sort des malheureux : le problème qu'ils ont à résoudre, sous le nom de question sociale, c'est de rendre les conditions de la vie plus faciles et plus équitables pour le plus grand nombre... L'économie politique est ainsi née des besoins du temps ; elle reste la meilleure initiation aux questions qui le préoccupent au premier chef ; elle est le guide naturel d'une société impatiente d'un but qu'elle perçoit très clairement, mais ignorante encore des moyens pour l'atteindre.

Par là s'expliquent la grande fortune de la science nouvelle, le crédit qu'elle a, la puissance qu'elle exerce... il s'agit, comme le disait Rossi, de rétablir l'harmonie entre le droit et les lois économiques...

« Platon voulait que le gouvernement des hommes fût laissé aux philosophes ; les économistes le réclament aujourd'hui comme leur appartenant, et, s'il faut en croire quelques-uns, que le succès a rendus envahissants, comme leur appartenant exclusivement... Non, l'économie politique n'est pas la seule maîtresse du monde. Ce n'est pas elle qui a dégagé la notion du droit individuel inviolable en soi, principe et fondement du droit naturel ; ce n'est pas elle qui a poursuivi à travers les âges l'étude des conditions dans lesquelles, d'après la formule de Kant, la liberté de chacun est compatible avec celle de tous. Elle a un objet précis et limité : elle concentre ses investigations sur les phénomènes par lesquels se produisent, se répartissent et se consomment les richesses ; elle ignore cette partie supérieure, faite d'idées, de sentiments et de traditions, qui s'incarne dans le droit public des peuples... L'utile, le juste et le bien confinent, mais ne se confondent pas. »

Batbie avait beaucoup d'esprit, soit qu'il parlât, soit qu'il écrivît. Un soir, chez le duc de Broglie, il conta qu'un étudiant en droit envoya sa thèse de licence avec cette dédicace humoristique : « Dédiée à celui qui la lira ! » Il nous détailla en même temps cette anecdote, d'où il appert qu'un professeur peut être collé.

Un professeur de géographie interroge un jeune méridional passablement ignorant. Les questions se suivent, précises, infatigables ; les réponses se font attendre.

Ma foi, Monsieur, éclate soudain le malin cancre, vous m'en demandez trop aussi ! Les vallées, les rivières, les montagnes ! on peut être un très honnête homme, et ne pas les connaître toutes par leur petit nom. Et tenez ! Je parie qu'il y a plus d'une question à laquelle un grand savant comme vous serait, lui aussi, embarrassé de répondre.

Le professeur, très conciliant :

« Voyons, mon ami, je ne demande pas mieux que d'être mis à l'épreuve.

Je vous demanderai donc, Monsieur, où le Lot prend sa source.

Malgré son érudition, l'examinateur resta court. Té ! lance l'autre, tout exultant. Eh bien ! Monsieur, c'est *dans le jardin de mon père*. Que vous disais-je ?

Aux journées de juin 1848, Valette, représentant du peuple, se trouvait aux côtés du général Damesme, lorsque celui-ci tomba mortellement frappé devant une barricade. Valette apporta la triste nouvelle à l'Assemblée. « Le général fut immédiatement transporté dans la cour d'une maison voisine. J'avais mon écharpe, je me suis approché de lui. Il était sur un matelas. Je lui dis que je lui serrais la main au nom de l'Assemblée. Il eut un moment de défaillance. On lui fit l'opération ; on lui retira la balle qu'il avait dans la cuisse, et, comme il revenait à lui, il me chercha ; il demanda de nouveau à me serrer la main. Je lui demandai comment il se trouvait. Il répondit par le cri de : Vive la République ! et il ajouta : « Je vous prie de faire connaître à l'Assemblée comment j'ai rempli mon devoir. »

Le 2 décembre, Valette apprend le coup d'Etat au moment même où il se rendait au Palais-Bourbon : « L'acte est nul de plein droit, *ipso jure*, observe le juriste stoïque. Je veux être envoyé à Vincennes avec les députés déjà arrêtés. Je mérite cet honneur à deux titres, dit-il au commissaire de police ; je suis professeur de droit et représentant du peuple. » On le garda quelques jours seulement, puis on le ramena en fiacre sur la place de la Bastille ; là le commissaire ouvrit la portière, et dit à Valette qu'il pouvait rentrer chez lui. — Un jour, se plaignant de quelques irrégularités de service, il finit par s'écrier : « Quant à moi, depuis trente ans, je n'ai pas manqué une seule de mes leçons. » « Pardon, repartit un collègue ; vous en avez manqué une, celle du 3 décembre 1851, mais il y avait *fait du prince.* »

Un autre professeur-député, Gabriel Demante, moins heureux que Valette, déploya, en vain, autant de ténacité pour se faire arrêter le 2 décembre, que la plupart, dans des cas pareils, en déploient pour dépister la police. Le lendemain, comme les applaudissements éclataient de toutes parts, lorsqu'il entra dans l'amphithéâtre pour faire son cours, d'un geste il imposa silence, et dit simplement : « Je ne devrais pas être ici ; il n'a pas dépendu de moi d'être arrêté avec tant de mes honorables collègues de l'Assemblée Nationale. Mais les agitations du dehors ne doivent jamais pénétrer dans cette enceinte. Nous sommes ici pour faire du droit, faisons du droit. » Et cela, n'est-il pas vrai, vaut les plus belles paroles des anciens ? —

Ma mère fréquentait madame Valette ; son mari aimait les jeunes gens studieux — j'ose me ranger parmi eux, — je l'interrogeais respectueusement, et il me faisait parler sur les salons que je commençais à cultiver, en particulier sur les salons politiques. Une fois je lui contai la semonce du comte de Falloux à Dupin, dont la conduite, au Coup d'État, avait justement paru suspecte ; puis la réponse de madame Périer à sa belle-sœur, madame d'Audiffret-Pasquier qui, le 3 décembre, vient lui annoncer, toute larmoyante, que leurs deux maris sont en prison : « Où veux-tu donc qu'ils soient ? » Ce mot le mit en joie, et il le répéta pendant huit jours à ses collègues. Ce que voyant, je me hasardai à lui rapporter le coup de boutoir de Berryer à un ancien légitimiste, qu'un fauteuil de sénateur avait décidé subitement à chanter la palinodie : « Mon cher Berryer, je n'ai pas précisément juré fidélité à l'Empereur. — J'entends, vous n'avez pas juré, vous avez *jurotté* : à votre âge, on ne fait jamais les choses qu'à demi. » Ce trait là aussi fut très bien accueilli ; Valette avait un tour d'esprit caustique et goguenard, que j'ai retrouvé souvent chez mes compatriotes francs-comtois : il reniflait en quelque sorte les mots drôles.

Il aimait les oiseaux, plus encore les oiseaux plébéiens que les oiseaux aristocrates. Ayant remarqué dans l'échoppe d'un savetier, rue du Vieux Colombier, un merle excellent chanteur, il s'arrêtait parfois pour l'écouter. Mais voilà que le propriétaire, flatté d'une telle marque d'attention de la part d'un Monsieur portant la rosette d'officier de la Légion d'honneur, l'engage à entrer. Valette examine attentivement le merle, découvre sur sa tête une loupe qui nuisait à son genre de beauté, affirme qu'il est très facile de l'enlever, s'offre, s'empare d'un tranchet, pratique l'ablation..., quelques minutes après, l'oiseau bat de l'aile, tournoie sur lui-même et tombe mort. Tout effaré, Valette s'excuse de son mieux, met un louis dans la main du savetier, et s'enfuit, jurant, mais un peu tard, qu'il ne se mêlerait plus de chirurgie.

Charles Giraud (1802-1881) appelé à Paris par l'amitié de Villemain, Guizot et Mignet, successivement inspecteur général des Facultés de droit, membre influent de l'Académie des sciences morales et politiques, du conseil supérieur de l'Instruction publique, vice-recteur de l'Académie de Paris, deux fois en 1851 ministre de l'Instruction publique, Conseiller d'Etat, donne sa démission lors du décret portant confiscation des biens des princes d'Orléans, reprend ses fonctions d'inspecteur général, auxquelles il joint celles de professeur de droit romain, ensuite de droit des gens à la Faculté des droits. Président des concours d'agrégation, membre actif de son Académie, collaborateur *de la Revue des Deux-Mondes*, du *Journal des Savants*, où il a publié une foule de travaux d'érudition, il a été surtout un historien et un lettré ; sa nature d'artiste, vive et mobile, prodigue dans tous les sens, sa curiosité universelle, son esprit brillant et aimable, légèrement teinté de scepticisme, de *libertinage*, comme on disait au xviie siècle, l'élégance de son écriture, l'ont, très heureusement pour le public, pour lui aussi peut-être, poussé à écrire des livres charmants comme sa préface aux œuvres de Saint Evremond, ses études sur la Maréchale de Villars et Ninon de Lenclos. Il a singulièrement contribué à faire, de l'histoire, de l'épigraphie et des lettres, un élément désormais nécessaire de la science juridique.

En 1851, des imprudences de langage amenèrent Giraud à suspendre le cours de Michelet, professeur d'histoire et de morale au Collège de France, ce même cours qui inspirait au savant Biot ce sarcasme : « Vous êtes professeur d'histoire, de morale, et je ne trouve dans vos leçons ni histoire, ni morale. » Violemment attaqué par la gauche de l'Assemblée, Charles Giraud prononça un discours plein de fermeté, couvert d'applaudissements par la droite, où il sut rappeler les devoirs de tous, ceux des professeurs, comme ceux de l'Etat. « Il est, dit-il, une classe de citoyens, à l'égard desquels la liberté d'émettre son opinion n'existe qu'à l'état de liberté restreinte : ce sont les citoyens qui exercent des fonctions publiques, ce sont les citoyens auxquels l'Etat a donné un mandat de confiance. A ces citoyens, il n'est pas permis de violer ce mandat, il n'est pas permis de manquer au devoir, il n'est pas permis, sous prétexte de liberté de pensée, d'outrager la morale publique, ni la religion qui en est le fondement... Les droits ne viennent qu'après les devoirs. A l'honneur et à la gloire de l'Université, je déclare que c'est toujours ainsi que, dans son sein, la liberté de penser, la liberté d'écrire, a été pratiquée sous tous les gouvernements, sous tous les régimes... »

Je suivais assidûment le cours de Giraud, et, de temps en temps, j'allais lui porter les compliments d'une amie commune, qui regrettait de ne pas le voir plus souvent. Ce n'est pas qu'il dédaignât le monde, au contraire il l'aimait fort, et le monde le lui rendait amplement ; mais il était tiraillé de vingt côtés à la fois, et voulait suffire à tout. Je l'appelais : le Saint Evremond du xixe siècle, le cousin de la Maréchale de Villars, et le mot, quand on le lui rapporta, ne lui déplut pas ; il est certain qu'il avait bien des traits de ressemblance avec Saint Evremond, qu'il aima la belle maréchale d'un amour rétrospectif, presque aussi profond que celui de Victor Cousin pour les belles dames de la Fronde. Traité en ami intime, en familier, par la princesse Mathilde, par la duchesse de

Galliera, il avait au plus haut degré le *vol des dames*,
comme dit Saint Simon, savait leur parler, leur plaire,
sertir en leur honneur de jolis billets : « J'ai, mande-
t-il à la princesse Mathilde, bravé le péril de publier
les Œuvres de Saint Evremond, parce que, tout im-
parfait qu'il est, ce travail garde un mérite considérable à mes yeux, celui d'être entrepris pour vous plaire,
et montrer qu'il n'y a pas de limite à mon dévouement
respectueux. » A la duchesse de Galliera, il présente
sa *Maréchale de Villars* qui, en 1757, avait salué de
son suffrage sa grand'tante à elle, cette ravissante
princesse de Monaco, Marie Catherine de Brignoles,
une des reines de Paris pendant trente ans ; en même
temps il lui annonce qu'on ne s'occupe pas d'elle seulement en ce monde, mais aussi par anticipation dans
l'autre, « où madame de Chantal, madame du Châte-
let et madame de Miramon ne tarissent pas sur son
compte. »

Malgré les instances de la princesse Mathilde, Napoléon III refusa toujours de comprendre Charles Giraud dans une fournée de sénateurs : « Quand, disait-elle à Sainte-Beuve, je parle de M. Giraud à
l'empereur pour le nommer sénateur, il ne me répond
pas, tire sa moustache et me tourne le dos. » La princesse avait beau amener Giraud aux dîners de Sainte-
Beuve, les affinités électives ne s'agrippaient nullement. C'est sur le conseil du savant, que, à la mort
de Sainte-Beuve, la princesse réclama ses lettres à
cor et à cri : « Toutes les fois qu'il y a du papier tim-
bré, grondait François Buloz, on est sûr que M. Giraud est derrière. » Ne pas confondre, ajoutait un familier du salon, le professeur de droit avec le peintre
Eugène Giraud, autre intime de la princesse, qui
donna ses albums à la Bibliothèque Nationale.

J'ai revu Charles Giraud de 1878 à 1880 : il était alors épris de madame de Villars, parachevait avec tendresse son volume, en lisait par avance des fragments à la princesse ; celle-ci le taquinait sur les rapport platoniques de la belle maréchale avec le comte de Toulouse et Vauréal, l'abbé de cour idéal, le plus bel homme de son temps, et l'un des plus spirituels. La princesse ne croyait nullement à la vertu de madame de Villars, et, reprenant une boutade de Sophie Arnould, elle soutenait que cette vertu là n'était que l'art de bien fermer les portes. Et Giraud de convenir qu'on l'avait chansonnée à ce propos, mais d'affirmer péremptoirement que, *montre en main*, elle n'avait pas manqué à ses devoirs ; il prouvait un alibi dans les deux cas invoqués contre la belle dame, et accusait Saint Simon d'avoir colporté les contes des pages de la Grande Ecurie.

Tout en goûtant la préface de Saint-Evremond, la princesse soulevait parfois une objection souriante ; ainsi elle dit à Giraud qu'elle ne l'approuvait pas de célébrer ce quatrain de Saint Evremond, car elle avait de l'amour une conception plus grave, et plus pure :

> Il faut brûler d'une flamme légère,
> Vive, brillante, et toujours passagère,
> Etre inconstante aussi longtemps qu'on peut ;
> Car un temps vient que ne l'est pas qui veut.

Mon vieux professeur ne m'a pas dit s'il avait réfuté cette critique. Il y a des questions qui appellent la parole, d'autres le silence, d'autres un sourire.

La princesse avait-elle lu la préface ? Ce n'est pas sûr, car elle ne lisait guère, mais son entourage lisait sans doute pour elle.

Charles Giraud imaginait des raffinements délicats pour ne causer de contrariété à personne, pour donner à chacun le maximum de joie et de consolation, des raffinements dignes du Cardinal de Bernis, celui qu'on avait surnommé le roi de Rome, si célèbre par sa grâce, sa courtoisie et son hospitalité. Voici un trait entre cent. Le secrétaire de la Faculté, voulant réunir dans un dîner le doyen et l'inspecteur général, avait beaucoup de peine à trouver un jour qui pût contenter tous ses convives. Le mercredi était le jour du dîner hebdomadaire de Giraud chez la princesse Mathilde ; cependant il finit par déclarer qu'il se rendrait libre. Le dîner fut charmant, grâce à lui. Le lendemain, le doyen ne fut pas médiocrement surpris lorsque, à la première heure, le secrétaire de la Faculté présenta à sa signature une affiche annonçant que Giraud, indisposé, ne ferait pas son cours. Il se rend aussitôt chez lui, le trouve installé dans son cabinet, et en santé parfaite. Giraud avait télégraphié la veille à la Princesse qu'il était souffrant ; s'il faisait son cours, le hasard en eût peut-être ébruité la nouvelle, rendu suspecte l'excuse de la veille. Ces petits riens-là sont parfois de grandes choses dans l'ordre de l'urbanité, des diamants et des perles qui parent leurs auteurs, jouent le personnage de la vertu, et la remplacent au besoin.

CHAPITRE IV

SALONS POLITIQUES

MADAME D'AGOULT, M. THIERS

Qu'est-ce qu'un salon politiqne ? Les ironistes seront
tentés de répondre : « Une variété du monde où l'on
s'ennuie, un endroit où l'on gaspille son temps gravement. » Je pourrais riposter, avec Royer-Collard, et
surtout avec le bon sens universel, que, si l'on ne s'occupe pas de politique, la politique finit toujours par
s'occuper de vous. Et, puisque députés, sénateurs ou
ministres abusent du droit d'en parler, de fabriquer
des lois ; puisque, dans tous les cafés, dans les réunions
publiques ou privées, les clubs, les bureaux de journaux, des millions d'électeurs, beaux ou méchants esprits, savants et ignorants, pérorent, écrivent, discutent
sur l'art de gouverner en gros ou en détail, pourquoi
n'y aurait-il pas quelques oasis mondaines, où des
hommes de goût, des femmes d'élite viendraient échan-
ger leurs idées sur ces cochers des nations, qui parfois

conduisent voyageurs et automobiles vers de terribles abîmes ? N'est-ce pas là, qu'entre initiés, on divulgue le secret de l'empire, le pourquoi du pourquoi ; que, dans certaines heures de détente, un personnage explique de mystérieux incidents du passé, ou même du présent ; là, qu'en général la plaisanterie se tempère de bonne grâce, la critique de politesse, cette bienveillance dans les petites choses, et la méchanceté d'atticisme ; là qu'on pratique l'art subtil des sous-entendus, que vient, en quelque sorte, se condenser, comme dans un alambic, l'histoire anecdotique, l'histoire des coulisses de chaque époque ? Là encore, l'esprit de parti est souvent le parti de l'esprit ; l'intérêt, ce dieu des majorités, rencontre quelques athées ; la chevalerie, le dévouement, le talent, font bonne figure à côté de ce dieu, savent même lui rompre en visière ; un mot, une tirade éloquente, y consacrent leur auteur.

Tout ceci, sans doute, n'est que relatif, et l'urbanité, dans un salon politique, très supérieure à celle d'un parlement, semble inférieure à l'urbanité qui règne dans un salon littéraire, dans un salon sans épithète. Quoi de plus naturel ? La politique étant la passion en exercice, la passion traduite en paroles et en actes, arrache facilement ce masque de politesse sans lequel on se ferait peur, allume les idées de violence et de pugilat intellectuel ; elle remue en nous tout un peuple de pensées combatives, toute une populace de désirs, l'envie, l'amour-propre ; elle se meut dans une sphère moins élevée que les arts, les lettres et la morale. Que de gens, parmi les plus raffinés, oublient alors ces règles de conversation, mieux accréditées autrefois, souvent méconnues de notre temps : entendre raillerie pour sa part, railler très peu soi-même, contredire rarement et avec beaucoup de modération, surtout racon-

ter et se garder de discuter ; bannir le moi ; montrer
l'esprit de son âge, de sa situation ; ne pas dédaigner
les opinions d'autrui ; témoigner déférence et respect
aux femmes, aux vieillards, aux supérieurs ; laisser
venir à soi la parole, et ne pas se précipiter sur elle
comme un fauve sur sa proie ; ne dire devant les gens
distingués que des choses qui valent la peine d'être
dites ; garder pour les intimes les élans de l'âme, la
confiance qui se répand avec abandon ; se souvenir
aussi que le silence est l'esprit des sots, et que les sots
silencieux sont des armoires vides fermées à clef ;
éviter ces automates parlants qui n'intéressent ni le
cœur ni l'esprit, mais cependant se résigner à beaucoup de choses et de personnes ; semer de la bonté
dans son esprit ! Un de ces terribles automates venait
de débiter des platitudes politiques pendant une heure
à mon ami X..., qui se vengea par cette seule remarque : « Monsieur, tout cela est si vrai, que je l'ai entendu dire plus de cent fois. » Et le sot se rengorgeait
en répétant partout que X... approuvait ses idées.

La difficulté de formuler une définition du salon
politique s'accentue, si l'on considère que là non plus
la loi de l'unité ne prévaut pas : ce même salon, à certaines heures, revêtira un nouveau costume : il deviendra littéraire, scientifique, artistique, sentimental,
selon que les causeurs attitrés seront piqués du désir
de plaire par d'autres moyens, ou subiront l'influence
d'un livre lu la veille, d'une exposition, d'un concert,
d'une jolie femme qui les écoute, d'un nouvel invité
dont l'esprit fait irruption dans leur esprit, et les arrache à leurs thèmes habituels. Beaucoup d'hommes éminents ont des passionnettes multiples, auxquelles ils
sacrifient, comme Ingres à son violon ; beaucoup aussi
brillent dans plusieurs spécialités. C'est même un des

caractères de notre époque, que cette universalité de
goûts, de connaissances et d'aptitudes, à laquelle la
presse, les voyages ont fourni de merveilleux leviers ;
universalité toute favorable au charme de la conversation, par la variété du panorama qui se déroule dans
les âmes.

Tout de même, le salon politique demeure celui où
les maîtres de maison et leurs principaux amis manifestent une sympathie particulière pour les problèmes
de gouvernement intérieur et extérieur, aiment à noter
le jeu des coulisses, les cancans, les mille riens qui se
rapportent à la Cour, aux Chambres, la manière dont
le chef et ses gâte-sauces, préparent le dîner du peuple souverain. Il arrive aussi que le salon est celui d'un
personnage, ministre ou qui espère le devenir, d'un
parti qui aspire à gouverner ; car les partis se dirigent
vers le pouvoir comme le pilote vers le phare, la fleur
vers la lumière, et l'amoureux vers son rendez-vous.
Pour ce motif majeur, ce cénacle est rarement neu-
tre, éclectique ; s'il paraît tel, les invités savent bien
qu'il y a quelque part, dans l'appartement, un cabinet
secret où s'élaborent projets, manœuvres, intrigues
décisives. Les salons où l'on reçoit des personnes de
diverses opinions, font penser à Madame de Tencin qui
dirigeait en même temps plusieurs pièces, faisant entrer dans son cabinet les affaires ecclésiastiques, politiques, académiques, mais procédant avec tant d'adresse,
qu'elle semblait les traiter en des ruelles réservées. Tel
un grand *impresario*, qui gouvernerait plusieurs troupes, un tripot comique, un tripot tragique, un tripot
d'opéra, et pratiquerait rigoureusement la séparation
des genres : lui seul connaît les prétentions, les riva-
lités de chacun ; le public ne voit que le spectacle, et
s'imagine que tout est paix, harmonie dans la coulisse.

On trouve un peu de cet *impresario* chez toute maîtresse de maison digne de ce nom.

Il y a donc des salons où les sports intellectuels, la
causerie, le jeu, la musique, la danse, la comédie, forment en apparence le but principal, et ne sont que
l'accessoire, le décor de la pièce qui se joue, dont les
auteurs poursuivront le succès dix ans, vingt ans,
trente ans s'il le faut ; où l'on vise l'opinion publique,
la Cour, le personnage, quel qu'il soit, dont dépend la
situation convoitée. Il y a des salons monarchiques et
des salons républicains, des salons aristocratiques et
des salons démocratiques, même des salons socialistes,
des salons autoritaires et des salons libéraux ; mais
dans tous, et c'est là ce qui marque d'une empreinte
spéciale les salons politiques, les habiles poursuivent
la conquête de la force gouvernementale. Et ceci n'est
pas une critique. Nestor Roqueplan, Parisien et sceptique endurci, ramenait tout à la question du poulet
Marengo, un certain poulet dodu, truffé, suave, que
confectionne un cuisinier unique, éternel, que les ministres veulent continuer de savourer, que les aspirants
au portefeuille prétendent leur enlever [1]. Sans doute

1. Ici, comme dans le précédent volume, et dans ceux qui sui-
vront, je gaze beaucoup, passe sous silence maint trait brutalement réaliste, mainte aventurette dont les héros sont ridicules,
ou pis encore. Il y a aussi beaucoup de gens à qui je fais l'au-
mône de l'oubli, surtout dans le monde politique et dans le
monde de la Bourse. Quelle impasse ! Le public voudrait tout
savoir, les gens mis sur la sellette ne tolèrent que l'apothéose
pour eux et leurs ascendants ! J'essaie parfois de dire la vérité,
sinon nue, du moins en chemise, ou même habillée, pas camou-
flée cependant au point de la rendre méconnaissable. Les trois
grands modèles du genre, Retz, Saint-Simon, Chateaubriand,
ne prennent pas tant de précautions. Advienne que pourra !
— Voir la préface du volume intitulé: *Quelques salons du Second Empire.*

les âmes vulgaires, et elles sont nombreuses, ne regardent guère plus loin ; mais, Dieu merci, tous les par
tis, aujourd'hui comme autrefois, ont des représentants
qu'enivre la noble et légitime ambition de servir leur
pays en faisant triompher leurs idées ; et il faut ne
posséder aucune connaissance du cœur humain pour
s'étonner qu'ils veuillent être associés à la victoire de
ces principes, appliquer ceux-ci, être, comme on a dit,
à l'honneur après avoir été à la peine. Le besoin de
récompense est tellement vivace en nous, qu'il a été
consacré par les religions.

N'acceptons donc que sous bénéfice d'inventaire ces
boutades échappées à de Serre et à Taine dans une
heure d'énervement : « Cercles d'indifférents, automates parlants qui n'intéressent ni le cœur ni l'esprit.
— Le salon n'est plus aujourd'hui qu'une boutique de
marchands qui mentent, saluent et accrochent des pratiques. » Et les salons de pacotille, les pseudo-salons
méritent sans doute ce dédain ; mais les vrais salons
ont droit à la reconnaissance et à l'estime d'hommes
tels que de Serre et Taine ! j'ose affirmer que ceux-là
forment en quelque sorte le parlement, le tribunal
suprême, le congrès des mœurs.

On peut aussi, sans paradoxe, soutenir que le salon
politique a existé dans tous les temps, dans toutes les
civilisations raffinées ; il a même dû précéder les autres
salons, car il répond à un besoin plus général, et je
suis tenté d'ajouter qu'on le trouverait, en cherchant
bien, chez les Hindous, les Chinois, les Egyptiens. Il
est partout où des hommes se réunissent d'une manière
continue chez un autre homme, pour causer des affaires
de leur patrie. Les femmes du monde antique sont en
général tenues à l'écart des questions publiques, et
toutefois voici deux heureuses exceptions : Athènes, la

Rome impériale. A Athènes, les hétaïres ont de véritables salons, et celui d'Aspasie, où domine Périclès, est un des premiers salons politiques dont l'histoire fasse mention. Dans la Rome des Césars, les patriciennes assistent aux banquets privés, aux fêtes de la Cour; elles reçoivent, et les études de Beulé, Gaston Boissier, Friedländer, etc... nous apprennent quelle était l'intensité de la vie sociale, avec quel entrain les Romains d'autrefois, plus d'un siècle avant Auguste, se réunissaient pour s'amuser, jouer, au besoin pour conspirer, ce qui est le mode aigu du salon politique. La même remarque s'applique à la civilisation byzantine si méconnue, si injustement calomniée; là non plus la vie de société ne se renfermait pas seulement dans les jeux du cirque. Et c'est peut-être le cas de faire observer que, dans les heures du plus rude despotisme, les salons politiques ont servi de refuge à l'esprit d'indépendance, protégé dans la mesure du possible la liberté par la conversation, l'échange des pensées, les espérances communes d'une condition meilleure. Lacordaire, celui-là même qui appelait la prédication une conversation élevée, l'a dit avec éloquence : « Foyer généreux des intelligences cultivées de tous les pays, la conversation est le dernier asile de la liberté humaine. Elle parle encore là où la tribune se tait ; elle remplace les livres qui ne se font plus, elle donne cours aux pensées que le despotisme poursuit ; elle échauffe enfin, elle remue, elle émeut ; elle est, là où elle peut vivre, le principe et l'écho tout puissant de l'opinion. Tant qu'une société converse, elle est encore sauvée. » A défaut des Chambres et des journaux, les salons, à certaines époques, furent la tribune et la forteresse des âmes fières qui ne désespéraient pas de l'avenir; de cette forteresse sortit toute une artillerie de la pensée : mots ironiques ou profonds ; projets d'ouvrages brusquement entrevus à travers le flamboiement de la causerie ; plans de bataille conçus dans l'excitation des volontés concertées, et produisant parfois un résultat vingt fois plus grand que la somme même des talents qui ont concouru à leur éclosion. Car voici encore un des bienfaits qui peuvent sortir du groupement d'un certain nombre d'esprits distingués : leur cerveau se dilate, chacun est tour à tour maître et disciple, inspirateur et inspiré, et ce n'est plus seulement l'indignation qui fait les poètes ; c'est aussi l'admiration, la reconnaissance, la pitié, l'idéal, combinés, qui créent les hommes politiques, et se transforment en riches moissons dans l'intérêt national.

La vie de société, en France, commence à naître entre 1050 et 1100, grâce à l'accroissement de la richesse et de la sécurité générale : les Carlovingiens eux-même continuent, faiblement, la tradition galloromaine. Cette société polie de l'âge médiéval, qui ne dispose encore que de moyens rudimentaires et incomplets, nous apparaît éparse, spasmodique, fragmentaire, parfois assez brillante selon les temps, les lieux et les personnes, plus prospère dans les pays qui jouissent du bienfait de la paix : elle a tout ensemble pour cause et effet la chevalerie ; pour missionnaires, les troubadours, les trouvères, les jongleurs ; pour représentants, de nombreux princes, grands seigneurs, dames et princesses. Elle s'affirme aussi par l'amour délicat et la conversation ; elle a ses créations originales, les cours d'amour, les jeux-partis, les tournois ; l'art, la religion, influent sur elle, et subissent à leur tour son prestige. Il ne serait pas très malaisé de montrer que, dans ces cours des grands feudataires et ces châteaux des seigneurs de moindre importance, s'établissaient des espèces de salons politiques, des salons mixtes si l'on veut, où, avec les clients habituels de ces hauts barons, chevaliers pauvres, troubadours, les dames de céans ne se contentent pas de conter des aventures guerrières et amoureuses, mais causent, débattent des problèmes de casuistique ou de pratique gouvernementale.

A plus forte raison les choses se passent-elles ainsi aux seizième et dix-septième siècles, du moins jusqu'à la monarchie absolue de Louis XIV ; car, sous le dur manteau du roi, selon la parole de Saint-Simon, la liberté de la conversation politique disparaît avec les autres libertés ; et la pensée indépendante doit se réfugier dans la discussion des problèmes philosophiques, religieux, littéraires, le jansénisme et le quiétisme, la querelle des Anciens et des Modernes, le mouvement pyrrhonien où s'embarquent tant d'intelligences. On ne saurait trop le répéter, ces deux puissances sociales, les salons et l'opinion publique, ne sont pas écloses au dix-huitième siècle, mais remontent beaucoup plus avant. L'opinion publique, par exemple, ce creuset où s'élabore la politique, n'a pas surgi brusquement, comme un champignon pousse en forêt, puisqu'on en trouve des ébauches éparses et diffuses, mille manifestations plus ou moins éclatantes, comme on voit un Vinci tracer vingt figures avant de rencontrer la forme qui sera appelée chef-d'œuvre. N'est-ce pas l'opinion publique qui commence à s'affirmer avec les Croisades, l'émancipation des Communes, la Réforme, la Ligue, les États Généraux? Ne la retrouve-t-on pas, toute vibrante, déchaînée et encore inconsciente, dans les troubles de la Fronde? Mais, ce qui demeure vrai, c'est qu'au dix-huitième siècle, les salons étendent leur domination en tous sens ; que la philosophie, l'écono-

mie politique et la politique y pénètrent à la suite de
la littérature ; c'est que l'opinion publique se constitue,
s'organise, héritière des généreux efforts du passé, du
prestige monarchique qui s'écroule ; qu'elle vit alors
d'une vie distincte, se développant avec la rapidité
d'un jeune géant, audacieuse, ironique et sensible, pas-
sionnant ses rêves, et comme emportée par un joyeux
délire vers les horizons infinis, vers une foi nouvelle
dont la Révolution promulguera le symbole. Dans les
salons du dix-huitième siècle, on entend des conversations *à faire tonner* [1], et la Révolution y a commencé ;
ils deviennent salons d'État, conspirent contre l'ancien
régime par la causerie : l'un deux fut appelé l'œuf de
l'Assemblée Nationale. Libéraux ou absolutistes, ils se
multiplient à mesure que se rapproche le jour fatidique.
La politique n'était pas l'unique sujet, mais elle était
un sujet fort important, et, avec plus ou moins de mé-
nagements, plus ou moins de nuances, on disait tout ou
presque tout chez Mesdames de Tencin, d'Holbach, de
Choiseul, Necker, de Beauvau, Fanny de Beauharnais,
de Brienne, de Genlis, chez le duc d'Orléans et cent

1. Marmontel, dit Chamfort, dans sa jeunesse, recherchait
beaucoup le vieux Boindin, célèbre par son esprit et son incrédulité. Le vieillard lui dit : « Trouvez-vous au café Procope.
— Mais nous ne pourrons pas parler de matières philosophiques. — Si fait, en convenant d'une langue particulière, d'un
argot. » Alors, ils firent leur dictionnaire. L'âme s'appelait
Margot ; la religion, *Javotte* ; la liberté, *Jeanneton* ; et le Père
éternel, *M de l'Être*. Les voilà disputant et s'entendant très
bien. Un homme en habit noir, avec une mauvaise mine, se
mêlant à la conversation, dit à Boindin : « Monsieur, oserai-je
vous demander ce que c'était que ce M de l'Être qui s'est si
souvent malconduit, et dont vous êtes si mécontent ? — Monsieur, reprit Boindin, c'était un espion de police » On peut juger de l'éclat de rire, cet homme étant lui-même du métier.

autres. Madame de Tessé pousse ce cri chevaleresque :
« Dussé-je y périr, la France aura une constitution ! »

Madame de Staël est peut-être la femme qui a le
plus brillamment *parlé* ses pensées. J'imagine qu'elle
eût fourni d'esprit, et du meilleur, les orateurs de
la Constituante et de la Convention ; aussi est elle à
elle seule un salon, et un salon de premier ordre,
depuis son mariage jusqu'à sa mort. D'ailleurs son
cercle, à Paris, à Coppet, ne manqua jamais de grands
et rares causeurs : Narbonne, Talleyrand, Boufflers,
Lemercier, Ducis, le duc de Laval, Benjamin Constant,
Norvins, Schlegel, Prosper de Barante, de Gérando,
Sismondi, etc. On ne compte plus ses mots. Quelqu'un
lui annonçant que le premier consul Bonaparte vient
d'épurer le Tribunat : « *Épuré*, rectifie-t-elle, vous
voulez dire *écrémé*. » L'empereur lui ayant fait offrir
la restitution de deux millions pris à son père, si elle
se ralliait : « Je savais bien, dit-elle, que, pour recevoir ses rentes, il fallait un certificat de vie ; mais je
ne savais pas qu'il fallait une déclaration d'amour. » —
« Mon salon, pensait-elle, est un hôpital destiné aux
blessés de tous les partis. » Elle trouvait d'ailleurs
à qui parler avec le prince de Ligne, qu'elle alla voir
à Vienne « pour mettre son fils à l'école du génie. » —
« Il y était dès sa naissance, » repartit le prince. Et
le royaliste Michaud s'excusait bien joliment de l'avoir
attaquée avec quelque vivacité pendant la Révolution :
« Que voulez-vous, madame ! Nous combattions dans
la mêlée et dans les ténèbres. Je n'ai pas la fatuité de
me comparer à un des héros de l'*Iliade* ; il m'est
pourtant arrivé le même malheur qu'à Diomède : j'ai
blessé dans la nuit une déesse. »

Parmi les salons politiques ou politico-littéraires de l'époque révolutionnaire, je citerai encore ceux de Mesdames Roland, de Lameth, de Viennai, duchesse d'Aiguillon, Mathieu Dumas, Robert née de Keralio, Fanny de Beauharnais, de Condorcet, Julie Talma, duc de Fitz-James, d'Antonelle, Sieyès, Fouché. Les politiques, les Girondins surtout, hantent le salon de Madame Roland ; Julie Talma les reçoit aussi, mais ne leur donne point la place d'honneur, réservée naturellement aux artistes, auteurs dramatiques, gens de lettres. Avant, pendant, après la Révolution, la marquise de Condorcet, qui fut une des plus belles, une des plus spirituelles personnes de son temps (au repos, dit un contemporain, elle a l'air rêveur des femmes qui ont cueilli la pervenche avec Jean-Jacques), dirige un salon considérable : salon libéral, républicain, libre penseur. C'est elle qui fit cette réponse au Premier Consul, comme il partait en guerre contre les femmes politiques : « Vous avez raison, général ; mais, dans un pays où on leur coupe la tête, il est naturel qu'elles aient envie de savoir pourquoi. »

A partir de 1792, l'émigration, la guerre, la Terreur, ralentissent le mouvement social, sans toutefois l'arrêter complètement : on cause encore, on donne des fêtes en 1793 ; les prisons de la Terreur deviennent en quelque sorte les salons de la bonne compagnie. Sous le Directoire, ceux-ci reparaissent, ou plutôt s'entr'ouvrent timidement, et comme à la dérobée, tandis que la grande majorité cherche, dans une commune fureur de plaisir, à oublier l'angoisse des années où la vie était un art et la pitié un crime. Mais voici venir le XVIII Brumaire, bientôt après l'ordre, la paix des esprits, et, par eux, le retour à l'élégance, à la courtoisie, aux grâces de la conversation. Une partie des émigrés obtiennent leur radiation, la restitution de leurs biens, ouvrent de nouveaux refuges à la société polie, tandis que les émigrés restés fidèles à leur dogme, ou à leur chimère, continuaient à l'étranger la noble tradition des salons politiques, ou des salons sans épithète. A leur tour, les admirateurs du nouveau régime s'efforcent de marcher sur les traces des partisans de l'ancien. La sécurité sociale ramène les vertus sociales, car il en est de celles-ci comme du crédit : elles ont besoin de tranquillité pour s'épanouir.

Sous le Consulat et l'Empire, les salons amis sont eux-mêmes surveillés, les salons indépendants suspects et tolérés : ils tirent vie, nourriture, éclat de la libre conversation, et Napoléon ne veut pas de la liberté, qu'il poursuit partout. On sait comment il traita Madame de Staël, coupable « d'apprendre à penser à ceux qui ne s'en avisaient point, ou qui l'avaient oublié »; et non seulement Madame de Staël, mais d'autres personnes assez imprudentes pour critiquer ses actes devant des indifférents, ou ne pas s'assurer que leurs domestiques n'écoutaient point par le trou de la serrure. Fouché a des *souricières*, trois ou quatre maisons bien achalandées, dont personne ne songe à se défier : et l'on connaît la réponse de Decrès au duc d'Otrante, comme celui-ci le complimentait sur la riche livrée de sa domesticité : « Diable! tu as une véritable maison d'ancien grand seigneur ; mais elle doit te coûter cher. — Pas trop, depuis que tu es chargé de la payer. » Lorsque Savary, duc de Rovigo, apprend qu'un propos malveillant a été tenu, il mande le maître ou la maîtresse de maison, pour les avertir de mieux surveiller leur société, et il les renvoie avec une inquiétude vague sur la discrétion de celle-ci.

Si la grande époque du salon politique a été la période

qui va de 1814 à 1848, parce qu'il avait alors l'éclat, le nombre, le crédit, on ne saurait néanmoins prétendre que la conversation ait chômé pendant la seconde partie du dix-neuvième siècle, avant et depuis 1870. Les salons ont eu moins d'action sur le gouvernement, et ils étaient assurément un peu plus clairsemés sous le Second Empire, surtout dans les sphères officielles, où le tourbillon des plaisirs bruyants emportait, comme un Maëlstrom, les partisans du régime. Voici un mot significatif du baron de Heeckeren à Edmond Adam : « Il y aura une chose acquise, c'est que nous nous serons bien amusés. »

Je citerai d'abord Daniel Stern.

Louis de Ronchaud, Édouard Grenier, Madame Edmond Adam, trois amis intimes, admirateurs sincères, mais clairvoyants, ont tracé le portrait de la vicomtesse d'Agoult (Daniel Stern), un très noble talent de femme du siècle dernier (1806-1876). Ils ont dit ses manières de grande dame, la beauté persistant dans l'âge mûr, la distinction aristocratique, un peu marmoréenne, de sa personne morale et physique, qui lui donnait l'air d'une impératrice de la démocratie, son talent plutôt gris et froid, cet esprit élevé, austère, nourri, qui souffrait d'une infraction au code du savoir-vivre, ne s'accommodait guère mieux des plaisanteries, des conversations brillantes, à coups de pistolet, et donnait ainsi à son cercle un caractère de gravité, accentué encore par la tendance générale des élus. « J'ai atteint l'âge d'homme, » disait-elle volontiers, et sa devise était symbolique : *In alta solitudine* (Dans une haute solitude). Ajoutez-y une profonde horreur du lieu commun, l'impossibilité de composer avec les sots, les fats, les

bavards, les précieux et les glorieux de toute sorte, le
goût de plaire, mais seulement à certaines personnes
et à certaines heures, trop de sérieux et de spontanéité
pour charmer ce qui est factice et futile; trop de
promptitude à laisser aller ce qui s'en va, aucun souci
de l'utile, des apparences et des amours-propres; de
tels dons, de tels défauts, confessés par Madame d'A-
goult elle-même, devaient l'éloigner de cette primauté
mondaine qu'elle s'imagina quelque temps lui avoir
été décernée. « Six pouces de neige sur vingt pieds de
lave, disait-on; elle se chargea de justifier le pronos-
tic, rompit bruyamment avec la société et sa famille,
en l'honneur de Liszt. Un ami remarquait : « — Il ne
vous manque plus que le *grand homme*. — Il me
manquera toujours ! » répondit-elle. Tant il est vrai
que le talent ne remplace pas certaines vertus sociales.
Ce délicieux et regretté Édouard Grenier a noté encore
son intelligence supérieure, les paroles ailées qui tombent du ciel ou y remontent, l'amalgame de grande
dame, très émancipée, de penseur, de philosophe et
d'historien; puis, hélas! les éclipses de l'âme, le délire de persécution qui s'emparait d'elle à certains moments, et la conduisit deux fois chez le docteur Blanche, les accès de jalousie, les brouilles inattendues,
les rancunes implacables et les coups de griffe par derrière, qui faisaient douter de sa bonté [1]. Cependant,
elle demeurait une amie fidèle et sûre, à condition que
l'on ne se formalisât pas des boutades amères qu'elle

1. Madame Ackermann, paraît-il, était fort bavarde. « Vous
croyez que c'est un aigle, observait Daniel Stern; c'est une
pie. » Je tiens ce mot, inédit je crois, de Madame Valentine
Lambert, qui fut la sœur de charité laïque de Victor Brochard
pendant sa longue et cruelle maladie, et d'Albert Gayet : sœur
de charité d'un dévouement profond, un peu envahissant.

lançait sur les absents : celles-ci venaient peut-être de l'absence du sixième sens, d'un besoin incoercible de faire comparaître au tribunal de sa raison les chers amis. Tranchons le mot : elle pratiquait le *culte du moi*, traitant volontiers d'ingrats ceux qui ne se sacrifiaient pas pour elle, « étalant cet oubli des forces, des besoins des autres qui fait table rase de l'entourage, prend tranquillement pour soi tout l'air respirable, » et rappelle la définition de l'égoïste par un égoïste : « Celui qui ne pense pas à moi. »

Et cependant que d'habileté, que de nuances dans l'accueil ! Comme le cerveau jouait bien chez elle la place du cœur, si tant est que son cœur eût de longues éclipses ! Un jour qu'Edouard Grenier lui faisait ses adieux pour retourner en Franche-Comté : « Il me semble, dit-elle, que vous partez plus souvent que vous n'arrivez. » Une autre fois, elle lui écrit : « Depuis votre départ, mon salon a perdu de son électricité. » M. Émile Ollivier qui, en premières noces, avait épousé sa fille Blandine, m'a rapporté cette attention délicate : ayant remarqué que beaucoup de causeurs aimaient, tout en parlant, à remuer quelque chose avec leurs mains (Madame de Staël avait cette habitude), Madame d'Agoult plaçait sur les tables du salon de minuscules objets, tels que des morceaux d'ambre, pour satisfaire cette petite manie, et, par la plénitude du bien-être, faciliter l'éclosion des idées. Et voici une autre qualité qui témoigne en faveur de sa puissance d'affection, ou de sa politesse transcendante : malgré les revers de fortune, elle gardait une excellente table, servie avec une rare élégance, et ses invités trouvaient chez elle la sécurité culinaire, unie à l'agrément de la causerie. On ne saurait trop prêcher cet exemple aux innombrables maîtresses de maison qui poussent jus-

qu'au crime l'insouciance de la santé de leurs convives,
et l'ignorance des devoirs si complexes qu'impose
l'hospitalité. S'occuper de ses hôtes, assurer leur bonheur physique et intellectuel dans l'instant, écarter
d'eux les dangers graves que présente une cuisine fal-
sifiée, en choisissant avec un soin sévère ses fournis-
seurs, et surveillant de près ses domestiques, faire en
sorte que les mets, les vins, les détails et l'ensemble,
les choses et les personnes se combinent dans une savante synthèse, c'est là, n'en déplaise aux ignorants,
une des formes exquises du dévouement amical, un
des meilleurs moyens de mériter l'estime et la confiance ; c'est même un ressort de gouvernement et
d'influence. Comme dit Scribe, dans *Le Secrétaire et
le Cuisinier* :

> Plus d'un grand génie qu'on révère,
> A dû son esprit tout entier,
> Le matin à son secrétaire,
> Et le soir à son cuisinier.

L'après-midi du dimanche de Daniel Stern était réservée aux poètes, aux lettrés, au tout-Paris de l'opposition au Second Empire. A ces *vêpres laïques* se
rendaient quelques femmes d'élite : sa fille, Madame de
Charnacé, qui l'aidait à faire les honneurs, Mesdames
de Pierreclos, Coignet, Edmond Adam, de Gérando,
de Brimont, Gagneur ; parmi les hommes : Louis de
Ronchaud et Louis Tribert, qui la recevaient tous les
ans, pendant l'été, dans leurs résidences du Jura et
des Deux-Sèvres ; E. Grenier, le comte de Flavigny
frère de Madame d'Agoult, le prince Napoléon, Grévy,
Michelet, Émile Ollivier, Jules Simon, Carnot, Fres-
lon, le docteur Guépin, Ponsard, A. de Vigny, Émile

de Girardin, Louis Ménard, Paul de Saint-Victor, Ernest Havet, Hippolyte Carnot, Littré, Henri Martin, Vacherot, Barni, Ernest Renan, Schérer, Barchou de Penhoën, Dupont-White, Paul Janet, Charles Blanc, Alfred Mézières, Lacaussade, Nefftzer, Guéroult, Peyrat, Ch. Dollfus, Pierre Lanfrey, Challemel-Lacour, Edmond Texier, Laurent Pichat, Maxime du Camp, Louis Ulbach, etc. Béranger, Manin, fuyaient les réunions, et venaient le matin.

Souvent aussi Daniel Stern lisait à son cercle quelque lettre de Mazzini, de Kossuth ; ou bien un mémoire politique de Louis Blanc, Quinet, Ledru-Rollin, Schœlcher.

Un jour, l'acteur italien Rossi venait réciter des scènes d'*Othello* ou de *Roméo et Juliette* ; un autre jour, Ponsard, presque mourant, lisait son *Galilée*. Alfred Mézières, qui fréquentait chez Daniel Stern, peint son attitude un peu effacée aux réceptions du dimanche : « Son gendre, Émile Ollivier, alors dans tout l'éclat de sa jeune renommée, y donnait le ton. Madame d'Agoult elle-même, assise au coin de la cheminée, encourageait la conversation sans y prendre une part très active. Sa présence se faisait sentir bien plus par la dignité constante de son maintien, par le sérieux avec lequel elle écoutait, que par de fréquentes interventions personnelles. On s'adressait à elle, on la prenait en général pour juge du camp, mais on n'attendait pas d'elle une réplique détaillée. Souvent, elle opinait d'un mot ou d'un geste de tête, montrant bien qu'elle ne perdait rien de ce qui se disait, mais sans aucune prétention de diriger l'entretien… »

Elle fut avec George Sand, une des mères intellectuelles de Madame Edmond Adam : deux mères riva-

les et séparées [1], mères intellectuelles, et non mères
morales, car toutes les deux pratiquaient cette théorie
commode que, dans les affaires d'amour, il suffit de se
conduire en *honnête homme*. Et cependant Madame
d'Agoult éprouva d'abord un goût très vif pour Madame Adam, toute rayonnante de grâce, de beauté,
d'intelligence, dans la ferveur de son culte pour le génie grec, écoutant avec une ardente curiosité les penseurs du salon de la *grande amie*, traitée par elle en
favorite pendant des années. C'est elle qui décidait Juliette Lamber à tenir un salon, comme plus tard
George Sand devait lui inspirer la pensée de fonder la
Nouvelle Revue.

Madame E. Adam rapporte agréablement une entrevue entre Daniel Stern et Liszt, en 1865, vingt-cinq
ans au moins après leur séparation :

« Liszt, tonsuré en avril, vient à Paris dans un costume d'abbé. Il déjeune chez Madame d'Agoult. C'est
la première fois que les célèbres amants se revoient.
Louis de Ronchaud, qui est resté l'ami fidèle des deux
au moment de leur rupture et depuis, et qui a « négo-
cié » l'entrevue, me la raconte. Il est stupéfait qu'on
puisse s'être à ce point aimé, à ce point détesté, et
qu'on se retrouve avec ce calme, qu'on cause de ses
enfants morts ou vivants avec cette sérénité.

« Souriants, avec un peu de moquerie d'eux-mêmes,
ils se regardent, me dit Ronchaud. Moi seul, entre
eux, je suis ému. Ce qui leur plaît à chacun, c'est
qu'ils ont gardé leur beauté ; il leur est agréable de
voir et de montrer à *l'autre*, qu'il leur *reste* quelque
chose de leur allure, de leur suprême distinction. Né-

1. Elles se brouillèrent au sujet d'un flirt que George Sand
avait pris ou voulu prendre à Daniel Stern, m'a-t-on affirmé.

lida, Béatrice, Arabella, est plus grande dame qu'elle ne l'a jamais été. Liszt a encore toute sa fière élégance, et l'on sent, l'on devine qu'ils se disent : « La séduction se comprend, s'explique ! »

« Madame d'Agoult, ajoute L. de Ronchaud, ayant brusquement demandé à Liszt pourquoi il s'est fait abbé, il répondit : « Pour ne pas me marier ! » Liszt avait promis à la princesse Wittgenstein de l'épouser si elle devenait veuve. Le prince mort, elle lui rappela sa promesse. Il n'a pas voulu être « le mari de la princesse. »

M. Thiers.

En 1869-70 j'ai eu l'honneur d'assister à deux réceptions de M. Thiers, Place Saint-Georges. Les diplomates étrangers y fréquentaient assidûment ; avec eux, beaucoup de personnages du parti monarchique libéral, du parti républicain, du tiers-parti ; des hommes jeunes qui promettaient d'avoir du talent, des femmes distinguées, comme la princesse Lise Troubetzkoï, la marquise de Noailles, madame E. Adam, la duchesse Colonna (le maître de maison a toujours cultivé la société des femmes de mérite). Je n'avais d'yeux et d'oreilles, bien entendu, que pour M. Thiers, et cependant il y avait là des causeurs et des orateurs célèbres ; mais eux-mêmes s'effaçaient devant lui, l'entouraient, écoutant, provoquant parfois une démonstration, hasardant rarement, timidement une objection, et comme dominés, même lorsqu'ils pensaient d'une manière autre, par le cri des événements qui confirmaient si cruellement les prophéties, les doctrines de l'homme d'État, qui devaient les confir-mer davantage, hélas! dans les années suivantes. Il se tenait debout, appuyé contre la cheminée, ses auditeurs formant éventail autour de lui, et l'on oubliait la petite taille, la figure de Joseph Prudhomme, la voix aigrelette (un sifflet persuasif, disait X...), et l'on était tenté de le trouver beau et grand, car il semblait porter en lui l'image et les destinées de la France, dont il incarna longtemps le bon sens, la sagesse, l'esprit politique. Ses discours manquaient peut-être de style, de construction; mais quelles merveilleuses causeries![1] Ses causeries étaient d'étincelants monologues, où, à travers les réflexions piquantes, les comparaisons ingénieuses, l'orateur arrivait toujours à son but. Tout en écoutant, et regrettant de n'avoir pas la mémoire d'un Méry ou d'un Villemain, je me rappelais les jugements si divers sur M. Thiers, quand il était premier ministre sous Louis-Philippe, ou chef de l'opposition contre Molé, contre Guizot; les uns le proclamant l'homme d'État modèle, le Napoléon du régime représentatif, le Gœthe de la politique; d'autres ne voyant en lui qu'un jongleur parlementaire, un roué gouvernemental sans foi ni loi, un écrivain complice de la fortune; ceux-ci lui reprochant d'être le Danton en miniature d'un régime pacifique, de personnifier la fantaisie de la domination et le sensualisme du pouvoir, de n'avoir que l'habileté des petites choses, de manquer du sentiment

1. Les paroles de M. Thiers, écrit Henri Heine, coulent sans cesse, comme le vin d'un tonneau dont on aurait laissé le robinet ouvert; mais le vin qu'il donne est toujours exquis. Quand M. Thiers parle, aucun homme ne peut placer un mot, et c'est tout au plus, comme on m'a dit, pendant qu'il fait sa barbe, qu'on peut trouver chez lui une oreille attentive. »

des grandes ; ceux-là, enfin, d'être le Scribe, l'Alexandre Dumas, le Victor Cousin de la politique. Malitourne le définit méchamment : M. de la Palisse ayant le courage de ses opinions. (Soit dit en passant, le la Palisse de la légende accréditée n'est nullement le la Palisse de l'histoire). Lamartine affirmait : « Il y a dans cette nature assez de salpêtre pour faire sauter dix gouvernements. » Metternich : « M. Guizot confond les doctrines avec les principes ; M. Thiers subordonne les uns et les autres à ce qu'il regarde comme son intérêt. »

Avant de le prendre sous son patronage, Talleyrand, paraît-il, avait dit : « Ce jeune homme a bien de l'esprit ; il perdra la France. » Il est vrai que, plus tard, Talleyrand ripostait à un critique : « M. Thiers n'est pas parvenu, il est arrivé. » Amoureux de la science, de l'histoire où il cherchait avant tout des armes et des moyens de succès, doué d'une nature de vif-argent, il savait, au besoin, comme Napoléon, interroger les hommes supérieurs de chaque spécialité, s'assimiler leurs idées, et les retourner pour les servir au public sous leur forme la plus agréable. Cormenin n'a-t-il pas déclaré qu'il était en état de discourir trois heures durant, sur l'architecture, la poésie, le droit, la marine, la stratégie, quoiqu'il ne fût ni poète, ni architecte, ni jurisconsulte, ni marin, ni militaire, pourvu qu'on lui donnât une après-midi de préparation ? Tel il m'était apparu à la tribune du Corps législatif, le Périclès et l'Arago du régime représentatif, le Paganini de la tribune, tel je le retrouvais dans la salon de la Place Saint-Georges, convainquant, instruisant avec grâce, avec une érudition enjouée, sans l'ombre de pédantisme, semant dans les cerveaux les plus rebelles des graines de raison et de clairvoyance.

Voici un bout de causerie que me rapporta plus tard le comte de Falloux. M. Thiers, chef du pouvoir exécutif en 1871, venant de refuser une grosse situation à un solliciteur, dit à Falloux : « Il n'est pas plus fait pour ce poste-là que moi pour... — Ah ! interrompit son interlocuteur, vous voilà bien embarrassé pour dire ce que vous ne sauriez pas faire — C'est vrai, c'est vrai, » reprit-il en riant. » Un autre jour, parlant d'un sot pourvu d'une haute fonction, il dit : « Il n'est pas plus fait pour cet emploi que moi pour être pharmacien... et encore je sais la chimie. » Bien entendu, la modestie n'était pas la dominante chez un homme qui voulait être partout le premier (heureux encore quand il ne voulait pas être le seul) ; — Alphonse Karr n'appelait-il pas ses ministres : *les gazelles de M. Thiers?* — chez un homme qui disait à Louis-Philippe : « Votre Majesté croit être l'homme le plus fin de ce pays, mais je connais ici quelqu'un de bien plus fin : c'est moi. » à quoi Louis-Philippe aurait riposté : « Vous vous trompez, monsieur Thiers ; si vous l'étiez, vous ne le diriez pas. » Le roi constatait malicieusement sa tendance à l'envahissement : « M. Thiers est par trop exigeant : je lui ai fait faire un lit dans ma chambre, et il veut absolument coucher dans mon lit. » Ou bien encore : « Si je mettais mes chaussures dans la cheminée la veille de Noël, le lendemain matin j'y trouverais M. Thiers. »

Pendant la première soirée, quelqu'un pria notre hôte de lui expliquer ce qu'il entendait par deux mots qui étaient alors en grand crédit : décentralisation administrative, centralisation politique. M. Thiers improvisa aussitôt une prodigieuse conférence sur la centralisation dans notre histoire, évoquant l'œuvre des rois de France, des grands ministres, des intendants, rappelant celle des assemblées de la Révolution, des régimes qui suivirent, esquissant des portraits, égrenant des souvenirs. Un véritable éblouissement! Il aurait passionné les chiffres. Et puis, il entama la question de l'équilibre européen, mêlant tout ensemble Louis XIV, Napoléon, Talleyrand, Cavour, Pie IX, Bismarck, les théories communistes, dans une sauce si bonne, si savoureuse, que nous croyions en vérité voir s'animer devant nous les êtres et les choses. Rentré chez moi, je m'empressai de noter ce que j'avais retenu, et voici le meilleur de mon butin pour les deux soirées. Mais il aurait fallu entendre le conteur, les mots qui tombaient de ses lèvres comme l'eau sort de la source, la cerise de l'arbre.

« M. Thiers, au cours de la causerie, cite le mot de Nodier à un *ultra* qui énumérait la liste interminable des *crimes* de Louis-Philippe : « Monsieur le marquis, il y a encore un crime du roi que vous avez oublié. — Lequel donc, monsieur Nodier ? — C'est la mort d'Abel. »

Il a développé à merveille cette thèse de Michaud, que les partis en France travaillent les uns pour les autres, mais jamais pour eux-mêmes.

A propos de la centralisation, il nous présente ce maire rural, qui accusa réception en ces termes de la Constitution : « Je lui jure une fidélité inviolable, ainsi qu'à toutes celles que vous pourrez m'envoyer par la suite. »

Puis l'excuse du marquis de Sémonville à Louis-Philippe, qui recevait un monde *assez mêlé* dans les premiers temps de la Révolution de 1830 : « Je prie Votre Majesté de m'excuser si je me présente sans être crotté ; » cette moquerie des idées de ceux qu'on appelait en 1848 les *partageux* : « Les *Louis Blanc*

font disparaître les louis jaunes; » — sa réplique à X...
annonçant qu'un médiocre auteur lui avait donné son
dernier volume à lire : « Il aurait mieux fait de vous le
donner à écrire ; » — la réponse naïve du député, sous
la Restauration, qui veut monter à la tribune pour
soutenir un projet ministériel : « A quoi bon ? remarque un ami ; tous vos enfants, tous vos parents sont
casés. — Oui, mais ma femme est grosse. »

Un des familiers du salon, Barthélemy Saint-Hilaire, je crois, ayant parlé du congrès projeté en 1863
par Napoléon III, dans le dessein, pensait l'empereur,
de mettre fin au malaise de l'Europe, Thiers rappela
avec bonhomie un de ses mots qui fit fortune : « J'ai
vu quelquefois des consultations de médecins ; mais
des consultations de malades, jamais ! » Inutile d'ajouter qu'il agrémenta cette épigramme de piquants commentaires.

Une brillante paraphrase de Herbert Spencer,
d'après lequel la lutte entre la science et la religion
réalise une fable d'une moralité profonde : celle de
ces deux chevaliers qui combattaient pour la couleur
d'un bouclier dont chacun ne voyait qu'une face.

Le mot de Contades sur Leverrier entrant à l'Ély-
sée, sous la présidence du prince Louis Bonaparte :
« C'est le grand astronome que personne ne peut
devancer dans *la découverte des astres nouveaux.* »
Le même Leverrier, à la chapelle des Tuileries, sous
Louis-Philippe, laisse tomber son livre de messe. —
Ah ! M. Leverrier perd ses Heures, remarque un té-
moin, mais il ne perd pas son temps. —

Cette comparaison politico-scientifique, empruntée
à Humboldt, pour répondre à une question de Lambert
de Sainte Croix ; j'ai noté la réponse, j'ai oublié l'interrogation ; c'était d'ailleurs le principal, bien que

Lambert de Sainte Croix fût réputé pour ses bons mots, mais cette fois il ne cherchait qu'à faire parler M. Thiers, et n'aurait pas imité ce fat du xviiie siècle qui contait dans une compagnie : « J'ai reçu ce matin une très spirituelle lettre de Voltaire, je vais vous lire ma réponse. »

« Lorsque Parry voulut se diriger vers le pôle, avec beaucoup de chiens de Samoièdes, les traîneaux et les chiens allaient toujours en avant. Mais, dès que le soleil perça le brouillard, et qu'on vit distinctement la hauteur polaire, on s'aperçut que, sans le savoir, on avait rétrogradé de plusieurs degrés. Un banc mouvant de glace, entraîné vers le sud par le courant de la mer, était le terrain sur lequel on courait en avant. Les hommes d'État sont le sol mouvant et glacé. »

La seconde fois, M. Thiers raconta une historiette ; — comme quelqu'un venait de prononcer le nom de Disraëli, parvenu à la pairie sous le titre de lord Beaconsfield : « Laissez-moi vous dire à ce propos ce qui nous arriva, à M. Guizot et à moi, quand nous faisions ensemble partie du ministère que présidait le maréchal Mortier, duc de Trévise. — Le maréchal n'entendait pas être duc pour rien.

A l'une des premières séances du Conseil, présidée par le roi, le maréchal, que je connaissais peu, me demanda d'un ton affable :

— Comment se porte madame la baronne Thiers ?

— Parfaitement, maréchal, lui répondis-je, mais elle n'est pas baronne.

— Ah ! fit le maréchal, je croyais... !

Deux ou trois jours après, même conversation.

— Comment va madame la baronne, me dit le maréchal ?

— Je vous remercie, elle sera sensible à votre

souvenir, mais elle continue à ne pas être baronne.

— Ah ! dit le duc de Trévise, c'est étonnant !

A ce moment, M. Guizot, qui siégeait en face de moi, se leva, et, d'un air grave, mais un peu impatienté, dit, à haute voix, au maréchal :

— M. le duc, quand M. Thiers et moi nous voudrons être titrés, nous serons ducs !

Le roi, qui présidait, se mit à rire, et depuis lors le maréchal n'a plus demandé des nouvelles de madame Thiers.

Après de telles conversations, je comprenais mieux un autre mot de Heeckeren à Edmond Adam : « Avec la langue de Thiers, l'empereur n'en a pas pour cinq ans, » et aussi la réflexion de madame Edmond Adam sur un discours de M. Thiers : « Il y dénonce les visées de la Prusse avec une clarté qui fait passer dans nos veines le premier frisson de la défaite. »

Les femmes de Thiers (madame Thiers et mademoiselle Dosne) n'étaient pas là, mais plusieurs dames avaient grossi notre cercle. Il en profita pour placer le mot « d'une honneste dame », comme dit Brantôme. Le divorce ayant été établi pendant la Révolution, quelqu'un remarquait : « Pourquoi une femme mariée prendrait-elle des amants, puisqu'elle peut les épouser maintenant ? — Elle reprit simplement : « On ne peut cependant pas les épouser tous ! » M. Thiers reprochait à une dame sa prédilection pour un de ses rivaux. « Mon Dieu, dit-elle, je vous préfère aussi; seulement je vous préfère moins. » Mais je crois que ce mot-là a plusieurs mères.

Entre deux tirades, tandis que le maître de maison faisait des grâces à la duchesse Colonna qui venait d'entrer, je glissai dans l'oreille d'Ernest Picard, pour l'appliquer à M. Thiers, la réflexion de madame

Necker sur la causerie de Diderot: chacun de vos mots est un éclair et chaque phrase un tableau. E. Picard me fit l'honneur de la répéter tout haut, et j'en fus récompensé par un sourire de M. Thiers, qui esquissa une digression brillante sur le salon de madame de Staël. Tout lui était tremplin, prétexte et thème d'improvisation, plus ou moins documentée, toujours pleine d'imprévu.

M. Thiers s'étant tû un instant, quelqu'un, à propos de la mort de Lamartine, cita l'épigramme de *Sublime étourdi*, décochée à celui que Louis-Philippe appelait le *vain* de Mâcon, et qui, après sa décuple élection en 1848, s'écria orgueilleusement : « Me voici donc plus grand qu'Alexandre et César ! Du moins ils le disent ! » M. Thiers, qui ne l'aimait point, reprit : « Étourdi, toujours ; sublime souvent dans ses vers, jamais en politique ! Devant Royer-Collard il se déclarait le Messie des temps nouveaux ! Il aurait peut-être pu sauver la Monarchie le 24 Février, empêcher l'élection du président de la République par le suffrage universel : vous savez ce qu'il a fait, et ce qu'il en résulta. Et son mot : La France s'ennuie ! La France ne s'ennuyait pas d'être heureuse, mais M. de Lamartine s'ennuyait de n'être pas premier ministre. Une invasion de barbares conduite par Orphée, a-t-on dit de la Révolution de 1848 ! Un Orphée qui déguisait, sous la pourpre de ses somptueuses tirades, les folies lamentables de ses nouveaux alliés ! Un incendiaire qui devient pompier, un prophète qui prédit le mal qu'il commet ou laisse commettre ! A l'entendre, en 1840 il siégeait au plafond. Le plafond ! Pourquoi pas les étoiles ? Pourquoi pas la lune ? Approuver cette formule : faire de l'ordre avec le désordre ! Et dire que tant de gobemouches, après lui, ont applaudi ce non-

sens ! Son meilleur mot : « J'ai conspiré avec Caussi-
dière, comme le paratonnerre conspire avec la foudre,
n'est qu'une belle phrase destinée à obtenir un verdict d'acquittement de cent fautes, dont la moindre eût
à tout jamais coulé un homme politique dans un gouvernement régulier. » Je sais cependant un mot de lui
qui dénote certains éclairs de bon sens, son mot à un
contradicteur qui combattait ses utopies : « Vous n'êtes
pas de mon opinion, mais moi je suis de la vôtre. » A
tout prendre un grand poète et un bel orateur. »

Ce soir-là, les auditeurs de M. Thiers étaient, en
majorité, monarchistes ; l'un d'eux ajouta malicieusement : la lyre de Lamartine était devenue une tire-lire.

Mon ami Michel Alicot, me ramenant, évoque un
souvenir :

M. Thiers ayant manifesté hautement sa joie des
succès de Napoléon III pendant la guerre de Russie,
(1856) sa belle-mère, madame Dosne, ultra orléaniste,
lui dit aigrement : « Vous finirez par aller aux Tuileries ! — Eh bien, reprit-il, vous ferez désinfecter mes
vêtements. » Et il ajouta ce mot qui lui fait honneur :
« Ce qui peut consoler de n'être rien dans son pays,
c'est de voir ce pays être dans le monde ce qu'il doit
être. »

Plus tard il lance ce sarcasme à l'adresse de Napoléon III :

Il m'a trompé deux fois : en 1848, quand je l'ai pris
pour un imbécile ; après, quand je l'ai cru un homme
d'esprit.

Il est vrai qu'il a défini Louis-Philippe : un homme
d'esprit limité. Louis-Philippe prenait sa revanche en
répétant un mot de Jomini à Bugeaud : « Quand vous
vous trouvez avec Thiers, vous devez tirer l'épée à
qui parlera. »

Alicot ajoute, d'un ton pénétré: « Dieu a fait ùn moule exprès pour cet homme-là, et l'a brisé ensuite. »

Deux souvenirs de Ludovic Halévy: « Les huissiers sont chargés, à la Chambre, d'assurer le silence. Dès qu'un murmure s'élève, menaçant de couvrir la voix de l'orateur, les deux huissiers, assis à droite et à gauche de la tribune, jettent trois ou quatre : *Silence! Silence!* Or, un jour, un vieil huissier disait, voyant M. Thiers monter à la tribune (en 1863) « Ah! c'est M. Thiers; il n'y a plus rien à faire pour nous. On ne bronche pas quand M. Thiers est à la tribune, *Les mouches n'osent pas voler pendant les discours de M. Thiers...* »

« Il corrigeait beaucoup ses épreuves, M. Thiers, il corrigeait trop : il avait la fâcheuse habitude de récrire ses discours, et de remplacer par de grandes et longues phrases les petites phrases, heurtées et incorrectes, qui avaient été saisies au vol, toutes chaudes et toutes vibrantes, par les sténographes. Et après que M. Thiers avait revu et remanié ses épreuves, c'était bien moins vivant, et ce n'était pas toujours *plus français*. C'était même, quelquefois, encore *moins français*. Cette nuit-là, je m'approchai respectueusement de M. Thiers .. je me permis de lui faire observer que, dans la revision des épreuves, il avait écrit deux phrases qui, l'une à la suite de l'autre, en des termes presque identiques, disaient exactement la même chose. « Je le sais bien, répondit M. Thiers de sa petite voix aigrelette, je le sais bien, et c'est exprès, entendez-vous, c'est exprès... La première fois, c'est pour les gens intelligents, pour ceux qui saisissent tout de suite. Mais il faut parler à tout le monde, il faut se faire comprendre de tout le monde. Et la seconde fois, c'est pour les imbéciles, qui sont la majorité en dehors de la Chambre. » Et comme je m'en allais, piteusement, après mon échec, j'entendis M. Thiers qui mâchonnait entre ses lèvres : *Et même en dedans.* »

M. Stéphen Liégeard m'a conté ceci. Un orateur, au cours d'une réplique, s'étant avisé de remarquer : M. Thiers ne m'a pas bien compris, » un loustic dit d'un ton gouailleur : « il est si bête ! » Ce fut un éclat de rire du haut en bas de la salle.

Au xviiie siècle, le chevalier de l'Isle, correspondant de Voltaire, commença ainsi une lettre : « il faut que vous soyez bien bête, Monsieur, pour... » Voltaire s'en amusa beaucoup.

Le ministre Baroche, naturellement, n'aimait pas M. Thiers, et madame Baroche, interprète fidèle de ses pensées, ne se fait pas faute de critiquer le terrible adversaire de l'Empire. « M. Thiers transforme la politique en anecdotes ; il interrompt fréquemment les orateurs, et ne souffre pas qu'on l'interrompe, etc... » Cependant voici quelques lignes, écrites par madame Baroche en 1868, et qui en disent long :

« M. Thiers descend de la tribune, les députés se séparent, seul l'orateur se met au travail à 7 heures du soir, et ne quitte le Corps Législatif qu'à six heures du matin. Onze heures durant, il a donc travaillé sans relâche, et sans prendre d'autre nourriture qu'une tasse de chocolat. »

Et il avait plus de 70 ans !

Ce charmant Denormandie excellait à mimer les gestes, les mines, les discours de l'homme d'Etat. Il fallait l'entendre, chez madame Aubernon de Nerville, conter Le *rêve de M. Thiers,* l'*Apologue des treize fées,* etc. Nous les lui avons fait mimer plus d'une fois, et cela composait une scène d'un haut comique.

M. Thiers s'était rendu avec Denormandie dans un

cercle du boulevard des Italiens pour assister à une
grande démonstration populaire. Des cris se font entendre, ils courent à la fenêtre : ô surprise, c'était
M. le comte de Chambord faisant son entrée dans sa
bonne ville de Paris ! Peu d'enthousiasme ; de-ci de-là,
quelques cris grossiers. « Et cela nous affligea, à cause
du respect que nous portions, vous et moi, à cette ancienne et illustre famille [1].

Un instant après, nouvelle surprise : M. le Comte de
Paris faisait à son tour son entrée, entouré d'un brillant état-major. Et M. Thiers de s'affliger sincèrement,
parce que la grande masse des Parisiens ne répondait
pas aux acclamations tout d'abord entendues ; puis,
s'adressant à son auditeur : « Vous me suivez ? Vous
savez que c'est un rêve ? — Oui, monsieur le président,
je ne l'oublie pas. » Ce n'était pas fini ; le rêve continuait, et, quelques instants après, arrivait à son tour
Napoléon IV. Cette fois, le peuple arrêta le cortège,
et des scènes de violence eurent lieu.

Enfin, nouveau et dernier brouhaha, un cri immense sur toute la ligne des boulevards, des bravos
frénétiques, une joie, une exaltation indicibles ; et l'on
voyait apparaître un petit homme, revêtu d'une simple
redingote, sans état-major pompeux. Ce petit homme,
c'était, « mon cher Denormandie, celui que vous appe-
lez le président de la République française, le libéra-
teur du territoire. Tout le monde l'acclamait, tout le
monde le bénissait, tendait les mains vers lui. Vous
voyez bien que ce n'était qu'un rêve. »

Je ne saurais détailler les gradations, les fioritures,
les développements du narrateur. Il n'était pas moins

[1]. Dans ses Notes et Souvenirs, Denormandie reproduit en
partie ce récit.

excellent lorsqu'il nous rapportait l'apologue des douze fées appelées à bénir la France, quand elle vint au monde; il y avait la fée de l'esprit, la fée de la richesse, la fée de la conquête, la fée de la beauté, la fée de la grâce, la fée des moissons, la fée des vendanges, etc. Mais, voilà qu'au milieu des réjouissances, une treizième fée vint s'asseoir au banquet, et sa figure marquait la gravité, la méditation, la mélancolie. Elle prend la parole, et, parce qu'elle n'a pas été appelée comme les autres fées, elle prophétise : chaque fois que la France sera sur le point de jouir de sa fortune, une catastrophe déchaînera contre elle la guerre ou la révolution. « Qui donc es-tu ? lui demanda-t-on de tous côtés ? — Je suis la *Sagesse*, répondit-elle en quittant la salle. » La France n'ayant pas eu la Sagesse à son berceau, tous les autres dons seront annihilés. Mais alors la princesse Troubetzkoï ajouta ce post-criptum consolant : « Ainsi a parlé la Sagesse, mais la Sagesse n'a pas toujours raison. L'avenir est sur les genoux de Zeus, disaient les Grecs. »

Denormandie, très applaudi par les convives de madame Aubernon, défila un soir une kyrielle de mots de M. Thiers, mots pas toujours justes, pas toujours bienveillants pour les personnes ; car il ne se piquait nullement d'équité, ni d'éclectisme, ni de sérénité, et il était fort irritable. C'est ainsi qu'il disait, à propos du duc Albert de Broglie : « Quel malheur que son père soit mort ! » Or le duc Albert de Broglie était infiniment supérieur à son père, et comme écrivain, et comme orateur. » Et ses coups de griffe à Buffet, à Target comparé à Grouchy : Target de la dernière heure : — à Lambert de Sainte-Croix : quart d'homme d'esprit, quart d'homme du monde, quart d'homme politique... !

Il est vrai que M. Thiers n'était pas non plus très tendre pour Casimir Périer, Ricard, de Marcère, Gambetta, et tutti quanti. Après les avoir flagellés, il concluait :

« Que voulez-vous ? Quand le café parut, chacun s'extasia sur son mérite ; on exaltait son principe, on vantait son parfum, ceux qui le buvaient et ceux qui le vendaient s'en trouvaient bien. Un jour, et j'ai connu ce temps, un spéculateur inventa le café de chicorée, et le café fut contrefait. Eh bien, aujourd'hui, on contrefait même le café, on contrefait la contrefaçon. »

Là-dessus, Bardoux plaça une anecdote. Quelque temps après le 24 mai, M. Thiers vint à une séance de l'Assemblée Nationale ; il était peu entouré, la gauche se tenant sur la réserve, quelques droitiers seuls venant lui parler. L'un de ceux-ci remarqua malicieusement : « Que voulez-vous ? M. Thiers était un oncle à succession : l'héritage a disparu, il ne reste plus que l'oncle. »

M. Thiers, continue Bardoux, n'aimait pas les jeunes : quand on ne marchait pas derrière lui, on était un jeune. Un de ses amis lui demanda de grandes situations pour quelques Éliacins de son parti ; il répliqua : « A trente ans, quand l'on a du mérite, on entre de force dans les conseils du gouvernement ; ou bien l'on attend que l'ancienneté vous y appelle. » Affirmation plus que contestable, observait Bardoux.

On composerait un ana bien amusant avec les mots de M. Thiers. L'a-t-on fait ? Je ne sais ; en voici quelques uns. L'instruction gratuite et obligatoire : du feu sous une marmite sans eau. — Après la Révolution de 48 : « J'aime mieux l'instituteur sonneur de cloches que l'instituteur mathématicien. » La commission de permanence des Conseils Généraux : « Une seringue dans le derrière des préfets. » En mars 1870, on lui annonce son prochain avènement. « Vous exagérez, répond-il. Le pouvoir et moi nous nous saluons, mais nous ne nous parlons pas encore. »

A quel point il dédaignait l'opposition des adversaires de l'Empire, autres que lui, on en jugera par ce mot, dit Place Saint-Georges, devant Jules Simon, Picard et Cie, en 1863 : « Ce sera désormais un dialogue entre l'Empereur et moi. »

Cette boutade lancée, bien entendu, après 1870 : « Au jeu, les Souverains ne trichent que pour les couronnes. »

M. Thiers savait fort bien ne pas répondre, quand il lui plaisait de dépister un importun, un indiscret. « Connaissez-vous, lui disait-il par exemple, la duchesse Colonna ? C'est une femme délicieuse. Donnez-moi le bras, je vais vous présenter à elle ». Le jour où l'on apprit la mort de Napoléon III, un député, assistant à la réception du président, cherche à provoquer une réflexion sur ce *Grand événement*, comme il l'appelait. M. Thiers avait terminé son petit sommeil d'après dîner ; néanmoins il feint de ne pas entendre, et parle d'autre chose. Le député réitère une seconde, une troisième fois ses questions sur Napoléon III. M. Thiers prend son parti, et, de sa petite voix flûtée : « Napoléon III, je l'ai beaucoup connu ; c'était un bon homme, c'était un bon homme ; seulement c'est un prince qui a passé toute sa vie à confondre le verbe *rêver* avec le verbe *réfléchir*. Et cependant vous avez raison, c'est un grand événement. »

Je lis dans le *Journal* du Maréchal de Castellane [1],

1. On prêtait à Mgr Dupanloup cette réflexion sur M. Thiers :

à la date du 5 mars 1856, un mot de M. Thiers, vrai ou inventé, à propos du discours de l'Empereur : « Je n'aime pas le cuisinier, mais la cuisine est très bonne. » L'Empereur, auquel on rapporta ce jugement, aurait observé, « Je ne prendrai pas M. Thiers comme marmiton, il gâterait mes sauces. » Si, si, si, si ! Si M. Thiers avait été premier ministre, si Napoléon III avait pu renoncer à ses chimères, on n'aurait eu, ni le Mexique, ni l'unité de l'Allemagne, ni sans doute la guerre de 1870. La sauce classique de l'équilibre européen valait mieux que la sauce romanesque du principe des Nationalités, le marmiton s'y entendait infiniment mieux que le cuisinier, car il ne confondait pas le verbe rêver avec le verbe réfléchir, et se souvenait de la maxime de Machiavel : « Le prince qui procure l'élévation d'une autre puissance, ruine la sienne. »

« C'est égal ; si Dieu me prête vie, et si je puis être là à la fin, je l'aurai ! »

Et comme l'ironie ne désarme jamais en France, un adversaire, au temps de l'Assemblée Nationale, composa cette épitaphe anticipée :

> On dira, quand il sera mort,
> Pour glorifier sa mémoire :
> Ci git celui qui vient encor
> De délivrer le territoire.

CHAPITRE V

MADAME AUBERNON ET SES AMIS

———

PREMIÈRE PARTIE

J'ai été présenté par Alfred Mézières à madame
Aubernon, au commencement de l'année 1878, et j'ai
fréquenté chez elle sans interruption pendant près de
vingt-deux ans. Sauf deux ou trois mois de villégia-
ture annuelle dans mon village de Franche-Comté, il
ne se passait pas de semaine où je n'allasse plusieurs
fois me réchauffer à ce foyer de conversation, toujours allumé comme celui des hauts fourneaux. Pendant les premières années, le foyer était même double, car madame de Nerville et madame Aubernon
avaient chacune leur salon, dans le même hôtel ;
on commençait par la mère, et on continuait par la
fille. Le contraste entre les deux femmes ne laissait
pas d'être assez frappant. Madame de Nerville, clas-
siquement belle, donnant tout à fait la sensation d'une
grande dame du XVIIIe siècle, ayant à peine subi l'injure de l'âge, plus contenue, plus pondérée que sa

fille, adorant la musique, — Beethoven, Mozart, étaient ses dieux. — Elle donnait en leur honneur de beaux concerts, organisés par son ami le violoniste Sauzay, l'auteur du *Sicilien*, des chœurs d'*Athalie* et d'*Esther*, homme d'esprit, bon écrivain musical, presque aussi goûté pour sa causerie que pour son talent, des concerts où elle nous étonnait tous par la sûreté de son doigté, — et elle avait quatre fois vingt ans ; bref un composé de la marquise de Lambert, et de cette maréchale de Luxembourg qui avait des mots cinglants d'ironie hautaine. Madame Aubernon rappelait plutôt madame Geoffrin. Je ne quittais jamais le *rond* de madame de Nerville — pour parler comme au temps de l'hôtel de Rambouillet — sans avoir entendu plusieurs traits dignes d'être retenus, et qui, hélas ! s'évaporaient en la quittant. Elle connut une foule de gens célèbres, entre autres M. Thiers, dont elle regretta, disait-elle non sans crânerie, de n'avoir pas agréé les hommages ; et elle peignait leurs physionomies morales et littéraires, avec des coups de pinceau élégants, appuyés à propos, le plus souvent glissés, en femme d'autrefois qui se préoccupe peu de perdre son esprit ou même celui des autres, pousse le temps de l'épaule, et considère comme une indiscrétion la trop grande inquiétude de l'au-delà. Et certes, elle n'eut point la maladie de l'infini, ni ce qu'on a appelé la maladie des perles, ou jadis l'acedia ; et, pour un peu, elle eût déclaré, comme certain sceptique, que, si Dieu a fait l'homme, celui-ci le lui a bien rendu. Si elle eût connu le latin, elle eût goûté cette devise des vieux cadrans solaires : *Horas non numero, nisi serenas* : je ne compte que les heures sereines. Le voyage autour de son salon lui suffisait amplement, comme à Xavier de Maistre le voyage autour de sa

chambre, et elle se moquait des globe-trotters, sans
s'imaginer d'ailleurs, comme Silvestre de Sacy, que
les voyages sont une invention du diable, sans être
tentée de répéter l'austère formule :

> Qui visite souvent les tombeaux des apôtres,
> Ne guérit ses défauts, mais en rapporte d'autres.

Elle se contentait de croire, qu'après tout la vie
vaut la peine d'être vécue, que les qualités du monde
paient largement la rançon de ses défauts, qu'il faut
cultiver l'élite, toutes les élites, laisser de côté les
troupeaux innombrables des médiocres, se dire qu'un
être idéal vaut mille philistins, de même qu'un grand
homme, un grand général, à certaines heures, vaut
un peuple, une armée. Comme sa fille, elle était admirablement désintéressée, je veux dire qu'elle ne
demandait à ses invités que d'aimer l'art, la poésie,
la littérature : et cela est plus rare qu'on ne croit, en
un temps où la moindre snobinette, après et même
avant une mauvaise tasse de thé, se croit en droit de
diriger sur le consommateur une escopette pleine de
billets de loterie et d'indiscrétions variées. Ceux qui
ont connu madame de Nerville sont aujourd'hui très
clairsemés ; je voudrais qu'ils eussent aussi la pensée de
lui adresser l'hommage de leur souvenir reconnaissant.

Je retrouve, dans mes anciens carnets, certains jugements et les remarques dont elle émaillait sa causerie : en voici quelques-uns :

Sur une dame qui pensait, agissait en pharisienne
superstitieuse : c'est une âme au pain sec, plus selon
l'Eglise que selon le Christ. »

« Il n'y a que Dieu et les imbéciles qui ne se trom-
pent jamais.

Faisant allusion au péché mignon de Caro, elle déclarait : « Je croirai à l'amour de Caro quand il aura pour objet une dame n'ayant qu'une bonne. »

« Je pense comme ce charmant Ampère, que j'ai beaucoup connu, arbitre d'inélégances au physique, arbitre d'élégances intellectuelles et morales : ce ne sont pas les indifférents qui peuvent me faire de la peine ; je réserve soigneusement ce privilège pour ceux que j'aime.

« Le dieu de l'à propos ne se manifeste qu'à ses élus.

« On est quelquefois fanatique de ses doutes.

Pour renvoyer un visiteur, je lui parle de moi ; pour le garder, je lui parle de lui.

Les grains de sable font les montagnes, les minutes font l'année, et les bagatelles font la vie.

La plus mauvaise société pour un homme, ce sont les hommes ; et pour une femme, ce sont les femmes.

Mon goût très vif pour l'anecdote, rimée ou non, m'entraînant à lire et relire les auteurs d'autrefois, ces maîtres du genre, je défilais leurs historiettes à madame de Nerville qui, assez férue du XVIIIe siècle, savait bon gré à ma mémoire d'en évoquer les petits recoins. Il fallait parfois lui donner copie de ces bluettes, et même elle me força de réciter, pendant un dîner, *Les Dieux de l'Olympe* : ce fut le point de départ d'un copieux palabre sur la moralité ou l'immoralité de la piécette de Blondeau. Le lecteur jugera :

Un soir d'hiver, dans un cercle galant,
On raisonnait sur la mythologie.
Rose disait : « Que Mars était charmant !
J'aurais voulu lui consacrer ma vie !

— Moi, disait Laure, au divin Apollon
Je me serais volontiers alliée. »
Une troisième à l'époux de Junon
Avec plaisir aurait été liée.
Toutes ainsi, de goût fort différent,
Ne s'accordaient que sur une manière :
Toutes voulaient avoir un dieu brillant.
Mais, quand ce vint au tour de la dernière,
Elle leur dit : « J'ai d'autres sentiments :
Car, sur Vénus réglant ma vie entière,
Tous vos maris... je les prends pour amants,
Et pour époux... Vulcain fait mon affaire.

Ce soir-là, j'eus un autre succès de mémoire, en
rappelant une pensée de Victor Hugo : « Ce qu'on ne
peut dire, et ce qu'on ne peut taire, la musique l'ex-
prime. » Dans cette société si brillante, longtemps je
me sentis un trop petit sire pour proposer des réflexions de mon cru. D'ailleurs, à force de prendre
des notes sur les ouvrages des épistoliers, folkloristes,
dramaturges et autres, qui alimentent la conversation,
je me suis aperçu que les mots les plus exquis du
présent étaient souvent de vieux mots du passé, rha-
billés, démarqués, accommodés au goût du jour, ayant
leurs similaires en d'autres pays, imités d'une façon
inconsciente ou consciente. Il n'est pas vrai qu'il n'y
ait de nouveau que ce qui est oublié, mais la part de
l'ancien se reconnaît presque toujours dans le nouveau : et l'esprit parlé ou écrit a son arbre généalogi-
que, comme les familles, comme la science, l'art, les
modes, la philosophie, les religions. Ceci n'empêche
pas l'esprit de compter des hommes de génie, des
maîtres créateurs, moins nombreux seulement, plus
rarement originaux que le public ne pense, qu'ils ne
pensent eux-mêmes. Des traits les plus applaudis, je

démêlais souvent la filiation sous leur déguisement, parfois bien léger ; la renommée des causeurs, certain besoin d'admirer qui persista en moi, l'approbation de la compagnie, le sentiment des convenances, tout me détournait de prendre des airs d'initié, qui m'eussent fait passer pour un pédant mal élevé. Il n'est permis qu'à un Piron de *saluer de vieilles connaissances* dans les jolies répliques d'une pièce nouvelle, que soumet l'auteur à un aréopage réuni pour l'entendre.

Pendant une causerie intime, mise peut-être en goût par quelques épigrammes anacréontiques, madame de Nerville me parla longuement d'une parente qui eut des mœurs à l'escarpolette, pour excuse un mari *détestable*, et, peut-être pour punition, un fils plus semblable à son père qu'à sa mère : « Mon fils, déclarait la dame, est un enfant fait sans plaisir. Il a une nature paludéenne, orientale. Comme on sent bien que je n'y étais pas ! » Quand madame de Nerville, qu'elle prenait pour confidente, lui reprochait doucement ses virevoltes sentimentales, elle disait, comme cette amoureuse du xviiie siècle : « Que voulez-vous, ma chère. A chaque nouveau, ze croyais toujours que ce serait le dernier. Avec moi les absents ont toujours tort ; ils me passent de l'âme. » C'est un sexe qui marche, opinait sa cousine.

Cette passionnée vient un jour trouver madame de Nerville, et confesse : « Ma chère, z'ai fait un rêve affreux ; z'ai rêvé que mon mari n'était pas mort ! » Autre confession de la même : « Ma fille, qui a douze ans, m'a trouvée hier matin couchée, et ze n'étais pas seule (elle zézayait) ; qu'auriez-vous fait à ma place ? Ne sachant comment expliquer cette situation, ma foi, ze lui ai tout dit. » Troisième confession, cette fois à une autre amie : « Votre mari me fait la cour ?

Permettez-vous?... » « Comment donc ! avec le plus grand plaisir. — Quatrième confession, à propos d'un vieil amoureux qui lui trouvait un goût de revenez-y, comme nous disons en Franche-Comté : « Il a voulu *rabâcher*, mais ze n'ai pas voulu. » Ici du moins l'aveu se colorait de quelque chose qui ressemblait à la vertu tardive. Et cette naïveté qui a encore le cachet d'une confession : « On ne peut pourtant pas se déshonorer pour élever ses enfants ! » Quel mot de comédie ! Elle conte une aventure à la troisième personne, et finit par s'oublier : « Pendant qu'ils étaient ensemble, voilà qu'on frappe à la porte; c'était la femme qui revenait à l'improviste: imaginez l'embarras où ze me trouvai. » La marquise de Saint-Pierre, au xviiie siècle, dit quelque chose de semblable à propos du maréchal de Richelieu.

Pendant une soirée, le *préféré* de cette *innamorata* fait la cour à une de ses amies, madame P., et commet l'imprudence de la ramener ostensiblement chez elle. La jalouse passe une nuit affreuse, se lève de grand matin, et, dès neuf heures, sonne à la porte de l'amie qui se décide, non sans peine, à passer une robe de chambre pour recevoir la visiteuse; celle-ci de prime abord, et d'un ton menaçant, lui crie : « Je viens le chercher ! » — Qui chercher? — Mon Paul que vous m'avez enlevé hier par vos effrénées coquetteries... Là dessus, madame P. l'introduit dans sa chambre à coucher, montre que Paul n'y est pas, et la prie de lui épargner dorénavant ses visites, ajoutant: « Je ne me souciais guère de votre amant, Madame, mais vous m'y faites penser, et je tâcherai de vous donner raison. »

Et enfin, — j'abrège, car les candeurs de cette ingénue du péché ne se comptent pas — voici le bouquet. Comme tant d'autres, elle se croyait des charmes irrésistibles, et s'étonnait encore plus de ressentir l'amour que de l'inspirer. Elle vient un jour confier à madame de Nerville, qu'un Monsieur lui a fait une cour assidue — en réalité, elle jouait dans cette affaire le rôle du *chandelier* chargé de détourner les soupçons — et qu'au moment où elle allait *couronner sa flamme*, l'amoureux, avec des gémissements et des larmes dans la voix, déclara que, voulant respecter la vertu de son idole, et craignant de ne pouvoir triompher de sa propre passion, il a pris le cruel parti de subir une opération. — Comment, ma chère, une opération ! Est-ce possible ? Fallait-il qu'il fût épris ! — Mais elle, comme terrifiée de la perspective, voulant rassurer sa confidente, et se rassurer elle-même : « Oh ! z'espère, sans doute une opération *momentatanée*. » Après cette *naïveté*, me dit en souriant madame de Nerville, ne trouvez-vous pas qu'on peut tout croire ? Vous qui fouillez si consciencieusement notre cher xviii° siècle, je doute que vous en trouviez beaucoup de cette force. »

La conversation féminine, la plus savoureuse peut-être que j'aie entendue, est celle de madame Aubernon qui, avec sa mère, tint salon pendant plus d'un demi-siècle, et dont la mort a laissé un vide profond dans la société parisienne ; car elle fut excellente maîtresse de maison, ayant, presque au même degré, la bonté, l'esprit d'éloquence et l'esprit de trait, le talent de mettre en relief ses causeurs, l'art des fêtes rares. Son salon fut un des plus intéressants de Paris, celui où les hommes supérieurs, les femmes intelligentes, élégantes et spirituelles affluaient de préférence. On dira : le salon de madame Aubernon, comme on dit : le salon de madame de Tencin, le salon de madame Récamier ; et je regrette que le temps me manque pour lui consacrer tout un volume. Comment donner une idée de sa causerie, de l'intérêt passionné qu'elle portait à tous les grands sujets ? Je me rappelle qu'un jour, entre autres, elle analysa, dans une sorte de parallèle, le talent de Jules Lemaître et d'Anatole France ; cela dura dix minutes environ, et c'était une vivante improvisation où il n'y avait pas un mot à retrancher. Comment peindre cette verve, cet enthousiasme, cette abondance d'arguments, ce rayonnement généreux de la pensée ?

Sa réputation commença de bonne heure. Je lis dans le *Journal d'Eugène Delacroix* (23 nov. 1853) : « Dîné chez Boissard avec Arago, et une petite dame Aubernon qui fait de l'esprit, et qui en a. » D'ailleurs les mots de madame Aubernon, si nombreux cependant, ne rendent pas le meilleur d'elle. Je dois en rappeler quelques-uns, mais les mots, isolés du milieu, des circonstances où ils sont éclos, perdent les trois quarts de leur prestige : c'est la différence du discours prononcé avec le discours imprimé.

Elle disait, à propos de sa cousine madame Henri Baignères, qui fait le vide dans la causerie par des mots personnels et brillants : « Elle coupe le fil de la conversation avec des ciseaux d'or. » Nous causions un jour de la manière dont les femmes constatent qu'elles vieillissent : « Moi, dit-elle, c'est bien simple : je m'en suis aperçue quand les hommes ne m'ont plus parlé de ma figure, et ne m'ont plus parlé que de mon esprit. » Comme elle avait beaucoup d'indulgence dans ses actions, elle continuait de recevoir cinq ou six vieilles dames, mal arrangées ou trop arrangées, fardées ridiculement, des legs de sa mère ; elles faisaient tache dans son salon, on le lui dit, et elle répondit plaisamment : « Que voulez-vous ? J'ai mes monstres sacrés comme j'ai mes pauvres. » D'un auteur dont les mères ne permettent point la lecture à leurs filles, à moins que ce ne soit les filles qui n'autorisent point leurs mères à le lire : « La morale est suspendue pendant qu'on le lit. » De madame Beulé, dont la fade conversation l'horripilait : « Quand on l'entend, il semble qu'on mange de la terre. » Cet avertissement à une jeune femme qui voulait, elle aussi, tenir salon : « Vous n'arriverez pas ; cela exige trop de sacrifices ; ainsi, moi, pendant vingt ans j'ai bravé le ridicule. » Et elle dit à une autre imitatrice : « Vous avez un corsage trop capiteux pour établir chez vous une conversation générale. » Elle nous confessa son souci pendant un dîner donné en l'honneur de d'Annunzio, qui n'était pas en *beauté d'esprit* ce soir-là : « A certain moment, j'ai ressenti l'angoisse d'un grand capitaine de la conversation, d'un Napoléon à Marengo ou à Eylau. » Camille Bellaigue, entrant un jour chez madame Aubernon, qui lit *Ibsen*, est accueilli par cette exclamation grandiose. « Ne me dérangez pas, je suis en train de me faire une âme norvégienne ! » Une de ses maximes était : « Je ne m'occupe pas de l'éducation de mes petits enfants : il faut bien que l'intelligence serve à quelque chose. »

Elle avait des vagues d'optimisme mondain ou familial, et, par exemple, elle vous annonçait en ces termes un accident : « Ma belle-fille a fait une superbe fausse couche ! »

Elle développait souvent, toujours avec force comparaisons ingénieuses, sa théorie de la vanité, et ne se gênait guère pour la servir devant les personnes qu'elle visait plus ou moins directement, définies par elle dans l'intimité : des diseurs et diseuses de riens, incapables d'écouter, ennuyeux de grand chemin, bruyants et

vides comme le tambour, n'ayant même pas l'esprit
des sots, celui du silence circonspect. « La vanité, déclarait-elle, est l'écume, la maladie de l'orgueil qui, lui,
est une vertu, en tout cas le ressort des grandes actions ; beaucoup de mondains n'ont jamais passé par
lui pour arriver à elle : ce sont de véritables vibrions
pour la causerie qu'ils corrompent, paralysent et dés-
honorent. Ils sont inguérissables, et pourtant, comme
ils se concilieraient l'indulgence des gens de goût, s'ils
entraient dans les voies de la modestie ! Mais allez donc
leur enseigner l'A B C. de l'art de plaire ! La conversation est une symphonie, une musique. Un grand talent, qui est aussi un causeur de premier ordre, repré-
sente la ronde ; un lettré moyen, excellent causeur, la
blanche ; un homme du monde qui n'écrit pas, et se
contente de causer avec charme, la noire : j'ai connu
beaucoup de ces derniers, et qui méritaient la comparaison de la blanche. Ensuite viennent les croches,
doubles, triples, quadruples, et, s'il y en avait, les décuples croches. En arithmétique musico-mondaine,
une ronde vaut deux cents décuples croches et plus ;
la visite *d'une ronde* est deux cents fois plus précieuse.
Que les *croches* apprennent donc à raisonner de cette
façon-là, à se montrer reconnaissantes des attentions
de la ronde. Je dois convenir que mon calcul perd de
son exactitude, en certains cas où l'échelle des valeurs
se trouve modifiée : c'est lorsque l'amour, la gourman-
dise, ou simplement le besoin de fuir la solitude, d'é-
chapper à soi-même, interviennent et compliquent la
situation. Autrement ma thèse est incontestable. Je
reçois beaucoup, et tâche d'avoir de l'esprit, du bon
sens, de l'indulgence, de me faire pardonner mon âge.
Combien je regrette de ne pas recruter plus de disciples ! Mais qui sait se peser, faire la part de ses méri-

tes et de ses démérites ? Oui, décidément, la vanité est un grand ennemi social. »

Parmi les *blanches* et les *noires pointées*, elle plaçait : Denormandie, Rolle, de Guerle, Mesdames de Gévrie, de Kéroman, Henri Baignères, Arman de Caillavet.

Elle était, depuis 1848 je crois, séparée de son mari qui habitait Antibes, qu'elle ne voyait jamais ; tous deux, à distance, vivaient en excellents termes, ce qui lui fit dire : « Nous célébrerons bientôt les noces d'or d'une séparation sans nuages. » Ils avaient donc l'*absence délicieuse*, comme le président Hénault, quand il était loin de madame du Deffand. On conta malicieusement qu'une autre cousine, se mariant à la Madeleine, avait été saluée, dans la péroraison du sermon nuptial, par une phrase débutant ainsi : « Et quand viendra l'heure de la séparation inévitable... » L'auditoire sourit, et fit au mot un succès que l'orateur ne prévoyait guère. N'est-ce pas madame Aubernon qui inspira un joli dialogue, —, musique de Claude Terrasse, — très finement détaillé chez mon ami Gustave Berly par Le Lubez et madame Vaucaire, fille du littérateur Redelsperger ? Ce qui est certain, c'est, qu'à l'un de ses dîners, elle nous fit, en se jouant, la théorie du péché mortel et du péché véniel. Prendre une maîtresse à son ami : péché mortel ; lui prendre sa femme : péché véniel.

Elle avait au Cœur-Volant une petite pièce d'eau où se prélassaient de beaux canards qui lui coûtaient fort cher, car elle était grugée à journée faite par ses serviteurs, et ne calculait pas mieux dans le grand que dans le petit, bien qu'elle se crût très pratique. Cependant elle se consolait des mémoires exorbitants de son jardinier, en constatant comiquement : « Mes canards me coûtent aussi cher que des enfants naturels. » Et encore : « Une maison qu'on loue, c'est comme une femme qui a un amant ; elle est déshonorée. — Ce qui fait la quiétude de la vie, c'est d'avoir aboli le souvenir. — Il faut que j'aime bien la campagne pour la supporter. » Quelque temps après la mort de sa mère, qu'elle adorait cependant : « Oui, je la regrette souvent, mais très peu à la fois. » Cette réflexion à propos du meurtre d'Abeille qui, surpris par le mari, instinctivement va, dans l'appareil le plus primitif, se cacher derrière un fauteuil : « C'était sa feuille de vigne. » — Après neuf visites ennuyeuses d'affilée, chose rare chez elle, qui recevait tous les jours de cinq à sept : « J'ai été violée neuf fois aujourd'hui. »

Elle appela Madame Arvède Barine : un Sainte-Beuve international. — Mot piquant, partiellement juste, car Arvède Barine, qui était polyglotte, a tiré grand parti de sa connaissance des langues étrangères. Mais, quel que fût son talent, on ne saurait oublier que Sainte-Beuve a été le géant de la critique au xixe siècle et dans tous les temps.

Son amie Madame Bentzon fait faire son portrait au pastel par Lévy ; Madame Aubernon s'enflamme, veut aussi être peinte ; mais, ô douleur ! son portrait lui semble affreusement manqué, elle l'exhibe à tous venants pendant huit jours, et ponctue ainsi son mécontentement : « Moi qui ai une tête Louis XV, (??), j'ai l'air d'une concierge qui se lamente de n'avoir pas reçu ses étrennes le 1er janvier ! »

Après la brouille avec Alexandre Dumas, madame Aubernon remarque : « Je croyais qu'il aimait mon cœur, il n'aimait que mon esprit. » Et comme quelqu'un posait cette question ambiguë : « Dumas a créé une morale. Qu'en reste-t-il ? — L'autre, répond-elle simplement. » Et encore, « Dumas, ne pouvant plus être homme, s'est fait Dieu. » C'est la contre-partie du mot de madame du Deffand sur d'Alembert, qu'un admirateur proclamait un dieu : « Allons donc ! s'il était dieu, il commencerait par se faire homme ! » Alexandre Dumas ! J'eus la grande joie de l'entendre souvent à l'hôtel de Messine ; je crois bien qu'il se souciait plutôt d'être admiré, idolâtré, que d'être aimé, et j'avoue que, de 1878 à 1885, le prestige de son esprit, de son talent, m'avait séduit au point de m'enlever vis-à-vis de lui toute clairvoyance. Comme le dieu avait parfaitement l'intuition du sentiment de ses fidèles, mon enthousiasme plaisait à son orgueil, si bien qu'il dit un jour à madame Aubernon : « Personne ne m'écoute comme fait ce jeune homme (car j'étais jeune alors, il y a de cela plus de quarante ans) ; vous pourriez l'inviter, je pense, à nos petits dîners de quinzaine. » Dumas dînait à peu près tous les samedis, en cérémonie, chez son amie, et, en plus, tous les quinze jours, le vendredi, il venait tirer pour elle seule un feu d'artifice, de sept heures et demie à onze heures et demie. Ai-je besoin de dire combien j'étais fier en apprenant cette grâce ? Le roi n'était pas mon cousin. Je dînai donc sept ou huit fois en tiers, et fis de mon mieux pour trouver au grand homme encore plus d'esprit qu'il n'en avait, ce qui d'ailleurs était impossible, et aussi pour mettre un peu de bois dans le foyer de la causerie, par des questions capables de déclencher de nouvelles fusées. Les hommes supérieurs ont besoin, à certains moments, de ces petites secousses qui vont chercher dans les chambres obscures de la mémoire les faits sur lesquels leur fantaisie brode de charmantes arabesques, et qui attendaient un geste imprévu pour s'épanouir en fleurs parfumées, parfois même pour faire jaillir l'idée créatrice de l'œuvre durable. Le prince de Metternich, après 1848, se comparait à un dictionnaire toujours prêt à répondre aux curieux du passé; mais il était surtout une manière de prophète à rebours, bien qu'il prétendît superbement que l'erreur n'avait jamais approché de son esprit. Les hommes semblables à Alexandre Dumas fils, sont des dictionnaires, et pour le passé, et pour le présent, et pour l'avenir : ils poétisent la vie, même quand ils l'habillent en noir, ils colorent ses méandres, et portent un fanal dans les labyrinthes les plus inextricables ; leurs erreurs, même très graves, traînent avec elles une voie lactée de petites vérités lumineuses, et mettent les âmes de plain-pied avec l'idéal. Madame Aubernon me sut gré de ma collaboration, qui, cette année-là, me mit en faveur auprès d'elle, et aurait fait bien des envieux, si nous avions divulgué nos petits rendez-vous littéraires.

Dans l'un d'eux, Alexandre Dumas nous conta une aventurette galante, où certain aspect de son caractère se révèle d'une manière assez crue. Je ne sais pourquoi me revient à ce propos le mot de Henri Heine sur Dumas père : « J'aime ce nègre ; son imagination me repose de la mienne. » Or donc, Dumas fils avait entendu dire qu'une jeune étourdie, — nous disons aujourd'hui une snobinette, — déblatérait contre lui, le traitant d'homme mal élevé, spirituel d'ailleurs, avec qui on pouvait tout au plus passer une heure. Comme Panurge, il était rancunier, et résolut de se venger. Et donc, ayant su que la dame passait une saison à Trouville, que son maître et seigneur n'y venait que du samedi au lundi, par le train des maris, il s'installe dans le même hôtel, au même étage,

fait une cour assidue, et, au bout de trois jours seulement, — les jours à la mer ou à la montagne
comptent pour des semaines — obtient un rendez-
vous. Bref, il entre dans la chambre de *l'innamorata*
à onze heures précises, et, à minuit tapant, il se lève,
fait une profonde révérence, accompagnée de ce compliment : « Madame, vous avez dit que monsieur
Alexandre Dumas était un homme mal élevé, avec
qui on pouvait passer une heure seulement : l'heure
est expirée, j'ai bien l'honneur de vous saluer. » Et,
sans autre explication, il regagna son appartement.
Nous philosophâmes plus d'une fois, madame Aubernon et moi, sur l'incident ; malgré notre fanatisme,
nous trouvions que le vengeur s'était montré trop
dur, et contre la pécheresse, et pour lui-même.

Une autre année, comme j'étais au Tréport, chez
ma tante la baronne d'Alcochete, Alexandre Dumas
m'invita à passer une journée à sa villa de Puys,
dans les environs de Dieppe, avec les Jacques Normand. Certaines difficultés d'accès m'ayant forcé
d'arriver dès neuf heures du matin, j'eus la grande
joie de rester seul jusqu'à midi avec mon hôte. Et ce
furent trois heures ensoleillées, des heures à marquer
d'un caillou blanc. Après avoir fait avec lui le tour
du propriétaire, admiré le point de vue, les tableaux,
je rentrai dans le cabinet, et Dumas causa, ou plutôt
discourut avec autant d'entrain et d'éclat, ma foi,
que s'il avait eu devant lui une nombreuse compagnie
de lettrés. Il avait de ces coquetteries-là, peut-être
pour racheter certains silences orageux, d'où il ne
sortait que pour lancer un coup de boutoir, un coup
de corne, disait-on de Dufaure, comme le jour où il
rembarrait un général indiscrètement curieux de l'entendre : « J'attends que vous ayez tiré le canon ! »

J'éprouvai une sensation d'éblouissement comparable
à celle de Chênedollé, la première fois qu'il vit Rivarol à Hambourg, pendant l'émigration. Oui, Dumas
parla de tout, passant du grave au doux, du plaisant
au sublime, des salons et de leurs contrefaçons, des
mondains et des bohèmes, de son père, de Victor
Hugo qu'il n'aimait pas et dont il savait quatre mille
vers par cœur, des grandes dames et des actrices : que
sais-je encore ? Il me lut aussi vingt-cinq ou trente
lettres de cette Desclée, grande artiste, grande passionnée, qui le prenait pour confident de ses misères
de cœur, de ses rechutes, et lui écrivait un jour : « Je
crains le passant ! » Desclée qui, sans doute, eût
été une nouvelle Lespinasse, si elle n'avait traîné le
boulet théâtral. Il ne détestait pas les anecdotes rabe-
laisiennes, et, comme il connaissait mieux le présent
que le passé, j'eus la chance de le divertir en lui réci-
tant certains couplets gaillards de Boufflers, entre
autres les quatrains de *la Jeune Isabelle* et des deux
coquetiers ; je dus même lui en donner copie : « Ils
amuseront Lavoix et Chéramy, dit-il, sans compter
Rivière et plusieurs dames qui adorent ces péchés de
paroles, peut-être pour se consoler de ne plus commettre les péchés d'action. »

Il n'était pas toujours charitable dans ses jugements, mais il faut lui tenir compte d'un tempérament
littéraire peu sensible aux considérations mondaines,
d'une éducation à la billebaude, d'opinions libres
penseuses, et ne pas perdre de vue qu'il avait rendu
beaucoup de services, rencontré beaucoup d'ingrats.
D'où le goût des formules générales, si souvent dé-
menties par les faits, des mots à l'emporte-pièce qui
passaient de son théâtre dans sa causerie, et réciproquement. C'est ainsi qu'il fustigea Charles Monselet,

à qui il avait plusieurs fois prêté de l'argent ; celui-ci le rencontre sur le boulevard, et lui tend la main : « Il n'y a rien dans la mienne, lance Dumas. » Plus tard, apprenant que Becque le déchire à belles dents, il remarque avec hauteur : « Il se pose en chef d'école, me soutire trois mille francs, et se venge en me griffant ! » Au temps de la lune de miel de l'amitié, où madame Aubernon était devant lui comme la duchesse de Duras devant Chateaubriand, notre amie donna, à l'hôtel de Messine, une soirée costumée, où elle eut la fâcheuse inspiration de se déguiser en Gloire de Dumas : une réduction du buste de celui-ci par Carpeaux, en guise de casque, de grandes bande- roles descendant de son corsage, chacune portant le nom d'une pièce de son héros ; et elle vint lui réciter des vers composés par Arthur Baignères sur ce thème : je suis coiffée de Dumas. Or le physique de l'enthou- siaste ne se prêtait nullement à un pareil travestisse- ment, qu'une femme très jeune et très jolie eût à peine fait accepter. Nous étions consternés, les moqueurs professionnels ou occasionnels s'en don- naient à cœur joie, Alexandre Dumas ne dissimulait pas sa mauvaise humeur, et, quand j'allai le saluer, il me tint ce propos qu'il répéta à plusieurs autres : « Faut-il que j'aie les reins solides pour ne pas suc- comber sous le ridicule ? » Il me garda avec lui une grande demi-heure, et je jouais le rôle du confident des tragédies classiques, essayant tout de même de plaider les circonstances atténuantes en faveur de la coupable par excès de zèle. « Monsieur Dumas, vous savez que l'admiration est cousine germaine de l'amour, qui, vous l'avez montré en perfection, ignore la mesure, va droit à l'impossible, et par delà l'in- fini... » Mais ici l'amitié était en conflit avec l'orgueil, et l'orgueil de Dumas était immense. Il me promit cependant de punir avec des fleurs : ces fleurs consistèrent, un jour que nous étions chez madame Arman de Caillavet, dont le frère allait épouser Colette Dumas, à écouter, après dîner, la lecture d'une plaquette sur *l'Ami des Femmes*. Quand ils rentrèrent au salon, madame Aubernon paraissait fort déconfite, et Dumas me chuchota dans l'oreille : « Je viens de lui offrir un bouquet de bons conseils qui se résument en celui-ci : n'écrivez plus, vous n'avez pas le don, je vous rends un grand service en vous détournant de cette tentation ; contentez-vous d'avoir de l'esprit parlé, n'ayez pas d'esprit publié. Vous verrez qu'elle ne m'écoutera pas. » En effet, elle n'écouta pas du premier coup, et nous le regrettâmes vivement, car ses essais littéraires étaient quelconques ; il suffisait qu'elle prît la plume pour n'avoir plus d'esprit, comme dans les contes de fées. Ses lettres manquaient de verve, de coloris, et hélas... elle écrivait matériellement comme un chat : nous nous mettions à trois, les miens et moi, pour déchiffrer ses hiéroglyphes.

L'impair du bal costumé fit naître un léger brouillard dans l'azur de cette noble et touchante amitié ; il y eut d'autres nuages, par exemple à propos de la *Princesse de Bagdad*, superbe four dramatique, qui mit à une rude épreuve la sensibilité de Dumas. Quelques jours avant la répétition générale, il avait donné la pièce à lire en primeur à son amie. Elle la lut, relut pendant toute une nuit, et, le lendemain, la retourna avec une lettre commençant par cette phrase : « Je suis éperdue d'admiration et d'effroi... » Elle craignait ce qui devait arriver, et, avec bien des précautions, émettait quelques timides réserves. Dumas lui en sut mauvais gré, il n'admettait guère que la foi pure et simple de la part de ses croyantes. Madame Aubernon m'emmena à la répétition générale et à la première... le public ne ratifia que trop ses appréhensions.

La brouille, la cruelle brouille éclata en 1885. J'en connus tous les incidents, par deux au moins des intéressés, et je ne puis les raconter, parce que l'un d'eux vit encore. Madame Aubernon essaya, pendant des mois, de négocier une transaction ; elle aurait dû se douter que le caractère de Dumas ne s'y prêterait pas. Elle pleura beaucoup, le jour où elle reçut une lettre annonçant que son ex-ami et ses enfants ne la verraient plus. Et puis elle se consola petit à petit, pas complètement, en recevant beaucoup de félicitations pour n'avoir pas abandonné ceux dont on exigeait l'holocauste.

Presque seul parmi les intimes, j'eus alors la franchise de déclarer qu'elle aurait mieux fait de passer sous les fourches caudines. « Pour l'éclat, la gloire de votre salon, un Dumas vaut cinquante personnages de talent ; vous ne le remplacerez pas non plus comme grand ami que vous voyiez sans cesse, à qui vous rapportiez vos pensées les plus élevées ; peut-être ne vous donnait-il pas une affection égale à la vôtre, mais vous ne la lui demandiez pas, et il vous apparaissait dans un nimbe éclatant, dépouillé de ses travers. Il n'est pas rare qu'un protestant, un israélite, se fasse catholique ; il est bien plus rare qu'une ferveur d'admiration succède à une autre. J'ai quelque mérite à vous parler ainsi, car ceux que vous n'avez pas voulu sacrifier sont mes amis. » Ainsi pensais-je, ainsi je pense encore ; et je fus vertement rabroué par les autres familiers, par madame Aubernon qui s'indigna, et me reprocha de méconnaître son héroïsme.

J'ai lieu de croire qu'elle le regretta plus tard, mais en attendant j'eus le sort de toutes les Cassandres. Je commis alors une seconde faute diplomatique. Très reconnaissant des multiples marques de bonté dont j'étais, l'objet de la part de madame Aubernon, je me crus obligé moralement de prendre fait et cause pour elle, malgré mon blâme intime : insensiblement, je cessai donc de fréquenter chez A. Dumas qui m'avait si bien accueilli, tandis que deux de ses commensaux, Lavoix père, Chéramy, plus adroits, continuaient de cultiver les deux ateliers. Madame Aubernon en fut enchantée, car elle s'imaginait qu'elle pourrait, grâce à eux, jeter les bases d'une réconciliation, et elle caressa cet espoir jusqu'au bout. Et donc, si j'avais imité ces diplomates, elle m'en eût voulu d'abord, et elle m'eût ensuite considéré comme un troisième atout dans son jeu. Le dévouement est souvent méconnu, et doit se résigner à trouver sa récompense en lui-même : on sait cela en théorie, mais en pratique ? Bah ! quand je passe la revue des déceptions qui ont suivi mes excès de zèle, j'évoque, en guise de consolation, le joli couplet de Labiche sur les jobards dans la *Cigale chez les fourmis.*

Le salon de Madame Aubernon fut le premier pour la comédie d'amateurs, le premier pour l'originalité, le choix des pièces, la persévérance, l'intensité de la volonté. On y a joué beaucoup de pièces de Molière, d'Alexandre Dumas, d'Octave Feuillet, de Sardou ; *la Parisienne* de Becque ; plusieurs pièces d'Ibsen, entre autres *Maison de Poupée* et *Borckmann*, que madame Aubernon nous apprit à aimer, et qui furent ensuite représentées sur divers théâtres ; pour *Borckmann* notamment, les répétitions durèrent quinze mois ; il y en eut cent seize. Madame Aubernon acceptait les contretemps avec une résignation souriante, nous disant : « Il faut savoir faire son métier de maîtresse de maison ; il a aussi des déboires. » Elle eut des comédiens amateurs de tout premier ordre : madame Trousseau, MM. Henri Borel, Royer, Raquez, Robert de Flers, Marcel de Germiny, Pierre Despatys, Le Lubez, Sautereau, Bermingham, Félix Marchand ; son fils et sa belle-fille figuraient agréablement dans sa troupe, elle-même joua avec succès *la Comtesse d'Escarbagnas*. Le plus étonnant peut-être, c'est que, grâce à la discipline sévère de l'impresario, les acteurs étaient religieusement écoutés de dix heures et demie à une heure du matin. Et sans doute, voilà bien de l'esprit perdu, bien du beau perdu ! Tandis que le dialogue se déroule sur la scène, les figures des femmes se composent, celles des hommes se raidissent, les sourires des uns se figent, les pensées des autres voyagent, pas bien loin sans doute, puisque tant d'objets attrayants enveloppent chaque spectateur. On regrette parfois que de telles forces intellectuelles sommeillent, que la politesse enchaîne ces lèvres éloquentes. Patience ! Elles auront leur tour : les langues captives prendront leur revanche dans un tournoi d'esprit autour du buffet.

Dans *Borckmann*, Sautereau jouait le rôle du jeune premier qui enlève l'héroïne. Un de ses amis lui prête une magnifique pelisse, qu'il endosse le jour de la répétition générale. Mais le metteur en scène, Kéraval, la fit supprimer, parce qu'elle attirait trop l'attention des spectateurs : il n'y en avait plus que pour elle, et les commentaires admiratifs se manifestèrent par des clignements d'yeux, des chuchotements qui troublaient l'harmonie de l'ensemble. Ce petit détail révèle avec quel soin la pièce fut montée.

Raquez avait une belle voix de baryton, qui le faisait rechercher par les maîtresses de maison, enchantées d'obtenir pour leurs invités du plaisir gratuit, d'échapper ainsi aux exigences tyranniques de certains professionnels. Très épris de l'éternel féminin, un peu familier, bon garçon, il disait parfois des mots drôles, celui-ci par exemple, pour justifier ses coups de canif dans le contrat : « Ma femme est mariée, pas moi. » Il en disait aussi qui se retournaient contre lui, comme celui qu'il se permit à l'adresse de Madame de Trédern, qui, pendant une répétition du *Vaisseau Fantôme*, s'arrêta pour donner un ordre à quelqu'un de ses gens. Mon Raquez, impatienté, la rappelle étourdiment à son rôle, en s'écriant : « A vous, la vieille ! » Madame de Trédern lui montra la porte, et Raquez fut quelque temps exilé de Brissac ; et puis, comme il ne faut garder que les rancunes utiles, madame de Trédern, grande maîtresse de maison, elle aussi, rappela le baryton. De même madame Aubernon donnait des *dîners de pardonnés*, — c'était son mot. — Rien de plus piquant pour nous autres initiés, à qui elle annonçait la nouvelle ; rien de plus injuste en principe, car les pardonnés prenaient la place des innocents : rien de plus favorable pour l'agrément et l'éclat du salon, lorsque les coupables répandaient l'un et l'autre.

Un autre mérite des fêtes de Mesdames de Nerville et Aubernon : *tous les hommes étaient assis*. Prévoyance capitale : tout le monde y trouve son compte, les hommes d'abord, qui, au lieu d'être préposés aux embrasures des fenêtres ou des portes, peuvent pendant les entr'actes déployer leur verve galante ; les femmes qui se sentent plus belles, étant plus et mieux admirées dans ces conditions ; la maîtresse de maison qui, de son côté, attire, retient plus facilement ses invités, et les empêche de causer entre eux. Mais aussi chaque grande pièce était précédée d'une répétition générale, et jouée deux fois; seuls, les très intimes amis étaient conviés aux trois représentations; on invitait les autres par séries.

Madame Aubernon se proclamait justement: une participante, une rayonnante. Avec la fougue et la sincérité qui la caractérisèrent, elle ne se contentait pas des succès de son salon, contribuait à la réussite des pièces, presque toutes inédites, qu'on représentait chez sa jeune amie Mme de Saint-Victor, en assistant à leur ultime répétition à huis-clos, à la répétition générale, à la première, en y donnant les marques d'une approbation énergique et autoritaire.

En 1894, madame A. Trousseau et H. Aubépin jouèrent *Entre six et sept*, de M. A. Godfernaux, jeune professeur de philosophie en province, le futur auteur de *Triplepatte* avec Tristan Bernard, à qui madame Aubernon reprochait ses silences de beau ténébreux : « Il n'a d'excuse, déclarait-elle gaiement, que s'il aime sans espoir la femme de son proviseur. »

En 1895, *le Point*, brillant début de M. E. Sée. Et puis *l'Impasse*, où se révéla Marcel de Germiny, donnant la réplique à mademoiselle Suger : « Mon cher, s'écria madame Aubernon, je vous engage. Vous serez la comète de ma troupe ! » Peu de temps après, en effet, il créa chez elle, d'étonnante façon, dans *Jean-Gabriel Borckmann*, le rôle touchant de *Foldal*, le vieux poète que tout accable, et dont rien ne trouble la sérénité. Lorsque Lugné-Poé, alors directeur du théâtre de l'*Œuvre*, monta cette pièce, il pressa Germiny de ne pas se laisser arrêter par les préjugés mondains, et de reprendre le rôle chez lui. Vainement, bien entendu.

Et je me rappelle encore, avoir, aux côtés de madame Aubernon, applaudi chez madame de Saint-Victor d'autres pièces qui avaient pour auteurs des écrivains chers au public : Tristan Bernard, Abel Hermant, Emile-Albert Sorel, Paul Acker, André de Lorde. Notre grande amie avait amené ses intimes, devenus aussi ceux de la fille de l'auteur d'*Hommes et dieux*. C'est là que je vis pour la première fois le marquis Robert de Flers, qui brûlait les planches dans *Je vais m'en aller* et *le Vrai courage* de Tristan Bernard : mon ami Gaston Arman de Caillavet et lui n'allaient pas tarder à donner travail, réputation aux professionnels de mainte scène, à charmer et émouvoir des millions de spectateurs dans les cinq parties du monde.

Madame Aubernon disait plaisamment du salon de madame de Saint-Victor : c'est mon instar. Plus poétiquement, Anatole France compara le cerveau tumultueux de cette dernière à un bocage où « chantent tous les oiseaux. » Et comme, dans une heure de mélancolie, elle se plaignait du vide des existences féminines, le même France protesta galamment : « Chère Madame, nous sommes là pour les remplir, ces vides. » Avant, pendant, après la guerre, les mercredis de madame de Saint-Victor étaient, sont encore très suivis, et joliment agrémentés par la présence de sa fille, de plusieurs jeunes femmes, mesdames d'Esménard, Loviot, entre autres, aussi bonnes à entendre qu'à regarder. La ferveur de madame de Saint-Victor pour les grandes premières du Parlement n'a pas diminué, au contraire, et l'a conduite à recevoir un certain nombre d'hommes politiques, M. Louis Barthou entre autres, qui font bonne figure à la Chambre et à l'Institut. Je l'ai souvent plaisantée sur ses 333.333 emballements

politico-littéraires ; car, depuis trente-six ans que je
la connais, elle en a eu beaucoup : c'est la marque
d'une âme généreuse et vibrante.

Madame Claire de Saint-Victor, passionnée dreyfu-
siste, fut surnommée Notre Dame de la Revision. Dieu
est chic ! Dieu est snob ! raillait-elle rageusement, très
surexcitée contre les gens du monde, les non-intellec-
tuels, qui ne partageaient pas ses convictions. Son
mari Maxime Dreyfus, — ils divorcèrent — était un
très drôle de corps, grand habitué des coulisses théâ-
trales, batailleur et friand de la lame, fort galant
homme au surplus, avec un esprit à gros grains qui
amusait pendant un quart d'heure les lettrés, et en-
chantait les amateurs de facéties tintamaresques.

« On peut juger un homme public, mort ou vivant,
avec quelque rudesse ; mais il me semble qu'une femme,
même morte, quand elle est restée femme par les
qualités essentielles, est un peu notre contemporaine. »
Cette pensée de Sainte-Beuve, qui semble plus vraie
encore quand il s'agit d'une amie, ne saurait empêcher
de mêler quelques ombres au tableau. Un portraitiste
qui loue sans cesse, semble aussi suspect que celui
qui critique à jet continu. De même qu'il y a des
malheurs heureux, de même il existe des défauts aimables, des défauts nécessaires — on ne pardonne qu'aux
saints la perfection — des défauts encadrés de qualités séduisantes qui les font oublier, pardonner, du
moins attestent la vie, sa flamme, la communication
intime avec l'humanité palpitante et saignante. Défauts
et travers, je crois avoir le droit et le devoir d'y faire
allusion, pour d'autres comme pour madame Aubernon.
Et donc, ayant le défaut de ses qualités, elle poussa
jusqu'à l'extrême le goût de la parole, un besoin inex-

tinguible de formuler son avis sur toutes choses et sur toutes personnes, qui faisait plus d'honneur à sa franchise qu'à sa prudence. Un jour, je l'accompagne chez madame Cot, qui venait de perdre son mari ; après les compliments de condoléance, elle demande : « Avez-vous des enfants, chère madame ? — Oui, madame, deux fils et une fille. — C'est bien incommode pour se remarier, repart madame Aubernon. » Une autre fois, elle entame un pompeux éloge d'un article d'Arvède Barine, et termine par ce parallèle : « Quelle différence avec celui de X*** sur le même personnage ! Il y a autant d'écart entre l'un et l'autre, qu'entre une dinde truffée et du bœuf bouilli. » Or l'auteur du bœuf bouilli était là qui me regardait en souriant, et se gardait bien de protester, tandis que le reste de la compagnie écoutait la tirade avec étonnement. Pendant un dîner, elle exécute une charge à fond contre un article récent de la *Revue des Deux-Mondes*, et termine par ce bouquet : « Je me demande comment la Revue peut publier de pareils néants. L'auteur... » Mais alors madame Buloz l'interrompt, pour couper court à l'abatage : « C'est mon frère, Madame. » Et alors, nous assistâmes au spectacle d'un repêchage tellement bien conduit, qu'on aurait pu penser que la coupable avait commis cet impair pour montrer son art à le réparer. Tout de même, après le dîner, madame Buloz me dit qu'elle ne comptait pas accepter de nouvelles invitations avant quelques lunes.

Un soir, au Cœur Volant, madame Aubernon interroge étourdiment madame de X***, que chacun sait être au mieux avec l'auteur dramatique R***. « Que pensez-vous de tout ceci, Madame R ? » Et le nom de l'ami tout le long de l'aune. Après le dîner, Madame de X*** fort troublée, venait nous consulter l'un après l'autre : « Pensez-vous qu'elle ait eu l'intention de me mettre dans l'embarras ? — Certainement non. » Et la questionneuse fut un peu rassérénée. J'en passe et des meilleurs. Madame Aubernon défendit intrépidement ses fidèles, au point d'arrêter net deux immortels qui, dans un dîner, commençaient à se gausser d'un autre immortel. Et en même temps, elle ne pouvait s'empêcher de faire son *Sainte-Beuve verbal*, d'analyser les mérites et les démérites de ses meilleurs amis, comme s'ils étaient morts depuis deux cents ans. Que de fois ne m'arriva-t-il pas de paraphraser devant elle l'axiome de Doudan : « Il ne faut rien concéder sur ses amis ! Si l'on ne doit que la vérité aux morts, on ne doit pas toute la vérité sur les vivants aimés. » Ce n'était pas son avis : elle m'accusait de philintisme, et je regrettais qu'elle défendît mieux ses amis contre les autres que contre elle-même. D'ailleurs ces poussées d'alcestisme littéraire disparaissaient dans un large courant de sympathie réelle : on sentait que les critiques partaient, non de son cœur, mais de son esprit, d'un tempérament d'auteur qui n'avait pas trouvé son emploi ; et la plupart des intéressés pardonnaient, si les mots piquants arrivaient à leurs oreilles : « Elle est si bonne, disaient-ils. » Rien de plus vrai, et je veux noter ici deux traits de bonté intelligente, que beaucoup de maîtresses de maison auraient besoin de méditer : elle ne pouvait souffrir les gens qui venaient lui rapporter les épigrammes qu'on se permettait à son endroit ; et elle ne quêtait jamais les gens de lettres, estimant justement que c'est là une très coupable indiscrétion.

Quelques-unes, cependant, plus susceptibles, lui gardaient rancune des coups de langue, répétés, souvent avec des fioritures, et sans les tempéraments qui adoucissent la pointe ; ils se brouillaient, ou bien, faisant passer leur plaisir avant leur agacement, ils continuaient de cultiver ce salon agréablement original, comme si le secret n'avait pas été fidèlement trahi. Mais ils se dédommageaient en daubant à distance, en accueillant avec empressement les commérages de journalistes plus désireux d'amuser, que de se montrer équitables, de candidats refusés et jaloux. Et c'étaient toujours les mêmes rengaines : elle n'a pas d'amis, elle n'a que des convives, considère ses habitués comme le matériel vivant de son salon, les aime comme une parure qui met en valeur ses grâces, les presse comme des citrons, quitte à en jeter le zest lorsque tout le suc est exprimé. Tout cela était faux, archi faux, mais il est si facile de trouver la petite bête, de faire bon marché de vingt qualités majeures, en donnant à un défaut les proportions de l'Himalaya, de prêter à la calomnie une apparence spécieuse. Le procédé est vieux comme le monde ; les avocats le pratiquent couramment, et aussi les courtisans des rois absolus, et ceux des peuples, cent fois plus absolus et capricieux que les tyrans les plus tyranniques.

Elle eut des passions d'amitié, et aussi des passionnettes, qui ne lui permirent guère de demeurer dans la divine mesure prônée par madame de La Fayette ; cela ressemblait, en miniature, au sentiment très pur, automnal et touchant, bien qu'intempestif, de madame du Deffand pour Horace Walpole, *l'homme de fer*. Une amie, poussée par le démon de la raillerie, lui dit : « Vous avez des engouements. » Elle fut très froissée qu'on usât d'un tel mot, qui dépoétisait des amitiés noblement exaltées. « Vos engouements durent, continua l'impitoyable moqueuse, mais ce sont des engouements, parce qu'ils vous conduisent à des exagérations. » Madame Aubernon compta ainsi, comme favorites cérébrales : mesdames de Gévrie, Arman de Caillavet, Harold Fitch, de Saint-Victor, de Pierrebourg, Blanc-Bentzon, Arvède Barine ; comme favoris platoniques : Alexandre Dumas, Brochard, du Tillet, Renan, Jules Simon, Becque, le docteur Pozzi. Avant Becque, il y eut un interrègne de quelques années, où les principaux intimes se disputèrent la succession d'Alexandre. Comme les grandes dames du XVIIIe siècle avaient leur abbé, leur médecin, leur académicien, elle avait son philosophe, Victor Brochard, qui lui inspira une confiance absolue par ses aimables et solides qualités, et qui, invité de fondation aux dîners du mercredi et du samedi, formait entre les convives un lien sympathique, étant aimé de tous. Hélas ! Il fut frappé, l'année même où mourut madame Aubernon, par cette cécité qu'il voyait venir depuis longtemps, et qui lui a donné l'occasion de nous montrer que sa sérénité héroïque et spirituelle était à la hauteur de sa science, et de son enseignement à la Sorbonne. Ne pensait-il pas à son dur calvaire, lorsqu'il nous répétait cette douloureuse maxime : « La résignation est, pour le philosophe, ce qu'est pour le croyant la soumission aux volontés de Dieu ? »

Une petite faiblesse qui fit quelque tort à Madame Aubernon aux yeux des puritains, et même des mondains sans épithète, c'est sa bienveillance extrême pour certain personnage qui figurait silencieusement à tous ses dîners, la suivait comme son ombre aux conférences, aux concerts, et remplissait aussi les fonctions d'auditeur quand elle n'avait ni visiteurs ni convives. D'ailleurs, elle ne cherchait pas à l'imposer dans d'autres salons, car il déplaisait universellement ; mais, tout de même, parce qu'on le savait ancré chez elle, sept ou huit maîtresses de maison le toléraient, comme visiteur, non comme dîneur. Z. était le cousin de deux femmes charmantes, qui essayaient d'attendrir pour lui l'opinion publique, et de plaider les circonstances atténuantes. Tâche peu facile, car sa réputation de férocité était établie de longue date, et sa figure de reître de la Guerre de Cent ans ne faisait que confirmer l'impression générale. — « Il est malheureux, remarquait notre amie, je l'empêche de mourir de faim, et il me sert de *monsieur de compagnie*. — Raison de plus, répliquions-nous, pour qu'il ne s'amuse pas à déchirer comme un fauve le tiers et le quart. » Malheureux par sa faute, car il avait mangé de la plus sotte façon du monde une assez jolie fortune, le travail lui faisait horreur, et il jouait le rôle de parasite social. On était tenté de lui appliquer le mot fait pour Montrond : « Il est impossible d'en dire du mal. » Il avait parfois de l'esprit pendant dix minutes, lorsqu'on ne l'avait pas vu depuis huit jours ; il faisait sa gerbe de côté et d'autre, puis nous servait sa récolte, en général le dimanche matin, dans le train allant à Louveciennes. Il n'épargnait pas non plus madame Aubernon, quand il commençait à faire son Tarquin ; il l'appelait : une ogresse de conversation, pour peindre cette faculté verbale qui lui permettait de causer dix, douze heures à la campagne, sans fatigue. Il l'aimait cependant, du moins il le disait, mais savoir aimer est plus rare qu'aimer. C'est encore lui, — je ne cite pas les coups de griffe saignants, qui trouva, ou nous apprit la formule de l'armoire aux poupées, l'armoire symbolique « où Mme Aubernon met au rancart toutes les poupées, hommes et femmes, qui ont cessé de plaire. » Pour être juste, il aurait dû ajouter : qui ont cessé de plaire, bien souvent par leur faute. — De temps en temps, ce

personnage nous faisait la surprise de teindre en blanc
ses épaisses moustaches, en noir ses cheveux, et puis
les cheveux redevenaient blancs, d'un blanc argenté,
les moustaches d'un noir de jais ; et nous disions qu'il
n'était guère digne de ses cheveux blancs. Un peu encouragé sans doute par Mme Aubernon, Brochard en-
treprit de le sermonner, afin, « observait-il « que
vous regagniez le terrain perdu. On oublierait vite vos
crudités de langage, et le reste, si vous preniez désormais autant de soin pour plaire, que vous en avez pris
pour collectionner des antipathies. » Z. écouta sans
mot dire la mercuriale, et se contenta de répondre :
« Que voulez-vous ? J'aime mieux mes vices que mes
amis. » Brochard en fut pour ses frais d'éloquence, et
Mme Aubernon continua de combler son *monsieur de
compagnie*, tout en déplorant ses errements. L'antipathie inspirée par lui allait au point, que les mousquetaires de Mme Aubernon — les jeunes protégés par
elle — se faisaient tirer l'oreille pour villégiaturer en
sa villa de Trouville, perchée sur la colline qui domine
la ville, dans le site le plus poétique du monde. Quinze
jours de Z. à jet continu, du matin au soir, sans dé-
brider, la pilule leur semblait dure à avaler ; ils l'ava-
laient tout de même, par amitié pour Mme Aubernon,
et... pour Trouville. Comme le séjour de notre amie
coïncidait avec le mien en Haute-Saône, je ne suis allé
qu'une seule fois chez elle, et pour très peu de temps.
Elle finit par vendre à Madame Strauss sa villa, qui
constituait une charge assez onéreuse, et se trouvait
trop loin de Paris pour qu'elle pût s'y ravitailler aisément en causeurs. Mes jeunes gens, me dit-elle, n'ont
pas l'abondance verbale nécessaire quand on vit sous
le même toit : ils sont intelligents, cultivés, mais leur
esprit manque d'ampleur, d'originalité, ne se renou-

velle pas, et s'arrête soudain, comme un voyageur essoufflé. »

A propos de certaines personnes qu'elle voyait l'hiver, mais ne recevait pas à sa maison des champs, *Au Cœur Volant*. Madame Aubernon remarquait gaiement : « Nous sommes en été, je les ai mis chez le fourreur. » A Louveciennes, cette infatigable *causeuse* recevait des amis le dimanche matin, d'autres amis pour le dîner, et, toujours alerte, l'esprit lucide et en éveil pour son compte, elle expliquait ainsi sa méthode : « Mes gens d'esprit du matin seraient fourbus, et ont besoin de renfort ; j'en attends d'autres à six heures : il faut bien que je remette du charbon dans ma locomotive »... Du charbon dans la locomotive ! Elle en remettait de toutes les sortes : du tout venant, du criblé, du vieux, du neuf, du moyen, du petit. Comme les autres directrices de grands salons, elle avait un penchant décidé pour les gens célèbres, mais se contentait fort bien des gens de mérite ; les beautés professionnelles, les Antinoüs, les charmeurs étaient aussi accueillis ; une admiration intelligente, un mot placé à propos, servaient de passeports et de cartes d'introduction [1]. Et, comme elle avait le juste

---

1. Un certain nombre de femmes de mérite, mesdames Harold Fitch, Jacques Normand, Guillaume Berr (aujourd'hui madame Alfred Droin), Arman de Caillavet, Paul Poirson, E. Strauss, Henri Baignères, Paul de Saint-Victor, Sulzbach, de Pierrebourg, marchèrent, les unes avec éclat, les autres modestement, sur les traces de madame Aubernon ; ses survivantes recueillirent ou se partagèrent sa succession mondaine, en y mettant le cachet original de leur esprit et de leurs dons particuliers. Ainsi elle eut des disciples de talent, et, à côté de celles que je viens de nommer, de plates élèves qui ignorent, et ignoreront toujours que singer n'est pas imiter, encore moins créer ou égaler.

orgueil de son cénacle, elle ne craignait pas d'inviter cinq ou six fois de suite un lion de la politique ou de l'art, jusqu'à ce qu'il acceptât : « Il viendra, disait-elle crânement, ou il dira pourquoi. » Et c'eût été peine perdue de chercher à la détourner de cette tactique envahissante. En cas d'échec, elle répétait hardiment le mot de Napoléon : Il n'y a que ceux qui n'ont pas livré de batailles, qui n'en ont jamais perdu. » On essayait donc les nouveaux convives, on les passait au crible; notre amie aimait surtout les causeurs brillants, les remueurs de paradoxes hardis; les autres, elle les estimait, les écartait insensiblement, ou les gardait pour les petites agapes de trois ou quatre personnes. J'eus l'honneur de lui amener deux académiciens, Charles de Mazade et Victor Cherbuliez; ils ne plurent pas, et ne s'y plurent pas; Cherbuliez était un incomparable causeur d'intimité. Elle me demanda de lui présenter le duc de Broglie et le prince Roland Bonaparte, qui me témoignaient beaucoup de bienveillance; je fus très perplexe, car je sentais que les affinités électives s'accrocheraient difficilement. « Le duc de Broglie et le prince Roland ne vont pas au-devant de la conversation, me disais-je, ils attendent qu'elle vienne à eux; ça n'ira pas du tout. » Pour sortir d'embarras, je lui proposai de la faire dîner avec ces deux lions; elle fut enchantée, ils acceptèrent, elle causa longtemps avec le duc de Broglie, et, par dérogation à ses habitudes, elle ne partit qu'à minuit et quart; sa curiosité était satisfaite, elle ne reparla plus de son projet, et se contenta de me dire qu'elle était ravie de sa soirée, que le duc de Broglie en particulier lui avait paru un homme tout à fait supérieur. « Quel dommage, observait-elle, qu'il ait une si mauvaise voix ! Pour un orateur, pour un homme d'Etat, c'est un péché mortel qu'un pareil organe. » Le duc la trouva très originale, très amusante, et je crois qu'il n'aurait pas fallu insister beaucoup pour le faire aller chez elle. La première épreuve avait réussi à merveille, mais je continuais de douter qu'il en eût été de même par la suite, et je ne fis rien pour provoquer de nouvelles rencontres. C'eût été piquant d'ailleurs de voir madame Aubernon aux mercredis du duc ; je suis persuadé qu'elle y eût remporté un grand succès de curiosité et d'esprit ; d'ailleurs elle-même recevait la comtesse d'Haussonville, sœur du duc.

Elle eut des demi déceptions avec Guillaume Guizot, E. Montégut, J.-J. Weiss, Étienne Lamy. Les trois premiers disaient certes des choses dignes d'être retenues, mais ils les disaient lentement, avec des temps, n'aimaient pas être interrompus, et à l'hôtel de Messine on préconisait l'escrime verbale, rapide, ailée, celle qui glisse et n'appuie point ; on tenait pour la conversation train express, la patache de nos aïeux semblait rococo en pareille matière. A ses protagonistes, madame Aubernon fut plus d'une fois tentée de répéter le mot de madame Geoffrin au comte de Coigny, dînant pour la première fois, et embarqué dans une histoire interminable, tandis qu'il découpait un poulet avec un petit couteau : « M. le comte, je dois vous avertir que dans cette maison on aime les longs couteaux et les histoires courtes. » Avec cela Guillaume Guizot avait des yeux sans expression, un long visage blafard, l'aspect dégingandé d'un débutant mondain ; bref, comme le dit madame Fitch, l'air d'être son propre ancêtre; plus d'un avait envie de finir la phrase commencée par lui. Tout en le trouvant bien plus fait pour la chaire du Collège

de France que pour un salon, madame Aubernon le
conviait de temps en temps, d'abord à cause de sa
profonde érudition, puis en souvenir du grand Guizot.
Guillaume n'était pas seulement le fils du savant qui
avait tant de talent.

C'est encore à l'hôtel de Messine, qu'un soir J.-J.
Weiss lança et développa, avec une verve subtile, ce
paradoxe fantaisiste : « Il n'y a qu'un homme qui ait
compris quelque chose à la Révolution de 1848, c'est
le cardinal de Retz. »

J'ai noté trois dîners, celui du 30 juin 1886 entre
autres, où figura Étienne Lamy, qu'un article politique dans la *Revue des Deux Mondes* avait mis en
lumière, au point de faire dire à plusieurs immortels :
« S'il en écrit un second de cette force, il entrera tout
droit à l'Académie. » Tant qu'on parla politique,
Étienne Lamy, républicain catholique, ne se fit point
prier pour exposer ses idées ; et il s'en acquitta dans
un langage précis, souple, coloré, où l'on reconnais-
sait le disciple de Chateaubriand, l'émule de Mon-
talembert, Lacordaire, Falloux. Comme on le questionnait sur les princes d'Orléans, il déclara sans
ambages : « Ils ont une cour avant d'avoir un parti...
Je ne vois pas comment arriverait M. le Comte de
Paris, ni comment on le renverserait. » Les choses
faillirent se gâter lorsqu'un convive libre penseur,
pour divertir la compagnie, voulut amener Lamy sur
le terrain d'une discussion dogmatique. Celui-ci replia
aussitôt ses ailes, se déroba, déclarant poliment que
les questions de foi étaient à ses yeux au-dessus et en
dehors de tout débat : ce fut dit avec une telle autorité
courtoise, que, non seulement l'agresseur remit son
épée au fourreau, mais que personne ne se présenta
pour relever le défi. Afin de dissiper le léger malaise

produit par l'incident, le sénateur Denormandie esquissa le portrait d'un de ses parents, original *di primo cartello*, jetant des louis dans la Seine pour se punir de ses péchés, et ne pas faire une charité agréable, cachant des billets de mille francs dans ses livres, et habitant, quai de l'École, un cinquième dont l'escalier avait autant de marches qu'il y eut de rois de France.

Etienne Lamy compara plus tard, assez sévèrement, l'esprit de madame Aubernon à cette bassine légendaire des halles, où chaque convive a le droit de plonger une longue fourchette ; celle-ci ramène tantôt un bon morceau, tantôt un os, parfois une savate. Je protestai doucement, et il reconnut que sa critique manquait d'aménité. Au fond, il reprochait à madame Aubernon de ne pas s'intéresser assez aux grands problèmes religieux, historiques et sociaux. « C'est une aimable païenne, concluait-il. Elle va au bien en zigzag : je ne sais pourquoi, elle me rappelle cette boutade de Joseph de Maistre : Tout le monde va à la messe,   n'est pas nécessaire pour cela d'être croyant ; l'hypocrisie commence à vêpres. » Sans doute, elle n'avait guère l'inquiétude des choses divines ; elle ne fit qu'effleurer l'histoire, l'art, la philosophie, la grande poésie, n'eut pas non plus le sens de la nature, des voyages. Le roman, le théâtre, les moralistes, voilà ses genres préférés, et il faut reconnaître qu'ils remuent toutes les questions, qu'elle tirait de ses lectures le plus agréable suc médullaire pour elle et ses auditeurs. Malgré certaines tirades pessimistes qui lui échappaient, elle aimait le soleil, tous les soleils, détestait la nuit, toutes les ténèbres, les philosophes et les poètes de la douleur. Elle me remercia de lui citer cette pensée de Leibnitz : la sagesse doit être une méditation de la vie, non de la mort — et aussi ces vers de La Fontaine :

> Je veux
> Qu'on sorte de la vie ainsi que d'un banquet,
> Remerciant son hôte et faisant son paquet.

Madame Aubernon tenait pour la conversation générale à table : les Grecs, les Romains, saint Louis, Marguerite de Navarre, madame de Tencin, madame Suard, etc... lui fournirent d'illustres précédents. Eh quoi ? saint Louis ? Oui, saint Louis en personne Pour se faire pardonner un dîner où Pailleron et lui avaient eu des passades d'indiscipline, Gaston Paris lui apporta un curieux passage, copié, dit-il, dans les *Mémoires* de Joinville. Le pieux roi donnait un gala, et sans doute ses voisins ne l'intéressaient guère, ou peut-être désira-t-il détourner la conversation. Quoi qu'il en soit, avisant Robert de Sorbon et Joinville qui causaient à mi-voix, et semblaient y prendre plaisir, il les interpelle : « Si vous parlez au mangier de choses qui doyent nous plaire, si dites haut ; ou si ce n'est, ci vous taisez. » Si vous avez quelque chose à dire qui puisse intéresser la compagnie, parlez tout haut ; sinon, taisez-vous. » Madame Aubernon fut tellement ravie, qu'elle fit graver en lettres d'or sur vélin, et encadrer les précieuses paroles : le cadre figurait à la place d'honneur dans la salle à manger, et on invitait les nouveaux convives à lire l'inscription comminatoire. Et, le 1ᵉʳ janvier suivant, la maîtresse de maison reçut, présent anonyme, une élégante sonnette en argent, servant de piédestal à la statue de saint Louis : les paroles de celui-ci couraient le long de cette sonnette, qui rappela souvent à l'ordre les francs-tireurs de la causerie, et qui remplaça celle qu'avait jadis offerte A. Dumas. Une seule personne parlant à la fois, point d'aparté, point de causerie parasite, les duos renvoyés après le dîner, voilà le principe. C'était l'imprévu discipliné : le système consternait ou agaçait fort les timides, les amoureux de liberté absolue, les causeurs d'intimité comme Victor Cherbuliez, qui finit par se retirer, et appelait cela : *le pensum.* Certain samedi, la belle madame Gautreau éprouva un sentiment de terreur, à la pensée qu'elle pourrait être interrogée, et obligée de parler devant onze personnes. « Pour ne pas m'affoler, me dit-elle tout bas, je touche de temps en temps mon chapelet, et récite un *Ave Maria.* » Eugène Labiche, qui était l'homme de ses comédies, plein de bonhomie, de grâce et de malice, n'eut aucune émotion le jour de son début à l'hôtel de Messine. Il venait d'être reçu membre de l'Académie Française, Alexandre Dumas le présenta, et, voulant le tâter, la maîtresse de maison, dès le potage, lui demanda si les académiciens touchaient un traitement : « Oui, madame, sourit-il, 1200 francs, *et nourri.* » C'est lui encore qui, au cours de ce dîner, fit la fameuse réponse des petits pois. Quant aux timides, ils finissaient par s'aguerrir, et la plupart ne demandaient qu'à revenir : il est vrai que madame Aubernon ne réclamait en général que l'esprit du silence, l'art d'écouter, et que la concurrence était grande parmi les professionnels de la causerie. Et puis, que d'habileté, que de verve, quelle adresse à mettre sur le tapis le sujet propre à faire briller tel convive, que tempéraments dans l'application d'un système absolu, tandis que d'autres observent maladroitement un système libéral ! Avec quel art elle groupait les hommes éminents, quelle stratégie dans la composition et la conduite de ses dîners ! Presque toujours un ou deux grands ténors de conversation, quelques rôles à manteaux, des Dugazon, des personnages muets par modestie. Elle avait encore une manière originale de qualifier ses dîners : elle nous les annonçait du nom du principal convive : il y avait le dîner Dumas, le dîner Caro, le dîner Renan, le dîner Jules Simon, le dîner Gaston Boissier, le dîner Brunetière, le dîner Becque, etc.

L'anecdote des petits pois ! Je ne comptais pas la rabâcher, mais on m'a fait observer qu'elle est tout à fait inconnue de la jeunesse actuelle. Au cours du dîner, Eugène Labiche interrompt Dumas pour placer une observation ; Mme Aubernon gentiment l'instruit de la règle de l'unité dans la conversation : chacun son tour. Elle oublie ensuite de demander à Labiche de développer son objection, le dîner se poursuit, après le dessert, on prend le café — on le prenait à table, afin de jouir plus longtemps des grands causeurs — Mme Aubernon se rappelle soudain, s'excuse gracieusement, donne la parole à son voisin. Mais lui, avec une bonhomie narquoise : « Je voulais tout simplement, chère Madame, redemander des petits pois : ils sont excellents. » Et il y eut un accès de fou rire, auquel s'associa la maîtresse de céans.

Je fis plaisir à Mme Aubernon en lui contant que Buffon détestait les interrupteurs « Je ne puis, expliquait-il, me résoudre à continuer la conversation avec un homme qui se croit permis, en pensant à une chose pour la première fois, de contredire quelqu'un qui s'en est occupé toute sa vie. » A l'appui de son système, je lui indiquai le distique d'Augier :

Le despotisme seul féconde le chaos.
Je veux ! L'enfantement du monde est dans ces mots.

Oui! renchérit-elle, la liberté dans la conversation aboutit au chaos, à l'anarchie.

Deux ou trois fois l'an, elle invitait un certain nombre de femmes à la mode, auxquelles étaient adjoints des hommes aimables, lettrés, mais point transcendants. « Je vous ai organisé un dîner frivole, » dit-elle un jour à Mme Strauss, qui parut ne pas goûter beaucoup une attention soulignée de la sorte. A parler net, les jolies femmes manquaient un peu trop aux autres agapes, quelques-unes seulement trouvaient grâce à cause de leur docilité, et les grands hommes s'en plaignirent. Madame Aubernon tint bon jusqu'à la fin. « Je donne à causer, affirmait-elle, je ne donne pas à aimer. » Elle prétendait que les jolies femmes détournent leurs voisins des devoirs collectifs, pour les asservir à des objets particuliers, que, même involontairement, elles désagrègent la conversation générale, l'empêchent de monter jusqu'aux sommets, ou l'en font trop vite descendre.

Une petite cérémonie qui se renouvelait de temps en temps, c'est ce que nous appelions *la colle du questionnaire*. Lorsqu'on avait plus ou moins épuisé un sujet théâtral, littéraire, moral ou amoral, il arrivait que madame Aubernon, ne se trouvant pas encore assez documentée, demandait aux onze convives leur avis personnel, à tour de rôle. Une variante du quart d'heure de Rabelais! Et, pour les gens de médiocre mémoire, ou d'esprit peu rapide, quelle angoissante perspective! Si l'on commence par eux, ils n'ont pas le temps de se préparer. S'ils sont interrogés à la fin, ils peuvent craindre que les premiers ne prennent leur réponse; et quel désastre! Comme j'étais assez bien outillé, il m'arriva plusieurs fois de passer, sous la table, à une voisine embarrassée, une réplique griffonnée sur le menu, et qu'on trouvait meilleure que la mienne.

Un soir, après un long débat sur l'amour dans le roman contemporain, les convives furent soumis à cette géhenne contre laquelle ils maugréaient *in petto*. Quand la maîtresse de maison vint à madame Laure Baignères, celle-ci répliqua en minaudant : « Ma tante, je ne m'étais préparée que *sur l'inceste*. » Le mot[1] fut copieusement commenté dans la presse et les salons. Après avoir recueilli les onze opinions, madame Aubernon ne manquait jamais de formuler la sienne, et je soupçonne que ces improvisations-là étaient concertées dans le silence du cabinet ; je le soupçonne d'autant plus, qu'elle laissait parfois traîner sur ses guéridons certains carnets consignant des maximes et boutades, destinées sans doute à suppléer aux improvisations authentiques, que l'esprit ne fournit pas toujours à point nommé. Ainsi faisait, et d'une manière bien plus complète, madame Necker pour la préparation de ses dîners ; le marquis de Chastellux l'a raconté de la façon la plus piquante. D'ailleurs madame Aubernon avait plusieurs cordes à son arc, le jaillissement imprévu, le trait personnel ou emprunté, la maxime laconique et la période abondante : tout cela produisait le plus pittoresque amalgame du monde.

A côté des interrogations collectives, il y avait les interrogations individuelles. Elle demanda un jour : « Quelle est votre opinion, Monsieur Labiche., sur Shakespeare ? » Réponse : « Est-ce pour un mariage ? » Rire général. Une question faite à un grand causeur, servait souvent de point de départ à toute une discus-

---

1. Cette réponse se trouve, tout au long, dans les *Souvenirs* apocryphes de la Marquise de Créqui, publiés sous la Restauration.

sion, où d'autres solos étaient tour à tour applaudis. Sur certaines colles, les spécialistes seuls se hasardaient : « Que pensez-vous de la transsubstantiation, monsieur Fuchs, dit-elle brusquement ? » Fuchs demanda la permission de se recueillir, et, quelques instants après, il nous servit une savoureuse petite conférence *ad usum delphini*, c'est-à-dire à l'usage des profanes.

Aux dîners de jolies femmes, je vis assez souvent la comtesse Potocka. Cette Italienne, mariée à un Polonais très millionnaire, était délicieusement belle : ses grands yeux de velours, non moins que son extrême élégance, excitèrent force jalousies féminines, troublèrent bien des cœurs masculins. Elle n'observait guère le précepte diplomatique : tourner sept fois sa langue autour de sa bouche avant de parler. Il semblait même qu'elle s'amusât à *épater le bourgeois*, et à braver les lois du goût ; en réalité, elle suivait la pente d'un naturel *outlaw*, nullement corrigé par l'éducation, que les indifférents toléraient à cause de son prestige, que les flatteurs et les mourants tournaient en qualités pour d'autres raisons. Pendant un dîner frivole, les virevoltes de la causerie m'amenèrent à citer une définition de l'amour dans la *Petite Pluie*, de Pailleron : « Des grands mots avant, des petits mots pendant, des gros mots après ! — Moi, lance la comtesse Potocka, je n'ai jamais connu que les gros mots. » On rit, et j'objectai poliment : « Vous ne nous ferez jamais croire cela, Madame. Il y a encore des Français qui savent parler aux femmes, surtout à celles qui sont trois fois femmes, par l'art de leur beauté, l'originalité de leur esprit, le rang, et le murmure d'admiration qu'elles soulèvent sur leurs pas. » Mme Aubernon me proposa de m'amener chez elle : plusieurs de mes amies, qui ne l'ai-

maient pas, m'empêchèrent d'accepter ; j'hésitai et lais-
sai passer l'occasion. Mais, par le docteur Daremberg,
un très plaisant galéjaire, et par d'autres familiers,
j'entendis souvent parler de l'excentrique enchante-
resse, avant, après la séparation d'avec son mari. Et je
n'étais nullement tenté de faire partie de sa cour.

Le charmant poète Edouard Grenier fréquenta chez
la comtesse ; malgré ses soixante-dix printemps, il ne se
montrait pas insensible à la magie des yeux célèbres.
Celle-ci traitait ses admirateurs comme un étudiant
anglais, riche, espiègle, taquin, traitait jadis d'humbles camarades. Ainsi le docteur Daremberg, entrant
une après midi chez elle, voit le peintre B... membre
de l'Institut, à quatre pattes, allant chercher le mouchoir de la comtesse, le rapportant entre ses dents, et
le déposant sur les genoux de la belle dame qui riait
aux éclats.

Avec Grenier, les choses allèrent autrement: s'appro-
chant de lui par derrière, elle commença de souffler
sur ses cheveux blancs, assez clairsemés. Il se retourna, et, remarqua sèchement; « Je n'aime pas cela,
Madame. » Elle fut un peu étonnée, me dit-il, car on lui
en passe bien d'autres. Je sortis un moment après,
reçus une lettre d'excuses, et ne revins plus que très
rarement. » Le charme était rompu.

CHAPITRE V (*suite*)

MADAME AUBERNON ET SES AMIS

DEUXIÈME PARTIE

Edme Caro n'était pas le premier chez Mme Auber·
non, qui préférait Dumas, Labiche, Jules Simon, Bru·
netière, Becque, Marcel Prévost, d'autres encore
comme causeurs; et il en ressentait quelque déplaisir,
car il fut toujours sensible, trop sensible aux considé-
·rations mondaines. Du moins était-il un des plus intéressants, surtout dans le monologue, plus éloquent
que spirituel, plus savant que brillant, ayant besoin de
quelque silence pour développer sa pensée, au fond
peu préparé à l'escrime rapide de ces maîtres d'armes
de la parole, qui font penser aux raffinés du xvie et
du xviie siècles.

Il fut le Bergson d'une autre époque ; l'élévation de
la pensée, la clarté élégante du style, l'art de rendre
attrayants les problèmes les plus absconses, tels sont
ses premiers mérites. Un de ses confrères de l'Aca-

démie Française me disait : « Ce diable de Caro ! Il
plane toujours ; il a des actions dans les hirondelles,
mais il jette l'ancre là-haut, et parle de l'infini
comme s'il était employé chez la Providence. » Très
fin d'ailleurs, malgré certaines naïvetés, il n'ignore
pas que les compliments sont la monnaie courante de
la conversation, et, comme un candidat au doctorat
ès-lettres, croyant se mettre dans ses bonnes grâces,
lui *donner du galbanum*, se vantait d'avoir suivi son
cours, il riposta vivement : « Vous y aviez donc un
rendez-vous ? » Il eut plus d'une fois l'occasion de
faire cette réplique à d'autres qu'à ses élèves.

Il règne sur le cours de Caro une légende parfaitement fausse, la légende des Carolines, accréditée par
des envieux ennemis, répétée par les sectaires et les
superficiels, répercutée par ces sots si nombreux qui
faisaient dire à Henri Heine : « Il y a plus de sots que
d'hommes. » A les entendre, Caro est un philosophe
pour dames, une sorte de Berquin métaphysique ! »
Suivez-vous le cours de M. Caro, demandait-on à un
ironiste ? — Non, mais je suis les femmes qui le suivent. » En fait, pendant 25 ans d'enseignement à la
Sorbonne, Caro n'a jamais cessé de traiter les questions
les plus graves, les plus *actuelles* : le problème de la
destinée humaine, le Darwinisme, l'exégèse de la morale indépendante et utilitaire, la psychologie sociale ;
et, dans cette foule de quinze à dix-huit cents personnes
qui se pressaient pour l'entendre, les femmes n'ont jamais figuré pour plus d'un sixième.

Lorsque son cours fut suspendu, à la suite de certaines manifestations qui se produisirent après sa critique sévère de l'œuvre d'Edmond About, une femme
d'esprit, le voyant entrer chez elle, lui dit en riant :
« Vous voilà donc, ouvrier sans travail ! » D'ailleurs

le professeur ne tarda pas à reprendre son travail, le travail spiritualiste et patriotique.

Et donc, je m'inscris en faux contre le jugement, spirituel d'ailleurs, de Jules Soury : « Caro avait reçu ici-bas toute sa récompense ; quand on est applaudi par le monde, on passe avec les applaudissements du monde. »

Madame Caro avait publié dans *la Revue des Deux Mondes*, en 1863, une nouvelle, *le Péché de Madeleine*, qui fut tout de suite, qui est encore aujourd'hui considérée comme un chef-d'œuvre. Comme elle n'était pas signée, un certain nombre de femmes du monde s'en laissèrent attribuer l'honneur, et quelques-unes même le revendiquaient devant Caro, qui, pendant des années, s'amusa *in petto* de cette usurpation. L'une d'elles, Madame de B... se donna même la peine de recopier *le Péché de Madeleine*, en semant dans son manuscrit de nombreuses ratures, qu'elle indiquait à ses parents, à ses intimes, naturellement convaincus par une preuve si authentique. Caro plusieurs fois nous raconta par le menu cette historiette, et comment il avait fini par couper les ailes à ce canard vaniteux, en révélant le nom de l'auteur. Il n'est pas sûr que les coupables se résignèrent à confesser leurs supercheries.

Cet homme éminent avait son talon d'Achille. Très beau, restant toujours un peu professeur, même quand il s'essayait, avec une pointe de fatuité, au rôle de petit-maître, il se préoccupait à l'excès du suffrage des salons, marquait de l'amitié pour l'amour, et, vis-à-vis des belles madames acceptait des rôles peu dignes de lui. D'où rancunes, jalousies, épigrammes, qui finirent par se traduire dans le *Monde où l'on s'ennuie*, où l'acteur, chargé du rôle de Bellac, s'était évertué à reproduire le facies, la voix, les gestes de l'Académicien :

celui-ci en fut très marri, et ne le laissa que trop deviner. E. Pailleron se défendit, de deux manières, d'avoir songé à lui : aux uns il disait : « Si j'avais voulu le peindre, je l'aurais fait bien plus ridicule ! » Aux autres : « Je n'avais pas prévu le grossissement de la scène, ni deviné combien il était mûr pour le ridicule. » Il paraît qu'à la première, Caro et Boissier, se rencontrant dans les couloirs, l'un dit à l'autre : « Bellac, c'est toi ! — Non, c'est toi ! repartit le second. » Quand on vint apprendre à Pailleron son élection à l'Académie Française : 27 suffrages favorables, cinq bulletins blancs, il nous dit malicieusement : « Les cinq valets de *Caro* ! » Et dorénavant les directrices de salons ne s'avisèrent plus de les mettre en présence l'un de l'autre : d'aucuns prétendirent qu'ils avaient été rivaux auprès d'une belle dame, que Caro l'avait emporté, que Pailleron avait cherché et saisi l'occasion, en vertu de cet axiome : la vengeance est un mets qui se mange froid.

Caro soupira longtemps pour la comtesse B., pour d'autres professionnelles beautés. On disait méchamment qu'il excellait à mener ses aimées au bord de l'abîme. On disait aussi qu'il devrait tromper toutes les femmes avec la sienne ; que ne disait-on pas ? La comtesse B. se moquait souvent de lui, comme de tant d'autres, rappelant cette duchesse du Maine qui ne pouvait se passer des gens dont elle ne se souciait point. Un jour elle invite à déjeuner Caro avec Coquelin aîné, le docteur L., et les nomme en ces termes : « Monsieur Caro, je vous présente M. Coquelin. — M. Coquelin, je vous présente mon institutrice, mademoiselle Petdeloup ! » Une autre fois, comme Caro descendait le grand escalier de l'hôtel, elle cracha d'en haut sur sa tête, ponctuant ainsi le geste voyou : « Caro, je crache sur ton *Idée de Dieu* ! » son meilleur livre. Caro se brouilla... pendant trois semaines ; elle lui écrivit, demanda pardon, il revint, elle recommença ses farces de mauvais goût, et cette fois, paraît-il, il se révolta tout-à-fait. J'en doute, car les très jolies femmes, qui ont le goût du despotisme, savent que certains sourires pansent d'aiguës blessures d'amour propre. Une de mes amies remarque que Caro a une forte égratignure à la joue, il répond avec un petit air fat : « J'ai voulu baiser une rose sur le corsage de la comtesse, mais je n'avais pas vu la flèche d'or qui la soutenait, et celle-ci m'a écorché. »

J'ai noté cette réponse de Caro à Madame Aubernon qui l'interrogeait, après un dîner où les agnostiques avaient été sur la sellette : « Croyez-vous qu'une société d'athées pourrait subsister ? — Oui ! Madame, sourit-il, si elle avait pour objet a vertu, pour ressort l'abnégation, pour principe la vérité, en un mot si tous ses membres étaient dignes d'être chrétiens. On nous objecte la science ; d'illustres savants n'ont pas rougi de croire. Je sais bien que Lalande prétendit n'avoir pas besoin de *l'hypothèse* divine, que Broussais se vanta de n'avoir jamais disséqué une âme : mais Dumas, Pasteur, demeurent spiritualistes ; mais Linné voyait passer l'ombre de Dieu derrière les grands spectacles de la nature. Leverrier affirme : « J'ai vu Dieu avec le télescope, » et Pasteur : « J'ai vu Dieu avec le microscope ». Les positivistes auront beau faire ; ils ne nous empêcheront pas, avec Herder, de considérer l'humanité comme une harpe dans la main d'un grand maître, et chaque peuple comme une corde particulière de cet instrument. »

C'est à l'hôtel de Messine que je vis pour la première fois le commandant Henri Rivière : il arrivait de la Nouvelle Calédonie, après avoir réprimé l'insurrection canaque. On sait qu'au bout d'un certain temps, les officiers de marine finissent par contracter une sorte de ressemblance professionnelle ; amiraux, commandants et lieutenants de vaisseaux paraissent coulés dans un même moule, le moule des âmes fortes, habituées aux choses extraordinaires. La contemplation des grands horizons, la vision constante de l'infini, l'accoutumance des dangers, tout jusqu'au hâle de la mer qui les bronze, jusqu'à leurs larges favoris, leur démarche un peu balancée, contribue à cet air de famille qui les distingue. Le commandant Rivière ne faisait pas exception à la règle : de taille moyenne, bâti plutôt en vigueur qu'en élégance, front très large, nez droit, sourcils épais, yeux noirs, perçants, tout dans sa personne attestait l'homme sûr de lui-même, décidé, difficile à étonner : un peu raide d'allure et tout d'une pièce ; quelqu'un même prétendit qu'il portait sa tête comme un Saint Sacrement.

Le jour de cette première entrevue, Rivière dînait en face d'Edouard Pailleron, et tous deux semblaient s'être donné le mot, pour faire pleuvoir sur le reste de la compagnie une grêle de paradoxes étourdissants. Dans cette surenchère abracadabrante, jonglant avec l'imprévu comme le Japonais avec ses couteaux, ils atteignirent en quelque sorte l'Himalaya de l'outrance. Un novice se récriait-il contre quelque téméraire affirmation, Rivière, sans qu'un muscle de sa figure bougeât, daignait expliquer au pauvre hère que le bon sens se déplace comme la morale, que le paradoxe d'aujourd'hui est la vérité de demain, que, selon le mot de Renan, les principes sont des phares à feux tournants, etc...

Je me sentais un peu ahuri tout d'abord ; plus tard je m'aguerris, je revis souvent Rivière, et m'aperçus qu'en public il portait son esprit débridé, ou plutôt cynique, comme une cuirasse, qu'il laissait dans l'antichambre ses convictions réelles, très saines et raisonnables. Nous quittions souvent ensemble les salons, et aussitôt il s'empressait de redevenir lui-même. « Dans le monde, dit-il, je vais pour m'amuser, nullement pour singer les puritains ; à Paris, je me trouve en vacances, et j'en profite. D'ailleurs, j'estime, avec Laurent Jan, que toute vertu est doublée d'un vice, et qu'être vertueux, c'est s'habiller à l'endroit : en vrai Parisien, je préfère m'ajuster comme le roi Dagobert ajustait ses hauts de chausses. »

Sur un seul point il n'admettait pas la plaisanterie ; c'est quand il s'agissait de l'armée ou de la marine : avec lui les défenseurs du pacifisme niais, du service militaire réduit à sa plus simple expression, passaient un mauvais quart d'heure. Il nous démontrait avec une précision éloquente, que les armées se font avec le temps, avec la discipline, que ce n'est pas le maître d'école qui a triomphé à Sadowa : c'est le général de Moltke, c'est la discipline inflexible des Prussiens.

A Paris, le commandant cultivait aussi les salons de la princesse Mathilde, de Mᵉˢ. Buloz, Edmond Adam, d'Edouard Pailleron ; il était étroitement lié avec Alexandre Dumas. Membre de plusieurs commissions importantes au Ministère de la marine, il écrivait à la *Revue des Deux Mondes*, publiait ses Souvenirs si curieux sur la Nouvelle Calédonie, où son style sobre, concis, substantiel, dédaigneux des poncifs et des draperies, rappelle celui de Mérimée. Comme romancier, il a de rares facultés d'invention et d'originalité ; il creuse son sujet, tire les situations des caractères, fouille l'âme avec un scalpel. *Pierrot, Caïn, L'En-voûtement, Madame Herbin,* restent des modèles du genre.

De là-bas, il envoyait de longues lettres, parfois un roman, à ses amis ; il tenait à ne pas être oublié, demandait qu'on lui répondît longuement ; il aimait l'amitié ; au rebours de tant d'êtres inférieurs à leur chance, il fut infiniment supérieur à la sienne.

Dans un de ses derniers billets à Jules Claretie, toujours un peu paradoxal, il déclarait : « Dites-vous bien qu'il est plus difficile d'écrire un roman que de prendre une citadelle et de faire de l'histoire à coups de fusil. Qu'est-ce qu'on risque à se battre ? De mourir. Au moins il n'y a personne pour vous siffler. »

Rivière médisait volontiers des femmes, peut-être pour les avoir trop aimées, peut-être aussi pour n'avoir pas été apprécié par elles comme il l'eût voulu. En réponse à une lettre où je lui mandais quelques pétoffes et un bouquet de vers galants, il m'envoya un véritable réquisitoire où il résumait ses fréquentes diatribes verbales contre les filles d'Eve. En voici un passage.

« Vous rappelez-vous, mon cher du Bled, que plus d'une fois j'indignai cette bonne Madame Aubernon, en débinant la coquetterie féminine ? Et vous, vil flatteur, vous aviez l'aplomb de soutenir que les femmes doivent aux hommes tous leurs défauts ! Vous ajoutiez, dans quel but ? que leur premier devoir est d'être ou de paraître jolies. Soyez donc sincère, et confessez que 99 fois sur cent, c'est la femme qui commence ; c'est elle qui provoque, tantôt par la parole, tantôt par le silence, ou bien par l'art de nous chambrer, de confisquer notre causerie. Que d'armes offensives et défensives ! Les yeux, les gestes, le décolletage à outrance qui constitue une sorte de viol muet, l'arsenal inépui-

sable des petites ruses que les dames se transmettent
de génération en génération, trésor de Golconde qui
ne cesse de s'accroitre par l'appoint du génie de la séduction ! Sans compter le devoir, les principes, la fidélité conjugale, qui deviennent de merveilleux moyens
de jouer avec notre orgueil, charmé de triompher d'une
citadelle qui se déclarait imprenable. Que d'appeaux,
que de sortilèges, que de philtres cent fois plus dangereux que ceux des sorcières !

Et la collaboration de l'amour, du diable, leurs premiers complices, de la nature qui veille toujours à ses
fins ! Et la feuille de vigne de Diderot, cette feuille de
vigne qu'on leur apprend à bien tenir, à tenir du côté
qui enjôle leurs victimes !.. Vous m'avez cité vous-même
la maxime de Ninon de Lenclos : Il faut plus d'esprit
pour faire l'amour, que pour conduire une armée ; — le
mot de la marquise de Coigny : Ne pas prendre d'a-
mant ; ce serait abdiquer ! Quel machiavelisme, quelle
possession de soi-même, quelle science de nos cœurs,
ces remarques-là supposent !

Oui, c'est la femme qui commence. C'est presque
toujours la rose qui a appelé le bourdon. Les femmes
ont tellement dans le sang ce besoin de victoire, que
leur dévotion, plus ou moins tardive, est bien souvent
de la coquetterie avec Dieu... »

Les petits vers reposaient Rivière de la grande poésie, comme Madame de Talleyrand reposait le diplomate des femmes d'esprit. Madame Aubernon sentait
comme lui sur ce point. Voici une des boutades qui
excitèrent la verve sarcastique du commandant :

L'Oraison maritale.

Un bon époux, après sa patenôtre,
Tous les matins faisait cette oraison :

» Notre moitié n'est pas pire qu'une autre,
Grand Saint-Joseph et, par cette raison,
Si je suis... Ah ! donnez-moi confiance,
Pour que ce soit du moins sans le savoir.
Si je le sais, que ce soit sans le voir.
Si je le vois, donnez-moi patience !

PONS DE VERDUN.

Peu avant d'être tué par les Annamites (1883), en envoyant à Dumas un énorme tonnelet laqué, Rivière ajoutait à sa lettre ce post-scriptum : « Pour monter à cheval, au moyen d'un tabouret, je suis un peu comique ; mais, une fois en selle, ma parole, je crois que j'ai l'air héroïque. »

A la Bourboule, Le Myre de Villers nous conte que Rivière, au Tonkin, mourut pour avoir désobéi à ses instructions formelles : il voulait attirer l'attention par un coup d'éclat, afin de décrocher l'épaulette de contre-amiral et le fauteuil académique.

L'Amiral de Marolles m'adresse cette lettre si intéressante sur son ancien chef :

J'ai eu en effet la bonne fortune de vivre... environ 2 ans, près du commandant Rivière, et dans son intimité pendant les 18 derniers mois de sa vie, où mes fonctions de son adjudant de division m'attachaient à lui comme son ombre, la plupart du temps. « Amenez avec vous votre complice, lui disait le terrible et autoritaire gouverneur de Cochinchine, Le-myre de Villers, dont il dépendait, et devant lequel il tremblait un peu, tandis que, hors de sa présence, il reprenait une grande indépendance d'actions et d'idées, comme il l'a bien prouvé.

Car, ce caractère, si original et si primesautier,

avait un grand respect pour la discipline, et, au fond, une certaine timidité vis à vis de l'autorité, qu'il ne surmontait qu'à la réflexion. Et puisque vous me demandez une anecdote, je vais vous citer les deux premières qui se présentent à mon esprit, et se rapportent un peu à ce sentiment.

Dans les trois premiers mois de 1882, M. Lemyre de Villers envoya le commandant remplir deux missions de confiance près de deux souverains asiatiques des environs : la plus importante près du jeune roi de Siam, Chulalongkorn, à Bangkok. Nos relations étaient alors assez médiocres avec le Siam, très jaloux de son indépendance. Il s'agissait d'y porter et d'y présenter un nouveau consul général, faisant fonctions de ministre de France, ce poste n'existant pas encore. C'était M. Harmand, encore jeune médecin de 2e classe de la marine, (grade de lieutenant), débutant ainsi, après de dures et brillantes explorations en Indo-Chine, dans la belle carrière qui l'a conduit au poste d'ambassadeur. Le matin du jour où devait avoir lieu l'audience solennelle du roi, avec déploiement de troupes, cortèges, luxe tout à fait asiatique, le commandant et Harmand causaient. « C'est gênant, disait le commandant, d'être obligé de prendre la parole le premier pour vous présenter, au milieu de cette vaste salle bordée de la foule des fonctionnaires, seul en avant avec vous, en restant à vingt cinq pas de l'estrade sur laquelle se tiendra le roi. — Allons donc ! répond Harmand, est-ce que cela vous impressionne ? — Mais certainement, cette foule, cette distance, et surtout c'est un roi — Oh ! qu'est un roi d'un peuple dé sauvages? Un singe qui s'habille à l'européenne, alors que son avant-dernier prédécesseur était un langouti, etc, etc ! — Mais certainement, je trouve cela très im-

pressionnant. » Sur quoi, éclats de rire d'Harmand. —
Arrive l'audience. Le commandant débite son discours,
fort bien tourné, sans broncher. Ensuite c'est le tour
d'Harmand qui bafouille aux premiers mots — puis
reste coi, en balbutiant quelques paroles qu'on n'entend pas.

L'autre mission était près d'une majesté moins relevée, le roi du Cambodge, Norodom, petit vieillard à
peau jaune ridée, en culotte verte, habit jaune, couvert de pierreries, ayant cependant un air de dignité
auquel le commandant rendait hommage. Il s'agissait
de signifier à ce roi protégé un nouveau tour de vis
opéré par le gouverneur sur ses prérogatives, et aussi
de lui remettre comme adoucissement une décoration
de l'Instruction publique. En lui donnant ses instruction, la veille du départ, le gouverneur disait au commandant: « Vous ferez valoir que c'est une décoration
d'un prix tout à fait remarquable : elle est si exception-
nelle, que, dans toute l'Indo-Chine, il n'y a que moi
le gouverneur, et lui le Roi, qui en soyons honorés. Ce
qui m'ennuie, c'est que la croix que j'attendais par le
paquebot, n'est pas arrivée, et j'ai beau chercher, je ne
retrouve pas la mienne ici. Il faut donc nous en passer,
mais ne manquez pas de faire la phrase au Roi. —
Oui, monsieur le gouverneur. — Celui-ci, s'arrêtant
brusquement : « Eh mais, j'y pense, vous êtes évidem-
ment officier de l'Instruction publique? — Oui. — Vous
avez votre croix ici ? — Oui — Vous allez la lui donner
en faisant la phrase, et je vous la remplacerai à l'arrivée de l'envoi de Paris. — Oui. — Et cela se passa ainsi.
Le commandant décora Norodom de sa propre croix,
très sérieusement... et ne reçut jamais la croix de
remplacement.

Si cela cadre avec votre sujet, faites, en ce que vous

voudrez, pour rappeler la mémoire de cet excellent homme, qui fut votre confrère en lettres, et tenait tant à ce titre. Il se plaisait à dire que cela l'aidait pour sa carrière maritime, et racontait volontiers qu'un déjeuner littéraire lui avait fait franchir une étape difficile. Il y était arrivé le premier, en avance. Le deuxième fut l'acteur Geoffroy, avec qui il put causer seul dix minutes, et lui dire qu'il restait en plan, sans pouvoir obtenir un commandement. — Mais je connais bien le ministre actuel, lui dit Geoffroy, je puis vous aider. — Et quinze jours après il était nommé au commandement de La Vire à la Nouvelle Calédonie.

Et ce Parisien, volontiers gouailleur et sceptique, avait un côté superstitieux bien curieux.

Veuillez agréer, Monsieur, mes meilleurs vœux et sentiments bien dévoués.

Vice Amiral de MAROLLES.

Une cousine de Mme Aubernon avait toutes les audaces verbales, et, au service de celles-ci, cette faculté qui voit vite, brille et frappe, sans grand souci de la justesse du coup, de la nuance, et des victimes. Et c'est une grande force, pour amuser la galerie ; c'est aussi une faiblesse, quand il s'agit, non seulement d'attirer, mais de retenir. Telle j'ai connu Madame Henri Baignères en 1870, telle je la retrouvai plus tard, avec cet amendement que, vers 1895, lorsque son printemps et son été eurent fait le saut par la fenêtre, elle prétendit avoir modifié sa manière, vendu son esprit pour de la bonté : il n'aurait pas fallu trop s'y fier. En fait, elle continua de cumuler, et les griffes alternaient avec les caresses ; il n'est pas toujours vrai qu'avec les années on tourne à l'huile ou au vinaigre. D'ailleurs, à cette époque, et même un peu avant, elle commença de devenir phraseuse, de se répandre en dissertations médiocrement originales. Un de ses neveux eut à ce propos un mot assez piquant : comme elle pérorait devant un serin, il remarqua : « Elle fait des gammes. » Ses mots n'ont certes ni la profondeur ni le coloris de ceux de Mme de Staël, Mme de Girardin, ou de sa cousine Mme Aubernon qu'elle appelait : ma tante, pour se rajeunir ; et j'ai retrouvé trace de quelques-uns dans les journaux mondains, longtemps avant qu'elle ne les eût lancés. Ce qui ne veut point dire qu'elle a plagié leurs précédents auteurs : une circonstance identique éveille les mêmes idées, fait jaillir les mêmes boutades. Les siennes ont la soudaineté, la drôlerie gavroche, sardonique et gouailleuse.

C'est elle qui répliquait à Coquelin aîné, comme celui-ci l'interpellait : « Qu'en pensez-vous, la belle blonde ? — Dans lequel de vos rôles, M. Coquelin, cette question se trouve-t-elle ? » Après une conférence de Caro : « Il a beaucoup parlé des femmes : c'est un sujet sur lequel on ne saurait trop s'étendre. » D'une demoiselle un peu plus que quinquagénaire : « C'est un demi-Chevreul. » A propos de la beauté très originale et très réelle de Mme Gautreau : « Elle a l'air d'une cocotte assyrienne. » Son mot à Mme Paul Poirson : « Nous avons, ma chère, perdu le duvet de la pêche ; mais, telles quelles, nous sommes encore très désirables. » A une autre contemporaine, Mme Lemerre, qui s'excuse de ne pas l'inviter à une fête : « car il n'y aura que des jeunes femmes. » « Puisqu'il en est ainsi, venez donc dîner, et passer cette soirée avec moi. »

Voici un mot similaire, rapporté par Mme de Girardin : une lionne annonce qu'elle va ouvrir ses salons, mais qu'elle n'admettra aucune femme ayant passé trente ans : « Alors dépêche-toi, remarque sa cousine ; car, dans un an, tu ne pourras plus t'inviter. » Quand le mari de Mme Baignères fut nommé percepteur à Belleville, quelqu'un fit remarquer que la population n'était pas réputée pour sa douceur moutonnière. Prenant un air tragi-comique, elle s'écria : « Qu'on me le tue, mais qu'on ne me le mutile pas ! » C'est là un vieux mot qui remonte au xviie siècle. Elle dit d'une amie qui s'ennuie : « Elle bâillait tant, qu'on voyait la paille de sa chaise.

Ah ! observe-t-elle, si j'avais été très riche, très bien portante, je ne sais ce que je n'aurais pas fait. — Qu'auriez-vous donc tant fait, interroge un neveu ? — J'aurais rendu ton oncle le plus heureux des trois. — C'est elle qui dit à Madame D., quand elle se lamentait de n'avoir pas d'héritiers : « Faites comme mon amie X... Elle a pris un amant, et sa stérilité a cessé comme par enchantement. » Sur une dame qui a deux favoris, et un fils de chacun : « c'est ennuyeux pour elle ; elle les fait trop ressemblants à leurs pères. »

Elle disait d'une maîtresse de maison : « moi, j'ai un salon ; elle n'a qu'une salle à manger. » Mot fort sujet à caution.

Un de ses habitués, pendant un goûter, se hasarde à demander du chocolat : « Du chocolat, proteste-t-elle avec une indignation comique, il n'y en aura jamais chez moi ! » Réponse que je recommande aux maîtresses de maison économes : c'est déjà quelque chose d'avoir l'esprit de ses défauts.

On m'assura que, dans son cercle d'intimes, elle laissait de côté cette double armature de malices parfois débridées et de pédantisme, pour jouer un autre rôle, consistant à imaginer des farces gaies, des petites mystifications qui amusaient tout le monde, y compris la victime. John Lemoinne et Caro m'en contèrent d'assez plaisantes. La belle-sœur de Mme Henri Baignères, Mme Arthur Baignères, était une excellente mère de famille, aimable et vertueuse, qui voulut aussi avoir un salon, et parfois disait des mots fleurant la préciosité. Ainsi elle adressait cette question à la princesse Brancovan, une des trois ou quatre grandes pianistes mondaines de notre époque : « Avec quel compositeur, princesse, avez vous coquetté ce matin ? »

Madame Laure Baignères était une joueuse passionnée : à défaut du poker, le bridge remplissait ses après midi ; elle n'était pas toujours commode, rabrouait ses partenaires quand ils ne jouaient pas la carte attendue, ne tolérait pas la moindre critique, prenait au besoin avec certaines règles des libertés plus que gallicanes. Toujours la paille et la poutre ! Son salon, en résumé, malgré quelques jolies réunions, malgré la présence d'amis distingués, ne fut qu'un très modeste satellite de celui de sa grande cousine, dont elle se moquait sans miséricorde, et qui la dépassait de cent coudées. Ses gavrochinades amusaient les auditeurs, mais on la craignait plus qu'on ne l'aimait. De même sentait Delille à l'égard de Rivarol, bien qu'il lui eût déclaré pendant un dîner :

Je t'aime, je l'avoue, et je ne te crains point.

Mme de Gévrie entra dans le salon de Mme Aubernon vers 1883, et nous n'avons pas joui longtemps de cet esprit très fin, mesuré, discret, qui rappelait celui des héroïnes d'Octave Feuillet qu'elle avait beaucoup connu, et aussi de quelques femmes du xviiie siècle. Dès son premier dîner, elle conquit son diplôme de doctoresse en causerie, laissant tomber, par ci par là,

de ces mots qui dénotent une grande expérience de la
vie, avec l'art des traits rapides qui frôlent les sujets
et les enguirlandent de jolies broderies, égratignent
parfois les êtres, et cicatrisent en même temps la plaie.
A ce dîner, il y avait des gens célèbres, et demi-célè-
bres ; et, c'est elle, inconnue, récemment arrivée d'A-
vranches, qui à la fin, par la maîtresse de maison, fut
proclamée première sur le steeple de la conversation.
Curieuse antithèse ! voilà Arvède Barine, complètement nulle à table, se condamnant aux rôles muets,
elle qui compte parmi nos meilleurs écrivains féminins ;
Arvède Barine, ancienne sous-préfète de Grasse, devant, comme telle, avoir l'habitude du monde et n'être
pas timide ; comblée d'ailleurs par Mme Aubernon qui
se réjouissait de sa réputation sans cesse croissante,
et, comme maîtresse de maison, recevait les reflets de
cette gloire si légitime, sans compter qu'elle n'avait
pas à craindre de désobéissance à la règle de la conversation générale. Cette réserve allait si loin, qu'on la
disait voulue : d'autres conjecturaient que son mari,
sous-directeur au Ministère de l'Intérieur, pouvait
bien être, partiellement, l'auteur[1] des belles études
signées par elle — nouvelle édition du paradoxe Baco-
nien — ou bien qu'elle se taisait afin d'emmagasiner
les jolis propos tenus devant elle, et les glisser ensuite dans des correspondances étrangères. Cette
dernière hypothèse était la plus vraisemblable, car,
dans le tête à tête, elle causait avec une simplicité distinguée. Mais, en attendant, tous demandaient à être
invités aux dîners où figurait Mme de Gévrie et,

---

1. Arvède Barine était la première d'ailleurs à proclamer la
collaboration de son mari ; je crois même qu'elle exagérait le
rôle de celui-ci.

oubliés à ceux auxquels Arvède Barine était conviée. Rien de plus logique : une femme d'esprit qui parle, amuse ses auditeurs, une femme de talent ou de génie qui ne sonne mot, ennuie, inquiète et parfois paralyse les causeurs. Et Paul Deschanel résumait l'impression générale en déclarant : il faut lire Barine, il ne faut pas la voir, et d'autant moins la voir, qu'elle a l'air morose, l'air d'un vieux chef comanche à qui un chef huron annonce qu'il va le scalper.

Mme de Gévrie, peu d'années après son succès à l'hôtel de Messine, qui ne cessait de s'accentuer, fut victime d'un accident. Elle était allée au grand prix de Longchamp avec Mme Arman de Caillavet ; en revenant, le cheval s'emporta, la voiture vint se fracasser contre un arbre, et les deux dames reçurent de graves blessures. Mme Arman finit par se remettre, Mme de Gévrie parut d'abord moins atteinte, elle l'était bien davantage, et, quinze mois après, elle mourut des suites médiates de sa chute.

J'ai recueilli quelques-uns de ses mots causés ou écrits : ils ont un air de parenté avec ceux de Mme de Beausacq ; ce sont des mots de femme du monde qui a beaucoup contemplé le panorama de la vie mondaine, et parle très bien de certains sujets sur lesquels les snobs et snobinettes devraient écouter de si bons professeurs.

L'absence est une grande coquetterie, car l'absent n'est pas celui qui s'en va, mais celui qui reste.

Il y a des gens qui ont le cœur bête.
Dieu pensait à la femme en émaillant la terre.

La perle est la personnification de la grâce, de la

poésie, et, par suite, la compagne oubliée du diamant. Le diamant, seul et monté en célibataire, a l'air d'un parvenu orgueilleux et insolent.

Barbey d'Aurevilly dîna deux fois chez Mme Aubernon, où il fut, comme on pense, étincelant, formidable, et donna une représentation savoureuse de son génie bizarre, fait de pose naturelle, d'outrance universelle et de grandiloquence pessimiste. J'assistais à un de ces dîners. Nous remarquâmes qu'il contemplait souvent le creux de sa main gauche, et finîmes par y découvrir un petit miroir ; il regardait s'il ne déteignait point. Quand il s'aperçut qu'on suivait des yeux son geste, c'était, à l'entendre, pour admirer une femme qui était derrière lui. Paul Bourget, qui l'avait amené, conta sur lui des traits plaisants. Comme le tact lui était fort étranger, il reprochait à un de ses intimes d'écrire avec de la gomme à effacer. Se promenant un soir avec Paul Bourget aux Champs Elysées, il accoste deux écuyères, et leur tient des propos noblement ironiques ; l'une d'elles le soulève de terre en criant : « Il me botte, ce vieux-là ! » « J'entendais craquer les os, » continua Bourget. Quelque temps après, interpellant son ami devant plusieurs personnes : « Vous rappelez-vous, Bourget, ces femmes qui ont voulu nous enlever ? » Après le dîner, il resta au salon, redoublant de verve rutilante, laissant bondir en tous sens une imagination coloriste qui ne reculait devant aucune audace. Mme Aubernon, au bout de quelque temps, craignit qu'il ne fût fatigué, et lui proposa gracieusement d'aller retrouver les fumeurs. « Madame, répondit-il, je vous devine et vous remercie de votre sollicitude ; mais ne vous inquiétez pas ; j'ai une vessie d'airain, je ne... que deux fois par jour, le

matin et le soir, en faisant ma prière. Du reste, j'ai
admirablement dîné; si je communiais, j'éclaterais. »
Parlant d'un membre de sa famille, il ajouta : « Mon
oncle le chevalier était flatueux, mais il gouvernait
ses vents, comme un adroit cavalier dirige sa monture,
et les habitants de Valogne disaient en l'entendant :
« Ah ! voilà M. le Chevalier qui passe ! » comme les
habitants de Kœnigsberg remontaient leurs montres,
en voyant le philosophe Kant faire sa promenade quo-
tidienne, toujours à la même heure. » Nous n'osions
pas nous regarder, de peur de pouffer de rire, et de
froisser le causeur, qui trouvait tout simples ces détails d'intimité. Heureusement nous retrouvâmes notre
sérieux avec d'autres sujets de conversation, la nécro-
philie, les amours anti-naturels en Grèce et ailleurs ;
ensuite il revint aux littérateurs, à Edmond About en
particulier : « un gamin qui court après le carrosse de
Voltaire sans l'attraper jamais. J'envie, continua-t-il, à
Louis Veuillot son mot sur Voltaire: « Son châtiment
est d'être devenu le dieu des imbéciles ! »

A certain moment, il développa éloquemment le
thème de Bossuet sur les amitiés et les vanités de ce
monde. Victor Brochard, qui avait une mémoire tenace, reconstitua avec moi cette belle pensée du romancier, autour de laquelle il sertissait de riches et
émouvantes broderies : « Nous avons tous un Ronce-
vaux dans notre vie, tôt ou tard. Nous appelons les
absents, nous sonnons de notre corne d'ivoire, et en
vain. Ce cor, qu'ils connaissaient si bien, et qui avait
pour eux, disaient-ils, de si poignants appels, cette
voix amie qu'ils proclamaient irrésistible, et qui les
eût ramenés du fond du monde, ils l'entendent qui
demande, qui crie, qui meurt d'appeler, et ils ne
viennent pas ! Nous teignons l'ivoire de notre cor

inutile de la pourpre du sang de notre cœur déchiré [1]. »

On prétend que les auteurs comiques sont souvent
les plus tristes des hommes, et il paraît que Duvert,
entre autres, ne brillait pas par l'entrain, car il s'inter-
rompait au milieu de ses élucubrations les plus drôlati-
ques, pour dire à son gendre et collaborateur Lauzanne ;
« Frère, il faut mourir ! » En tout cas, si l'académicien Labiche est une exception — j'écrivais ceci il y
a quelque trente ans, — l'exception confirme magnifiquement la règle. Je n'ai connu aucun homme plus
gai : il a, au plus haut degré, l'esprit de malice aimable,
la bonhomie et la bonté. Ah ! comme je désirais le connaître, et quelle joie de lui être présenté, de dîner
même assez souvent avec lui chez Madame Aubernon !

Il faut l'entendre conter comment lui vint la passion
de l'agriculture ; car il s'est fait agriculteur, et il a renoncé au théâtre. Ses velléités rurales ont-elles produit de grands résultats ! Les intimes prétendirent
railleusement, qu'il en était de lui comme de cette
princesse, prise d'un accès de tendresse pour la vie
pastorale, d'un besoin d'imiter les bergères de l'Astrée
ou la reine Marie-Antoinette à Trianon : comme on lui
faisait compliment sur les produits de sa terre, elle répondit avec assurance : « Oh oui ! J'ai aussi de superbes canards, mais vous n'en mangerez pas ; je les garde
jusqu'au jour où ils deviendront dindons ! » Qui sait
après tout si les amis gouailleurs n'ont pas bluffé sur
ce charmant homme ? Quand il n'aurait fait que donner
l'exemple de la résidence un peu prolongée à la campa-

1. Je parlerai plus longuement de Barbey d'Aurevillly dans
le chapitre consacré à Madame Charles Hayem.

gne, il aurait très utilement protesté contre la plaie dangeureuse de l'absentéisme. En réalité, il connut à merveille les secrets de la terre, et il eut le sens pratique.

Un soir, chez Mme Aubernon, Eugène Labiche était entouré d'un cercle de jolies femmes qui, plus ou moins discrètement, — l'interview mondaine a aussi ses abus — l'interrogeaient sur ses sympathies et antipathies. Ses yeux vifs brillaient, son nez espiègle remuait chaque fois qu'il laissait tomber une malice, une anecdote, et, sans avoir l'air d'y toucher, il disait des choses ravissantes.

M. Labiche, demanda une curieuse, vous n'avez pas l'air d'aimer beaucoup les Anglais dans vos pièces ?

Oh non ! madame. Ils ont une langue si désagréable ! J'avoue que je n'ai jamais pu en comprendre un traître mot : ils ont toujours l'air de broyer dans leur bouche une douzaine de monosyllabes pour vous les cracher au visage. Je ne suis allé qu'une fois en Angleterre.

Ah ! voyons ! contez-nous cela.

C'était en 1848. Je faisais partie de la garde nationale, et quelques-uns d'entre nous furent délégués à Londres, je ne sais pour quelle fête. On nous fit la politesse de nous inviter au théâtre, et l'on mit à notre disposition toute une rangée de fauteuils. Nous arrivons à l'heure dite, et, bien entendu, nous avions laissé à l'hôtel shakos, uniformes, coupe-choux, pour nous mettre en bourgeois. Néanmoins toutes les jumelles étaient braquées sur nous, et on nous regardait, comme si nous descendions de Saturne ou de Mars. Pendant un entr'acte, un insulaire m'accoste au foyer, et, d'un ton de dépit assez impertinent, me crie : « Aoh ! Pourquoi vô pas habiller vô en gade national ? Cela était annoncé sur le affiche ! » Je toise l'individu avec dédain, machinalement je regarde l'affiche, et j'y lis en grosses lettres : « *La députation de la garde nationale assistera à la représentation en costume.* » Le directeur avait sans doute augmenté le prix des places, et l'Anglais trouvait qu'il n'en avait pas pour son argent.

Très joli, mais, M. Labiche, n'avez-vous pas fait d'autres voyages ?

Ah si ! J'ai été en Allemagne. Là il m'est encore arrivé une aventure de théâtre. Je me rends à un spectacle, et quelle n'est pas ma surprise en m'apercevant que la pièce est de moi ! On l'avait traduite mot à mot, en ne changeant que le titre, et on la servait au public. Je demande à mon voisin s'il n'a pas entendu dire que cette comédie a été tirée du français. — Oh ! par exemple, s'écrie-t-il avec indignation ; mais c'est tout le contraire : c'est votre compatriote qui a dû démarquer notre célèbre X. Comment pouvez-vous douter de la bonne foi germanique, du génie germanique ? Tandis que les Français sont si ignorants, si légers, si...! » Et là-dessus un discours que j'essuyai philosophiquement : je n'eus garde de détromper ce quidam, il ne m'aurait pas cru, et en tout cas il ne m'aurait point pardonné. » Ce gaillard-là me rappela l'aventure du fat qui se donnait à son voisin de table comme l'ami intime d'un ambassadeur, contait par le menu ses moindres pensées, ses actes les plus secrets, jusqu'à ce qu'un autre convive, impatienté d'un tel aplomb, eût dit au menteur : « Mais vous avez justement pour voisin cet ambassadeur ! »

Et ce sont là tous vos voyages, M. Labiche ?

J'ai encore parcouru la Suisse. Là j'ai trouvé un hôtelier qui, pour la dix millième fois sans doute, rabâ-

chait une légende vulgaire au sujet d'un glacier.
Comme son verbiage m'agaçait, je me divertis à le
contredire, et sur-le-champ j'improvisai une autre légende, plus corsée, et plus pittoresque. Deux ans
après, je repassai au même endroit, et retrouvai le
même hôtelier, la même cuisine, le même accueil :
seulement mon homme s'était emparé de ma légende,
et l'avait substituée à la sienne.

Mme Aubernon m'invitait toujours avec Labiche, et
me contait ses visites. Nous fûmes désolés quand sa
santé commença de décliner ; sa gaieté courageuse ne
l'abandonna jamais, et il mourut sur un bon mot. Son
fils, tout en pleurant, lui demande de dire là-haut ses
tendres et éternels regrets à la femme qu'il avait perdue. — Tu ne pourrais pas faire la commission toi-
même, sourit le mourant ? » Oh oui ! La gaieté est une
très grande vertu sociale, surtout quand elle se met
au service de la bonté.

Voici un autre causeur exquis, Jules Simon ; tous
les amis de Mme Aubernon auraient voulu être de la
fête, quand il devait venir. Je reproduis ma note sur
un dîner de Février 1887.

Jules Simon parle de Victor Cousin, de l'Académie
Française, il conte sa visite à Renan en 1845, la délicieuse anecdote des sept psaumes de la Pénitence. Sa
voix, un peu larmoyante comme on sait, se métamor-
phose, prend les intonations du commandement, du
respect, obéissant au fur et à mesure, avec ce léger
parfum d'ironie qu'un Erasme, un moine sceptique,
aurait laissé glisser dans son récit. L'abbé Le Hir,
professeur de Renan à Saint-Sulpice, avait donc cité
la phrase de Saint-Jérôme, et, dans un commentaire
lumineux, il en avait déduit l'authenticité de la 1ʳᵉ évé-

lation, avec toutes les conséquences qui s'ensuivent. Il était évident pour moi, continue Renan, qu'il ne savait pas l'hébreu, ce qui était désolant pour un professeur d'exégèse. Quoique fort ému, je crus devoir l'avertir de sa méprise. Je me levai, m'inclinai selon l'usage, et prononçai la formule accoutumée : « *Liceat loqui, pater reverendissime* [1]. — *Do veniam*, me dit-il avec bonté. « J'exposai alors que son argumentation était très forte, mais qu'elle reposait sur le texte de Saint-Jérôme, lequel était un contresens. « Vous auriez raison, insistai-je, si Saint Jérome avait traduit fidèlement l'hébreu, mais voici le texte hébreu, qui dit précisément le contraire. — Et que répliqua l'abbé, m'écriai-je ? — Il réfléchit quelques instants, reprit Renan, puis il me dit avec douceur ces propres paroles : « M[r] l'abbé, vous réciterez les sept psaumes de la Pénitence, à genoux, devant le Saint-Sacrement. — Et que répondites-vous ? — Je répondis ce qu'on répond en pareil cas : *Gratias ago quam maximas, pater dilectissime.* (Je vous rends les plus grandes grâces, père trèsaimé.) — Et vous fîtes votre pénitence ? — Et je la fis. » Renan débita alors un panégyrique de l'abbé Le Hir qu'il termina par ces mots : Mais il ne savait pas l'hébreu. — Et depuis ? — Je suis revenu à la charge, et je n'ai obtenu que la même réponse. Je ne puis pourtant pas passer ma vie à réciter les psaumes de la Pénitence. — Je souriais, il rêvait, mais je ne voyais pas l'anxiété poignante d'un chrétien qui va perdre la foi. »

Jules Simon continua en dissertant avec un charme pénétrant sur l'incrédulité qu'il distinguait fort bien

---

1. Qu'il me soit permis de prendre la parole, père très respecté. — Je vous autorise.

du scepticisme, sur les systèmes qu'il appela des co-
quilles de noix. *La vie de Jésus* lui semblait être, à la
fois, de l'histoire, de la philosophie, un roman et un
poème. Et puis la candidature de Renan au Sénat : Un
électeur lui demanda : « Votezez-vous avec nous ? —
Assez souvent, répond-il. » Renan ne fut pas élu [1].

Jules Simon était devenu un homme de gouvernement : il aimait la liberté de ses adversaires ; il la défendit avec courage, et fut traité de renégat par les
Jacobins, parce qu'il se montrait partisan d'une République athénienne, ouverte, généreuse. Comme madame
Aubernon lui demandait son impression sur ce qui se
passait, il fit un tableau assez sombre de la situation,
et termina par cette remarque : « Nous en sommes à
l'anarchie risible, qui souvent précède de bien peu
l'anarchie terrible : sincères ou non, les Jacobins modernes demeurent les esclaves des vieux clichés ré-
volutionnaires, et, comme dit Tacite, les esclaves vo-
lontaires font plus de tyrans, que les tyrans ne font
d'esclaves. Et quel tyran que le Mob ! » Les solides
raisons de vaticiner ainsi ne manquaient pas ; et cependant Jules Simon se trompait. Mais qui donc a le
secret de l'avenir ? Les plus grands prophètes, les

1. Je citerai quelques traits de Renan dans le troisième volume de cette série. Je rappelle seulement deux de ses réflexions, émises pendant des dîners, réflexions qui attestent la
variété des conversations dans le cénacle de madame Aubernon :
L'homme fait la beauté de ce qu'il aime, et la sainteté de ce
qu'il croit... L'imbécillité humaine est ce qui donne le mieux
l'idée de l'infini. » Et puis l'acquiescement souriant de Renan,
quand on lui demanda si, lorsque M. de Freycinet vint solliciter
sa voix pour l'Académie Française, il avait vraiment répondu :
« Elle vous est acquise de plein droit, M. le Président du Conseil, à moins que M. le Président de la République ne soit
aussi candidat. »

plus grands historiens, les plus grands philosophes, ne font là-dessus que balbutier des hypothèses, des à peu près, des chimères ou des légendes. Un proconsul d'Achaïe, annonçant le drame de la Passion au Sénat romain, conclut : « Querelles de Juifs ! » Le pape Léon X, à propos des débuts de la Réforme, remarque dédaigneusement : « Querelles de moines ! » Voilà comme les gens distingués d'alors appréciaient deux des plus grands événements de l'histoire : personne n'avait deviné.

Faut-il prendre son parti de ces ténèbres, en répétant la réflexion d'un moraliste italien : la Providence a refusé à l'homme la science de l'avenir, afin qu'il ne souffrît pas à la fois des maux présents et des maux futurs ?

Denormandie raconte que Mirès lui dit, un soir, qu'il venait d'éprouver une des grandes jouissances de sa vie ; il avait gagné son procés devant la Cour de Douai, (21 avril 1862) et lançait une nouvelle affaire : La Banque des États. Après une soirée passée à la Comédie Française, il quittait sa stalle, lorsque l'ouvreuse, en lui passant son paletot, murmura ces mots qui touchèrent Mirès jusqu'aux larmes : « Monsieur Mirès, à lundi, dès l'ouverture de la souscription ; nous nous apprêtons. » Et Mirès ajouta, avec une véritable émotion : « *L'amour du peuple me console de tout* » Une étude sur les manieurs d'argent au xixe siècle, fournirait des traits aussi piquants que ceux des siècles antérieurs. « M. Bontoux, disait un prêtre à madame Augustus Craven, est le Pierre l'Ermite d'une nouvelle Croisade. Il s'agit, pour nous chrétiens, de vaincre les Israélites, *Diex el Volt !* C'est encore le cri des nouveaux Croisés ? — Madame Craven l'interrompit : « Je ne sache pas,

M. l'abbé, que l'argent ait jamais été une des armes de Dieu. » Après la faillite de Bontoux, un homme avisé dit à l'un de mes amis, qui avait chèrement payé sa folle confiance dans *l'Union Générale* : « Vous êtes un père de famille, et vous faites des placements de fils de famille ! » Je fus, hélas ! aussi un de ces *fils de famille*. Presque tous les hommes suivent la bourse, beaucoup trouvent leur cimetière à *La Bourse*, et il n'est vrai qu'en partie, le vers de Destouches,

L'argent est un ami toujours prompt et fidèle.

Avec le docteur Pozzi, Ferdinand Brunetière, Victor Brochard, Marcel Prévost et deux ou trois autres, Henry Becque, après le départ de Dumas, fut assez longtemps un des vice-rois de l'empire aubernonien. Grand talent, fichu caractère, éducation nulle ; aigri, paresseux, des allures bohèmes, un besoin inextinguible de débiner le confrère, de ricaner d'une façon désagréable après chacune de ses phrases, une tendance fâcheuse à oublier les services rendus : voilà l'impression générale qu'il produisait au premier abord, et qui se fortifiait avec le temps. Quelquefois d'ailleurs il se faisait tancer, et par exemple, Lavoix, qui ne pouvait le sentir, lui demanda, après un magistral éreintement d'Alphonse de Rothschild : « Est-ce que vous lui avez prêté de l'argent ? » S'il comprit l'allusion aux dons de Dumas, je ne sais ; mais toute la compagnie se réjouit intérieurement. La première fois qu'il vint en visite à l'Hôtel de Messine, nous sortîmes ensemble. Comme je lui parlais avec admiration de la *Parisienne*, et ensuite du théâtre de Dumas, il désossa celui-ci en deux temps quatre mouvements, si bien qu'il n'en restait qu'une loque ; et

voici la conclusion : « Je ne fais pas grand cas de mes
pièces, mais je méprise profondément celles de mes
contemporains. » Je crois bien qu'il voulut ce jour-là
m'épater, et il y parvint, pas dans le bon sens.

Il amusait madame Aubernon, qui n'était pas fâchée de montrer qu'elle avait trouvé un successeur à
Dumas ; il amusait aussi les indifférents, ceux qui
voient dans le monde une comédie perpétuelle jouée
à leur profit ; quant aux autres, la maîtresse de maison en était quitte pour ne pas les inviter avec lui.

J'ai entendu assez souvent, pendant des soirées en-
tières, pérorer celui que Louis Ganderax, employant
un euphémisme ultra-bienveillant, nomma : *un mi-
santhrope gai.*

Ah ! qu'en termes galants ces choses-là sont mises !
Je notais le plus exactement possible mes impressions,
et j'ai beau consulter mes carnets, ma mémoire,
je ne trouve pas qu'il y avait matière suffisante à
tant admirer cette causerie de Becque : les méchan-
cetés à part, il restait vraiment peu de chose qui va-
lût la peine d'être retenu ; chez madame Aubernon,
vingt causeurs, même des inconnus, comme de
Guerle, *l'ancien préfet*, disaient plus de choses rares,
et ils les disaient sans froisser les cœurs, sans rompre
en visière aux rites, aux étiquettes, surtout à cette espèce de sensibilité accumulée, que, d'âge en âge, se
transmettent les âmes délicates, et qui constitue un
des purs trésors de la civilisation.

Un soir cependant, il fut très amusant sur Liszt
qu'il appelait un fumiste de génie : « Liszt, dit-il,
entre dans une boutique ; la patronne, récemment ac-
couchée d'une petite fille, avait un berceau auprès
d'elle ; l'enfant se réveille, et sourit à Liszt qui murmure : elle m'aime déjà. » Et il continua un bon mo-

ment ainsi, accumulant lardons et facéties sur le fumiste de génie ; car, manquant de tact, il ignorait l'art de s'arrêter au moment où l'esprit, la blague, provoquent un étonnement pénible. Je songeais, en l'écoutant, à Henri Heine taquinant Bellini, pas toujours avec bon goût.

Sarcey, désigné au Conservatoire sous ce vocable : *Le Père de la débutante*, était naturellement une de ses têtes de Turc. Que de fois nous a-t-il refait, avec force broderies et astragales, cette tirade qui le faisait hennir de satisfaction ! « Si Sarcey a trouvé le moyen d'être original et populaire à la fois, il le doit à la langue dont il se sert, que les gens du Nord peuvent comprendre aussi aisément que ceux du Midi, et qui est composée très habilement de trois ou quatre patois que l'on parle encore en France. »

Becque ne cessa de conspirer contre lui-même, et mourut presque dans la misère, alors qu'à elle seule, *la Parisienne* eût dû lui assurer le bien-être.

Quelques coups de boutoir et aphorismes de Becque.

C'est encore avec les femmes que les hommes se conduisent le mieux.

A. France ayant écrit que Becque ne connaissait rien à l'amour, l'auteur de *la Parisienne* repartit : « Comment lui-même peut-il en parler ? Il n'aime que les démolitions, et ne travaille que dans les antiquités. » A propos des coups de griffe de Becque, Jules Lemaître se contenta de remarquer : « Il oublie trop l'hypocrisie. »

La dédicace de Becque à Antonine, une de ses interprètes : Sans rancune !

Son habituelle et fatigante locution, au début d'une phrase : Hein ? Quoi ?

Manuel et Bornier, Bornier et Manuel; Durandal et Joyeuse. — Manuel, disait-il, un Monsieur qui écrit ses vers sous le nom de Bornier.

Brochard m'ennuie, Z... me dégoûte, du Tillet est trop important.

Becque apprend que H., si connu pour ses goûts ancillaires, est malade, condamné au lait : « sans nourrices, ricane-t-il ?. »

Henry Becque n'a jamais terminé ses *Polichinelles*, qu'on nous disait devoir rivaliser avec *la Parisienne*; il la causait, sa pièce, la refaisait sans cesse en parlant, entrait dans des détails que nous trouvions *in petto* un peu longuets. Et tout de même, c'était triste de sentir que cet auteur perdait d'année en année sa faculté créatrice, se gaspillait en vains palabres, et en épigrammes qui mordaient dans le vide.

Brochard récitait volontiers, et je regrette de n'avoir pas noté certain sonnet féroce où Becque exhale ses rancœurs ; c'était de l'élixir de haine et d'amertume.

Quelqu'un, voyant son buste, demande machinalement : Qui est-ce ? — Là dessus, un journaliste prête cette réponse à Gavroche: « Cherchez pas ! C'est celui dont on refusait les pièces ! »

A. de Bersaucourt rappelle, d'après la *Revue Illustrée*, les réponses de Becque à un questionnaire : ce jeu des questionnaires était alors, et demeura longtemps à la mode.

« Le principal trait de mon caractère : la gaieté. — La qualité que je préfère chez un homme : la grandeur. — La qualité que je préfère chez une femme : la faiblesse. — Ma qualité favorite : la conversation. — Mon principal défaut : le bavardage. — Mon rêve de bonheur : celui des autres. — Quel serait mon plus grand malheur? celui de demain. — Ce que je voudrais être : capitaliste. — Le pays où je désirerais vivre : ailleurs. — La couleur que je préfère : le rouge. — La fleur que je préfère : la rose. — L'animal que je préfère : aucun. — L'oiseau que je préfère : aucun. — Mes auteurs favoris en prose : Rousseau. — Mes poètes favoris : Victor Hugo. — Mes peintres favoris : Puvis de Chavannes. — Mes compositeurs favoris : Wagner. — Mes héros favoris dans la fiction : Don Juan. — Mes héroïnes favorites dans la fiction : Mlle de Lespinasse. — Mes héros favoris dans la vie réelle : Joseph Prudhomme. — Mes héroïnes favorites dans la vie réelle : la baronne Hulot. — Boisson et nourriture que je préfère : le champagne. — Mes noms favoris : ceux que j'ai aimés. — Ce que je déteste le plus : le mensonge. — Caractères historiques que je méprise le plus : Ignace de Loyola. — Le fait militaire que j'admire le plus : Austerlitz. — La réforme que j'estime le plus : la réforme personnelle. — Le don de la nature que je voudrais avoir : la poésie lyrique. — Comment j'aimerais mourir : le plus tard possible. — Fautes qui m'inspirent le plus d'indulgence : les miennes. — Ma devise : Accepte ta fortune. »

Tel, sans doute il croyait être, et il se peignait surtout en buste.

Chez Alexandre Dumas, aux déjeuners du dimanche et aux dîners du mardi, on rendait à Becque la monnaie de sa pièce, et c'était justice. Lavoix fit rire un jour la compagnie aux dépens de celui dont il détaillait *les airs de chanoine venimeux*, et rapportait les foucades, les excentricités de tenue chez madame Aubernon. Ils étaient charmants, ces repas ; le maître de maison s'effaçait trop, afin de laisser briller ses convives, mais ceux-ci avaient aussi des gerbes bien garnies qu'ils apportaient à l'envi, comme jadis les amis de mademoiselle Quinault au Dîner du Bout du Banc. Aussi bien les noms des intimes, à eux seuls, glorifient de telles réunions : Chéramy, Lavoix déjà nommé, la Charlotterie, Général de Bellemare, Charles Narrey, Vicomte de Borelli, docteur Favre, Duperré, Desbarolles, etc ; Taine et Edmond About en étaient, paraît-il, avant l'époque où j'eus l'honneur de connaître l'auteur de *La visite de Noces*. L'un d'eux affirma : « Il est supérieur à ce qu'il a écrit. » Peut-être : en tout cas, il se montra un véritable gentilhomme de lettres, d'excellent conseil, toujours très délicat, très correct dans les questions d'argent..., ne disant jamais un mot inconvenant à une femme de théâtre, et Dieu sait si les petites demoiselles du Conservatoire lui prodiguaient les agaceries ; mais, pour se faire respecter, il avait l'air de les respecter, affectant avec elle la dignité, la paternité.

Deux anecdotes qui font tableau.

Emile Zola, candidat à l'Académie, vient le voir, et, d'un air compassé, cachant mal son émotion, dit le pourquoi de sa démarche :

« Vous auriez bien dû arriver une demi-heure plus tôt, » interrompt Dumas après les premiers mots.

Ah !

Eh oui ! Est-ce que vous pouvez supposer que vous n'aurez pas ma voix ? Seulement, je viens de recevoir un autre candidat, et j'aurais été plus à mon aise pour le rembarrer. — Zola était stupéfait et ravi.

Une autre fois, c'est Ludovic Halévy qui se présente. Il expose ses titres, fait le modeste, se déprécie pour obtenir une courtoise protestation. Mais Dumas, brutalement :

Tout cela est vrai. Vous avez peu de talent. Alors pourquoi vous mettez-vous sur les rangs?

Brutal et injuste : Ludovic Halévy reste debout, grâce aux *Petites Cardinal*, à sa collaboration avec Meilhac, sans parler de ses charmants *Souvenirs* et de l'*Abbé Constantin*.

La Charlotterie fonda le dîner Dumas, qui a deux réunions annuelles. Parmi les premiers membres: Chéramy, Duperré, docteur Pozzi, Marquis du Lau, l'oculiste Landolt, d'Arsonval, Denayrouse, le sculpteur Monvel, etc... Francisque Sarcey et Gustave Larroumet y assistèrent plusieurs fois.

Madame Lambert, veuve du peintre des chats, qui connut beaucoup Alexandre Dumas, parlait de lui avec une verve originale et charmante. Il lui disait un jour : « Une femme n'est jamais attaquée que dans la mesure où elle veut l'être. — Et même moins, reprit-elle. »

2 juillet 1898. Dîné chez madame Pérou avec des dames qui ont connu une des dernières Égéries d'Alexandre Dumas. Grande coquette, disent en substance ces dames, ambitieuse, ayant horreur des hommes. Voici un de ses mots : « *C'est si amusant de faire monter un amoureux à l'arbre, et de l'en voir dégringoler !* » Elle encensait Dumas, se mettait à ses genoux, conduisit le siège avec une dextérité que facilita d'ailleurs son très joli minois. Un jour, le fils de Madame M. dit à sa mère : « Maman, pourquoi cette dame fait-elle des grâces à ce vieux Monsieur qui est si mal élevé ? » Ce n'est pas toujours la vérité qui sort de la bouche des enfants. Mais ce qui reste éternellement vrai, c'est qu'il faut avoir le bon sens

de son âge, et ne pas tomber dans le piège des passions séniles :

Le plaisir d'autrefois nous devient un danger.

1890. Dîner agréable au Cœur-Volant, avec les
de Souza, madame Jeannict, Marcel de Germiny,
M⁰ de Saint-Victor, Fernand Gregh, Pierre Sardou, la
comtesse Dodun de Keroman, Doazan. Celui-ci, par
extraordinaire, a été assez curieux : J'ai fini par lui
dire qu'il avait une corruption amusante, et l'ai traité
de Marat mondain. Il a eu un mot à propos de la
Duse, de son enfant naturel : « A trente-huit ans, on
a toujours un enfant naturel. » Là-dessus, madame de
Saint-Victor s'est récriée : « Oh ! vous ne pouvez pas
savoir cela ! Vous avez une âme de poupée, et vous
êtes incapable de passion. »

Ce soir-là, on parla beaucoup — ce qui arrivait souvent — du mariage, de l'infidélité, des ridicules du
cœur. Je fis remarquer que celui-ci a un sexe comme
le corps, comme l'intelligence. Quelqu'un plaida les
circonstances atténuantes en faveur de l'adultère, des
pécheurs et pécheresses en appelant de l'hymen à
l'amour, des célibataires obligés, faute d'argent, de
violer la loi religieuse et civile.

*Le bonheur légitime est si cher aujourd'hui, qu'on
n'ose plus aimer que la femme d'autrui.* Madame
Aubernon prononce même l'éloge des célibataires qui
font la cour aux femmes du monde — une cour aussi
platonique et discrète que possible — Il faut, estime-
t-elle, les encourager, les couvrir de fleurs, les garder
précieusement, au lieu de leur jeter la pierre. Ils con-
solent les femmes abandonnées par leurs maris, ils ra-
mènent ceux-ci en les éclairant sur les charmes de celles
qu'ils avaient méconnues ou négligées. Dans l'immense

majorité des cas, cela ne dépasse pas le flirt, et tant
pis si cela va plus loin. Comme dit l'autre, l'adultère
nourrit plus de gens qu'il n'en tue; il devient même
l'auxiliaire du mariage, contre lequel se ferait une révolution, si une sorte de pacte tacite ne réunissait le
mari, la femme et l'amant pour le maintien d'une aussi
sacrosainte institution. L'ordre social corrige la nature,
mais la nature à son tour corrige l'ordre social.

Pendant un déjeuner du dimanche à Louveciennes,
madame Aubernon s'avisa de demander à chacun de
ses convives quel était son art favori. Quand elle in-
terrogea Alfred de Molombe, qu'elle avait invité parce
qu'il était l'ami de la comtesse Potocka, il répondit
sans hésiter : « L'art culinaire, Madame. » Les dames
sourirent dédaigneusement, les hommes trouvèrent la
réponse pleine de sens.

Paul Hervieu, d'abord très silencieux, adresse ce
compliment à la baronne de Jouvenel : Vous avez mis
ce soir vos yeux de velours. Elle, avec une moue railleuse : « Vous n'êtes pas aimable pour les autres
jours. » Hervieu demeura tout interloqué : il n'avait
pas calculé la portée du compliment. Il est parfois très
facile à une gavrochinette de désarçonner un homme
de grand talent.

Sautereau me confie quelques impressions sur ce
salon, où il fut très bien accueilli, et comme comédien,
et comme fils d'amis de Lydie qu'il appelle : « la véritable animatrice de sa société. « Ses mots allaient
jusqu'à la malice, jamais jusqu'à la méchanceté. » Nous
nous étions liés un soir, où l'on eut le régal de madame
Pasca déclamant une pièce de vers, l'*Absence*, tirée
de la *Dame aux Perles* de Dumas fils, accompagnée
en sourdine par un violon, un violoncelle, une harpe,
jouant la sérénade de Braga, ceux-ci dissimulés der-

rière un rideau de plantes vertes. « Jamais peut-être,
dit Sautereau, il ne me fut donné d'entendre une
chose d'un art aussi fin et aussi parfait. »

Sautereau joua plusieurs fois la comédie, rue Monchanin, avec Robert de Flers, Henry Borel, madame
Trousseau, née Tamburini, fille de l'oculiste, Bermingham, Germiny, madame Cruppi ; celle-ci née d'un
premier mariage de la générale Bataille, « fine, intelligente, de beaux yeux noirs très vifs, la bouche presque sans lèvres. Ces sortes de bouches ne respirent
pas la bonté... Cruppi, une sorte de Millerand à physionomie têtue. »

Sautereau n'aimait pas le style d'Hervieu. « Avez-
vous lu l'*Armature ?* lui demandai-je — Non, j'attends
pour cela qu'elle soit traduite par Hérelle (traducteur
de d'Annunzio. » Il trouvait bien plus agréables, sinon
aussi profonds que les romans d'Hervieu, ceux de la
baronne Aymeri de Pierrebourg, « jolie femme de
grande allure. »

1896. Dîné en tête-à-tête avec madame Aubernon.
Elle m'a conté son dîner de la veille avec mesdames
Berr, Potocka, Bonnet, MM. Grosclaude, Marcel
Prévost, Rolle, Brochard, Pozzi, Doazan. Il fut un peu
anarchique. Quelqu'un, en se levant de table, s'exta-
siait sur la verve et la gaieté des convives. « Oui,
gronda la maîtresse de maison, ç'a été une réunion
publique. »

Elle appelle madame Pozzi : *la muette de Pozzi*, et
Pozzi : *l'Amour médecin*. Elle oublie vite ; elle est
comme la nature, qui n'aime que la vie et le mouvement ; son optimisme touche à la grandeur : pour ce
Gabriel Borckmann, si lugubre à la lecture, elle a eu
plus de clairvoyance que nous.

En 1885, madame Aubernon dîne chez une amie

avec un politicien fort connu, et passablement irrévé-
rencieux. Comme elle stigmatisait, dans une sévère
diatribe, les défauts des hommes en matière senti-
mentale, son voisin, d'un ton narquois murmure à son
oreille: « Alors il n'a pas été gentil hier ? » Elle était
furieuse, et l'impertinent dut passer un mauvais quart
d'heure. Elle avait d'ailleurs des indignations qu'elle
traduisait avec une énergie comique. Après avoir lu
Sapho: J'en ai l'âme toute poissée : après avoir vu
jouer la pièce : J'en suis revenue toute flétrie.

25 janvier 1897. Je dîne seul avec madame Aubernon, qui me conte un trait de la comtesse X..., qu'elle
juge très perfide, sans doute par désœuvrement, par
besoin de se moquer de tout et de tous. Gaston Paris
lui faisait une cour assidue : une dame C.... qui avait
pour le savant une amitié émue, cherche, par une lettre pleine de détails topiques, à le mettre en garde
contre cette séduisante chimère — elle me fait penser
aux quatre sphinges de la collection du baron d'Alcochete. — En même temps G. Paris reçoit une invitation à dîner de la comtesse ; il répond aux deux
femmes, se trompe d'enveloppe, et l'amie l'en avertit.
Désolé de son étourderie, il court chez la comtesse, la
supplie de lui rendre sa lettre, elle lui rit au nez, répond qu'elle la gardera avec soin dans ses archives,
qu'elle veut au besoin être armée contre lui et son
amie. Après avoir épuisé prières et raisonnements, il
se lève, la salue gravement et ajoute: « S'il en est
ainsi, Madame, je vous avertis que je suis bien obligé
de croire ce qu'on me disait de vous, et que je ne re-
mettrai plus les pieds chez vous. » Il tint parole.

Madame Aubernon me redit encore deux réflexions
de madame Dodun de Keroman après son mariage
avec le vicomte de Beaumont: « Nous nous sommes

mariés à l'Angélus du soir — Cela va encore pour les réceptions et jours de fêtes ; mais pour les gros ouvrages, il ne faut pas qu'il compte sur moi. » Ce soir là aussi, un mot qu'elle a sur le cœur depuis pas mal de lunes, et que je connaissais d'ailleurs. Lorsque la brouille s'accentua entre madame Arman de Caillavet et elle, France prenant parti pour la première, madame Aubernon interroge à brûle-pourpoint l'auteur du *Crime de Sylvestre Bonnard*, qu'elle rencontre dans un salon. « Est-il vrai, M. France, que vous ne voulez plus venir chez moi, et que mes dîners vous ennuient ? » Et la réponse fut : « Madame, je l'ai peut-être dit, mais ce n'était pas à répéter. »

L'attitude d'A. France inspira quelque velléité à notre amie de répondre à l'exclusivisme de madame Arman, en empêchant ses intimes de fréquenter dorénavant chez elle. Brochard, madame de Saint-Victor et moi, nous étions les plus menacés par cette tentation de représailles. Elle me dit même un jour: « Je ne sais si je ne demanderai pas à mes amis particuliers de rompre avec madame Arman ; œil pour œil, dent pour dent. — Chère madame, répondis-je, je ne vous le conseille pas ; une pareille démarche, même si elle réussissait, nous causerait une pénible impression. » Elle n'insista point, mais je vis clairement qu'elle escomptait mon obéissance pure et simple. Brochard, à qui je parlai de cette ouverture, avait sans doute été sondé : il était alors un des favoris du salon Arman, et me fit cette déclaration catégorique: « Je cesserai mes relations avec la première qui me mettra en demeure de casser les vitres avec l'autre ; les femmes, ma parole, ont le diable au corps, mais nous ne sommes pas des pantins. » Les choses n'allèrent pas plus loin.

Convives d'un Mercredi au Cœur-Volant : Paul Her-

vieu, Brochard, Marcel de Germiny, Le Lubez, Sautereau, Doazan, Mesdames de Saint-Victor, Raoul Aubernon et son mari, docteur Mervie. Madame Aubernon
déclare qu'elle est réconciliée avec l'humanité, en
voyant avec quelle joie unanime on a appris que Louis
Ganderax héritait de Meilhac; et en vérité Ganderax
est le plus galant homme du monde, aussi loyal que
courtois et spirituel.

Au retour, Brochard rapporte qu'un soir elle ra-
broua si vertement le conseiller à la Cour de Cassation Lepelletier, ancien ministre, le trouvant bavard
et indiscipliné, qu'il fit mine de partir en disant : Cette
fois, c'en est trop; je ne puis pas supporter cela.
Brochard le ramena à sa place. Tout récemment elle
rappela à l'ordre madame Hugues Le Roux, qui se mit
à pleurer. Longtemps avant cette double algarade,
Pailleron, Gaston Paris et un autre personnage de
marque, un soir avaient levé le drapeau de l'insurrection, interrompu, parlé à leurs voisines, méconnu
en un mot la règle salutaire de la conversation générale à table : pendant que les révoltés étaient au fumoir, elle se répandit en reproches amers sur leur attitude, et, tout en protestant que, si cela continuait,
elle fermerait sa salle à manger, s'émut tellement au
son de ces paroles, que soudain elle fondit en larmes.
Nous réussîmes à la calmer, et nous gardâmes bien de
conter aux coupables cette scène qui nous attrista sincèrement. La règle de la conversation générale était devenue pour elle un dogme sacrosaint: elle s'appliquait
même à en faire un objet d'exportation, et y parvint
dans quelques dîners donnés en son honneur. Croyants
et incrédules entendirent souvent cette maxime. « On
crie contre les dîners à la sonnette, contre ma discipline, quand on est chez moi; on me regrette chez les

autres. » Que de fois j'ai pensé à cet axiome en dînant chez des gens où la causerie est un chaos, un papotage stérile, où les maîtres de maison ignorent les princices élémentaires d'un menu intellectuel, et font penser au mot de Sénèque : *edi, non cœnavi ;* j'ai mangé, je n'ai pas dîné ! » Paraphrasant Sénèque, sans le savoir, madame Aubernon disait volontiers de certains convives, trop silencieux à son gré : « ils mangent bien, mais ils dînent mal. »

28 avril 1897. Madame Aubernon s'était ennuyée chez Madame B. — dont la soirée m'avait tant plu. — Elle se transporte chez Madame Jacques Normand, et lui fait cette déclaration dépouillée d'artifice : « je vous ai vue il y a trois jours, mais je tenais à vous dire combien peu les maîtresses de maison savent recevoir. Quelle idée de faire dire tant de vers par Madame Segond-Wober ! — Mais, chère Madame, je ne puis pas m'en plaindre, puisqu'elle a dit des vers de mon mari. — Oui, mais faisons abstraction de votre mari dont les vers sont charmants. C'était une indigestion. Et puis cette comédie ! Quand je pense qu'on peut avoir pour rien Borel et Madame Trousseau, tandis qu'on paie très cher pour offrir à ses invités Granier et Mayer ! Du coup, j'ai déchiré toutes les invitations que j'ai reçues ! Je ne dînerai plus, je n'irai plus en soirée chez les autres. »

Deux années auparavant, après un dîner chez ma tante la baronne d'Alcochete, où elle s'ennuie ferme, Madame Aubernon, devant Madame Buloz et Madame de Janzé, deux autres grandes maîtresses de maison, développe sa doctrine mondaine, et conclut ainsi. « Je ne sais si vous êtes comme moi ; j'adore *découcher en cuisine.* » Nous nous regardons en souriant. Madame Buloz acquiesce obligeamment, atteste qu'elle

aussi est charmée de rencontrer à table des gens dis·
tingués, qu'elle s'extériorise volontiers... — Oh ! Ce
n'est pas du tout pour cela que j'aime à aller chez les
autres ; c'est *que ça me prouve qu'on ne s'amuse que
chez moi !* Oui, je voudrais pouvoir m'inviter à mes
soirées. » Madame de Janzé, scandalisée de cette...
étourderie, y fit plusieurs fois allusion dans nos causeries. Elle lui rappelait l'exclamation vaniteuse d'une
de ses parentes : « Si j'étais homme, je me ferais la
cour. »

Une journée à Louveciennes : La conversation a été
délicieuse avant, pendant, après le dîner, à l'aller, au
retour. Victor Brochard, toujours, hélas ! bien souffrant, menacé de cécité, a été de premier ordre sur le
génie et la philosophie du bonheur : il estime que le
génie tient à un don spécial, à une imagination qui
voit, grandit les choses, les colore de mille façons. Il
a aussi disserté ingénieusement sur la faculté de changer qui est en nous ; je lui ai objecté l'exemple de
Kant ; il a répondu que Kant avait varié énormément,
qu'il y avait eu en lui des tremblements de terre intel·
lectuels. — Oui, mais il n'a pas changé dans ses ac·
tions. — Fernand Gregh lui a souvent donné la réplique ; esprit original, vivant, élevé, franc jusqu'à
l'imprudence, il n'aime pas le chirurgien Pozzi, un des
préférés de Madame Aubernon, et tient tête à celle-ci
qui le prône, le défend avec vivacité. La grande affection de ce don Juan médical a été pour une Belge, et,
lorsqu'il avait ses diables noirs, sa femme lui disait,
avec une sérénité indulgente : « Mon ami, vous avez
besoin de changer d'air, allez vous promener un peu
à Bruxelles. » Quelle parole de résignation ! J'ai plusieurs fois dîné à côté de Madame Pozzi, que je trouvais très intelligente et pleine de tact ; mais l'éclat de

son mari ne lui laissait d'autre rôle que celui de vio-
lette. Pozzi rencontre à une messe de mariage Madame Buloz qui ne l'avait pas vu depuis longtemps.
Comme le défilé à la sacristie s'éternisait, un de ces
défilés qui faisaient dire à Dumas : « Nous arriverons
pour le baptême, » Madame Buloz arrête le docteur :
« Asseyez-vous donc un instant à côté de moi ; on
ne vous voit plus, nous causerons un peu. — Chère
Madame, repart-il en souriant, il y a six ans que je
ne me suis assis. » Et cette prétention n'était pas trop
abracadabrante : il est si occupé.

Avril 1897 : Dîné rue Monchanin avec la générale
Corot, la baronne de Vaux. M⁰ de Saint Victor. Lydie
a reçu une lettre de Madame Brunetière, qui accompagne son mari aux Etats-Unis, où il donne des conférences : là-bas il est comblé de gloire, de lauriers, de
roses, de banknotes et d'ovations.

Madame Aubernon a toujours énormément de verve,
et la même hypertrophie du moi, et la même absence
de psychologie pratique, et la même bonhomie, et la
même éloquence, et le même esprit, la volonté aussi
ardente, le même courage pour rompre en visière aux
plus huppés, reconnaître partout le mérite et le talent.
A certaines heures, le silence lui semblait un mensonge
cynique, une lâcheté... Avec cela nullement disposée
à admettre, comme Fontenelle, qu'on n'est estimé sage
qu'autant qu'on est fou de la folie commune ; n'éta-
blissant guère de différence entre la vraie et la fausse
modestie : celle-ci lui paraissait la forme la plus in-
supportable de la vanité. Quel vide elle fera quand
elle disparaîtra ! Madame de Saint Victor lui a dit
naïvement, et elle en a été touchée : « Qu'est-ce que je
deviendrai quand vous serez morte ? »

Un mot de la comtesse Potocka : après la séparation,

montrant un chouberski à Alfred de Molombe : « Voilà
tout ce qui me reste de la Pologne ! » Avec une rente
viagère de cent mille francs, si je suis bien informé.

13 juin 1897 : Dîner à Louveciennes avec Mesdames
Fitch. Cot, de Saint Victor, Mesdemoiselles de Heredia,
Robert de Flers, Marcel de Germiny, Brochard, Doazan. Brochard est en triste état, et j'en étais tout chagrin. Il a une sérénité admirable, sait que la cécité
approche, et peut-être la paralysie. Depuis deux ans,
son caractère, jadis assez rugueux, s'est fondu en bienveillance : celle-ci serait-elle une forme chrétienne, ou
philosophique, de l'indifférence, du dédain ?

Fait une petite visite à Madame Dodun de Keroman, que j'ai trouvée dans les larmes ; elle appelle
cela de la neurasthénie ; jadis on disait : les vapeurs.
Spirituelle, lettrée, fort gauloise en ses propos, un peu
bizarre. Elle est en deuil de son oncle Casimir Périer,
mort la semaine dernière. Madame Aubernon voulait
tout de même qu'elle assistât à ses dîners de Louveciennes : elles habitent à cent pas l'une de l'autre ; —
elles se sont presque fâchées, et la comtesse disait :
« Elle finira par aller tirer les pieds des morts, et par les
exhumer pour les faire dîner avec elle. » Et Doazan,
qui se trouvait là, renchérit : « Oui, elle fera mettre le
couvert sur la bière ; on mangera, et on dissertera. »

Casimir Périer était déiste, anti-catholique ; il a
accepté un pasteur protestant, et on l'a incinéré. Les
violents vont sans doute répéter le mot d'une fer-
vente de d'Holbach : « Il est bigot, c'est un déiste. »
Il ne manquait ni d'esprit, ni de caractère. Madame
Casimir Périer, très cultivée, très originale elle
aussi, reprochait subtilement à Henri IV sa conversion et l'Edit de Nantes qui, d'après elle, eut des
conséquences désastreuses pour notre pays : c'était

son dada, un dada qui tournait à la scie oratoire.

Le jour de la mort de Casimir Périer, Madame A. sortant de chez elle, a reçu sur la tête un seau de vidange. Quelle horrible disgrâce ! On croit que c'est une vengeance de domestique congédié. Une dame, qui a la manie de la persécution, s'est écriée : « Il y a eu erreur, ce seau m'était destiné. »

Madame de Kéroman me dit la requête naïve d'une jeune amie ignorante, à un lettré qui vient de parler de l'Histoire Universelle : « L'histoire universelle ! Je ne la sais pas ; contez-la moi ! »

Un autre jour, encore à Louveciennes, on commente un mot de Meilhac, qui passait pour être assez personnel : « Chacun pour moi. » Là-dessus vient celui de Dumas père qui faisait une pension à sa maîtresse Ida, et ne la payait pas. Elle était fort désargentée, vivait péniblement, on le dit à Dumas ; il s'écrie : « Elle n'a pas de quoi vivre ! je double sa pension. » Madame Aubernon, qui ne détestait pas les gauloiseries spirituelles, nous servit celle-ci : Personnages : un mari *fatigué*, une jeune femme fringante : le lendemain de la première nuit de noces, il dit : « Eh bien, chère amie, vous voyez ce que c'est que l'amour ; c'est toujours la même chose ; pour ne pas rabâcher fastidieusement, nous nous en tiendrons là. » Cette gaillardise m'encouragea à rapporter un trait de Dumas fils, que je tenais de lui-même. Une belle personne le laissait très calme ; — « Cher maître, fit-elle en guise de consolation, à une autre fois ! — C'est cela, et avec une autre ! » — Un jour Dumas arrive chez Sardou, à Marly, et avise une fillette qui sautait à la corde dans le jardin. Il s'approche, demande si elle sait faire des doublés, des triplés. « Non, Monsieur, avoue-t-elle. — Je vais vous apprendre. » Et, comme s'il n'avait pas soixante-trois ans, A. Dumas exécute devant l'enfant ébahie une série de doublés, de triplés, qui lui valurent les compliments de Sardou. Là-dessus Madame Aubernon opina qu'il y avait des triplés plus dangereux pour les hommes parvenus à l'adolescence de la vieillesse. —

Les réceptions du Cœur Volant, et, avant le Cœur Volant, dans une propriété plus importante, voisine de la gare de Louveciennes, étaient moins cérémonieuses, moins constellées de premiers rôles, les grands ténors de conversation n'aimant pas se déranger : elles étaient plus jeunes aussi, plus gaies ; le voyage en chemin de fer, la permission de se promener dans le petit parc qui se terminait par une grande pelouse presque adossée au viaduc de Marly, les sourires de la nature en été, tout faisait naître un entrain presque fougueux que l'on ne connut guère, ni rue d'Astorg, ni à l'hôtel de Messine, ni à celui de la rue Monchanin.

Certain mercredi, Madame C..., un peu grise ce soir-là, grise, comme Ninon de Lenclos, du vin de son voisin, dit après dîner à M. P. qui la reluquait, et lui tenait des propos gaillards : « Cochonnet ! Vous avez des yeux joliment cochons ! » C'est en général au Cœur-Volant que se donnaient les dîners de jolies femmes, les dîners *frivoles*. Le Cœur-Volant ! Un nom que Mademoiselle de Scudéry eût retenu pour la carte du pays de Tendre !

Ces dîners champêtres n'étaient guère champêtres, puisqu'on y arbora, presque jusqu'à la fin, l'habit noir ou le smoking, par respect sans doute pour les manies protocolaires de Raoul Aubernon, mais au grand déplaisir des autres convives, obligés de rentrer chez eux vers cinq heures pour se mettre en tenue.

J'entends encore Émile Deschanel pester contre cette

servitude de l'habit à la campagne, contre le retour tardif à Paris, jurer — et il tint parole — qu'il ne reviendrait plus. Avis aux maîtresses de maison.

Un soir, on conta une réplique assez drôle de Lintilhac à propos du Théâtre d'Orange : « Avez-vous un souffleur là-bas ? interroge Brochard. — Nous avons le *Mistral* » Et puis une remarque singulière de Brunetière. Comme il pestait contre le Gouvernement qui nomme Jules Lemaître officier de la Légion d'honneur, et l'oublie, lui, Gabriel Séailles observe avec bonhomie : « Qu'est-ce que cela peut faire à un homme tel que vous ? Je ne suis pas décoré, pas même chevalier, et n'en ai cure. — Brunetière le fixe longuement, et d'un ton ironique : « Je vous remercie infiniment de la comparaison. » Or Séailles est professeur à la Sorbonne, et homme de mérite. Là-dessus je rapportai une observation d'Anatole France sur Brunetière : « Il veut que les catholiques soient athées, et que les athées soient catholiques. » Ce même jour, comme la baronne de Vaux parlait d'œuvres charitables, je m'échauffai pour la charité faite à la campagne, trop négligée par les mondaines, et finis par déclarer que la charité du pauvre consiste à ne pas haïr le riche. Madame Aubernon m'approuva énergiquement.

Novembre 1897. Dîné avec mesdames Corot et de Vaux chez madame Aubernon. Sur l'*Affaire* elle est parfaitement raisonnable. « Vous ne savez rien, dit-elle aux exaltés des deux camps ; vous m'apportez vos sentiments, et je n'en ai que faire ; les tribunaux me donneront des raisons. »

Pendant l'*Affaire*, on lui demande : « Que faites-vous de vos Juifs ? — Je les garde. » Madame Jacques Normand répondit à la même question : « Je lâche mes petits Juifs, et je garde les grands. »

Henry Fouquier dîne chez madame Aubernon, et celle-ci s'étonne ensuite qu'il n'ait pas été brillant, comme il l'est dans ses articles. Il l'apprend, et remarque : « La table n'est pas mon meuble. »

Madame X... n'a pu se faire inviter chez madame Aubernon, après avoir parié qu'elle irait, et s'être donnée comme une amie intime. Quelqu'un lui demande des nouvelles de la fameuse soirée Borckmann. Nous n'avons fait qu'y passer, répond-elle de l'air le plus dégagé. — Elle ne viendra jamais chez moi, clamait Lydie : c'est une intrigante, une canaille mondaine, une femme du monde dans la laide acception du mot. — Au contraire, elle eût voulu inviter beaucoup madame d'Al. jolie, fine, intelligente, mais affligée d'un odieux mari, un Othello qui portait ses défauts sur sa plate figure, un zéro dont la femme était le chiffre, que l'on conviait à cause de celle-ci, en souhaitant à cet époux toutes les infortunes possibles. Comme elle s'indignait en racontant la remarque de ce loup-garou, refusant le plus possible les distractions, sous prétexte qu'une femme n'a pas besoin de s'amuser ! La belle-mère répliqua sagement : « Prenez garde qu'elle ne s'ennuie ! » « Mais, reprenait madame Aubernon, allez donc prêcher le tact, les délicatesses du cœur, ou même son intérêt bien compris, à un tel butor ! Que de drames moraux, que de divorces quotidiens, que de souffrances secrètes dans de tels ménages ! » Je la fis rire en exprimant l'espoir que madame d'Al. pourrait, sans trop de retard, paraphraser cette épitaphe de Beauvoir :

> Mon beau-père repose
> Sous ce froid monument :
> Je n'en suis pas la cause,
> Mais j'en suis bien content.

Le vœu de madame Aubernon, qui n'est pas celui d'un simple bachelier :

Des hommes distingués et des femmes pas coupe-file. Quant à moi, on me monte et on m'attelle.

Elle me parle avec indignation d'Albert Delpit qui lui répondit, jadis, comme elle pessimisait : « Quelle pauvre humanité que la nôtre ! — Eh oui, c'est une dure nécessité d'aller tous les jours aux cabinets ! » Delpit, capricieux, mobile comme une bergeronnette, appela madame Aubernon et sa mère : Les Précieuses radicales ; et le sobriquet était bien peu fondé. Madame Aubernon répétait à qui voulait l'entendre qu'elle était une républicaine de désespoir. Albert Delpit citait volontiers aussi le mot de Laurier à propos de madame de Nerville, qui, disait-il, *va inaugurer l'ivoire*, (se mettre au piano) — celui de Villemain à un ami : « Je vais dîner chez une dame qui a un nom de montagne (Aubernon). » Ce n'est ni bien malin, ni bien méchant.

Je ne sais quel ami de l'Empire appela Villemain : le critique éminent, et même proéminent. (à cause de son dos trop voûté). Cette bêtise amusa madame Aubernon.

Pour la vingtième fois peut-être, nous revenons, elle et moi, à propos de l'incident R, sur les trahisons du hasard qui déjoue, quand il lui plaît, les calculs les plus savants de la prudence. Alfred Mézières a pour maxime favorite que, dans le monde il ne faut pas discuter, mais se borner à raconter ; de la sorte, me disait-il, je ne m'attire jamais de désagréments. Or, voilà que, dînant chez notre amie, il risque une allusion transparente au passé d'une dame que Monseigneur Dupanloup excusait finement, en disant : « C'est un bon livre dont il ne faut pas lire la préface. » Et il la nomme. Madame Aubernon frémit, détourne la conversation, R. pâlit, jette sur Mézières des regards furibonds, se renferme dans un silence inquiétant. A la fin du dîner, la maîtresse de maison donnant le bras à un autre académicien, je prends celui de Mézières, afin de soutenir le choc que je prévoyais. En effet R. s'avance, lui reproche violemment ses injures à l'adresse de sa sœur, annonce qu'il va envoyer ses témoins. Excuses du coupable, nouvelles récriminations, tant et si bien que je pris sur moi de rappeler vivement à R. que ce n'était pas le lieu de faire de semblables scènes. On rentra au salon, où madame Aubernon, fort émue, attendait le récit de l'algarade, et se désolait d'avoir invité R. qui dînait pour la première fois au Square de Messine, et qui affecta de rester jusqu'à la fin, en observant une attitude glaciale. Il ne revint plus, bien entendu, je ramenai Mézières *at home*, l'affaire en resta là, mais nous gardâmes un pénible souvenir d'une soirée gâtée par un mot malencontreux. On ne peut pourtant pas connaître la généalogie de chaque personne, et il fallut que cette disgrâce frappât Mézières, le Philinte, l'homme aimable par excellence, qui, dans son besoin d'effusion, prenait souvent, trop souvent, les mains de ses voisines, comme s'il voulait leur octroyer sa galante bénédiction académique.

Samedi 24 Janvier 1898. Dîner des plus brillants à Louveciennes. Convives : Mesdames Cot, Vallée, les de Tras, les Hughes Le Roux, Béclard, Brochard, Chéramy, Pozzi, Doazan et moi. Pozzi (dès le début) posa les questions suivantes : Faut-il écrire des lettres d'amour ? Faut-il les garder ? Faut-il les montrer ?

On a très bien péroré là-dessus, et décidé en somme *qu'il fallait écrire, ne pas garder, ne pas montrer.*

Mais si on n'avait pas gardé, la postérité ne connaîtrait guère le passé sentimental, amical, mondain : j'ai rappelé à ce propos les lettres de mademoiselle de Lespinasse, de l'abbé Galiani, de Diderot, Voltaire, Mérimée, Doudan, etc... On a parlé de l'état qui permet d'écrire des lettres d'amour, les uns soutenant qu'on n'écrit bien qu'après la crise, d'autres que l'amour n'empêche pas d'écrire ; le tout avec exemples à l'appui.

Pozzi nous a étonnés par ses citations théologiques ; il est fils d'un pasteur protestant. Il a rappelé ce mot, peu connu, de Littré : « La science reconduit Dieu, avec toutes sortes d'honneurs, jusqu'aux frontières de l'humanité, en le remerciant de ses services provisoires. »

On a ensuite abordé la question du divorce. Chéramy approuve les facilités accordées aux ouvriers pour divorcer ; il est avéré, selon lui, que le peuple surtout profite du divorce ; la femme de l'ouvrier est extrêmement malheureuse, bien que supérieure à son mari. M. de Tras a rappelé de jolies anecdotes, Pozzi des textes des Pères de l'Eglise ; moi l'opinion de Cernuschi : « Le divorce, *perche* ? L'adoultère, il me suffit. »

A propos de Brunetière, grande discussion religieuse. Pourquoi Brunetière se remue-t-il ainsi ? Il a confessé à un ami que la religion ne lui apportait aucun réconfort. Alors quoi ? On a glosé sur son désir de tirer des coups de pistolet au nez de l'opinion publique ; Pozzi prétend qu'il a une maladie psychologique, un autre que le virus de Bossuet a pénétré ses moelles. J'ai rappelé la question que lui adressa madame Blanc-Bentzon : « Mais enfin, M. Brunetière, puisque vous êtes devenu croyant, et l'ami du pape

Léon XIII, pratiquez-vous? Allez-vous au moins à la messe? » et la réponse de Brunetière poussé dans ses derniers retranchements : « Non, je ne vais pas à la messe ; je n'ai pas le temps, et la Papauté m'approuve *puisqu'elle ne me blâme pas.* » Et le mot, plutôt brutal, d'Emile Ollivier : « A-t-il avalé le bon Dieu? (S'est-il confessé?) Tant qu'il ne l'aura pas fait, je ne croirai pas à sa conversion. » Brunetière est venu passer trois jours à la Moutte, où se trouvaient deux prélats : tous furent surpris de l'ignorance théologique de l'hôte d'Emile Ollivier, ignorance badigeonnée d'un vernis littéraire, fort séduisant d'ailleurs.

Brochard développa fortement cette proposition : le goût des généralités fausse l'esprit, et l'égare en dissimulant le jeu des sophistes. Il en est des grands mots abstraits, comme de ces vêtements flottants qui conviennent à toutes les tailles : ils habillent, épousent les idées les plus opposées.

Enfin il y eut une conversation générale sur la politique, où Hughes Le Roux a versé dans le monologue, et trop conférencé. Heureusement madame Aubernon lança quelques mots piquants qui réveillèrent la gaieté un peu engourdie des convives. Il faut tant de verve, et d'originalité, pour rendre supportable la politique dans un salon : chaque phrase alors doit être un trait, une surprise amusante, tandis que la tribune, le livre, le journal, souffrent tout. A des mondains, même très spirituels, une dissertation politique produit le même effet qu'un discours hérissé de chiffres à la Chambre des députés : ceux-ci s'égaillent vers la buvette, ceux-là restent de corps, mais leur esprit est ailleurs. Il est tout de même un brillant causeur, ce Hughes Le Roux : c'est lui qui, avec Pozzi et la maîtresse de maison, a été le triomphateur de cette soirée, où chacun faisait un succès au mot du voisin, où le culte de l'esprit semblait avoir inspiré à tous la même foi, les mêmes enthousiasmes. J'entends encore, après vingt-cinq ans, les bravos de madame Aubernon, quand je racontai la réponse d'Anatole France à Emile Faguet, candidat académique : « Je vous déteste, vous le savez, mais je vote pour vous, faute de mieux, comme d'autres voteront pour vous, faute de pire. » Elle la répéta à ses visiteurs pendant huit jours.

Un mot du docteur Pozzi sur certain littérateur érotico-mystique ; il l'appelle : une soutane retroussée.

Le docteur Regnard le complimentait sur son dernier né : « Que voulez-vous ? sourit Pozzi. Une balle perdue ! »

Ce n'est pas lui, bien entendu, qui répéta la goguenardise de la balle, mais, en plein dîner Aubernon, quelqu'un souligna : une balle de ricochet.

Pozzi parlait, devant des amis, d'un mari mort dans les bras de sa femme, en exécutant un doublé. L'un d'eux le prend à part : « Allez donc raconter cela à ma femme ; mais dites-lui qu'il est mort à la première fois. » C'est le mot d'un personnage de vaudeville : Il ne connaît qu'une complainte, et n'en chante jamais qu'un seul couplet.

Pozzi avait une figure charmante, un esprit très alerte, des manières enjôleuses qui lui valurent de grands succès, plus de succès certes qu'il ne désirait. Cette jolie tête brune évoquait certains portraits de patriciens de Venise au Musée du Louvre. Naturellement les jaloux foisonnèrent, jaloux de toutes les paroisses, mondains, professionnels de la chirurgie, même des littérateurs qui aspiraient à la succession de don Juan. Son sosie était Vedel, lieutenant de vaisseau ; tous deux se ressemblaient à les prendre l'un pour l'autre. Cependant Pozzi était un peu plus brun ; la première fois qu'ils se rencontrèrent, ils se regardèrent silencieusement, pendant cinq minutes. A la fin Pozzi prit la parole, et se félicita d'avoir un pareil Ménechme.

Brochard prétend que Pozzi aurait expliqué de la sorte à sa femme ses virevoltes extra-conjugales : « Je ne vous ai pas trompée, je vous ai *complétée !* »

29 février 1898 : Dîner et soirée chez madame Aubernon. Au dîner : Marcel Prévost, Brochard, Doazan, Moreau, Marcel de Germiny, madame de Saint-Victor, les Sulzbach, les Raquez. On parle de Porto-Riche, Rostand, Brieux, Abel Hermant, Barbey d'Aurevilly. Brochard a rappelé des boutades de Barbey d'Aurevilly, moi celle sur Zola : un Hercule très sale qui entre dans les écuries d'Augias, *et qui ajoute* ; madame Aubernon celle de Gaston Paris : c'est un porc épique. Elle a eu aussi un mot piquant à propos des visites ennuyeuses : *ces visites de Nessus.* — Marcel Prévost fort brillant sur les auteurs dramatiques que je viens de citer ; il m'a particulièrement charmé en effeuillant des souvenirs du poète Henri Heine, que nous étions seuls, lui et moi, à bien connaître. *Les Reisebilder* sont un de mes livres de chevet depuis quarante ans.

A propos de madame Gillou, qui joint à beaucoup d'esprit le goût des réflexions audacieuses, on a rappelé sa remarque à quelqu'un qui s'étonnait qu'une de ses proches parentes eût l'air si triste : « C'est qu'elle n'inspire plus de désirs. » Et puis cette brusque interrogation à la comtesse Zamoiska : « Pourquoi ne recevez-vous pas, puisque vous êtes très riche ? »

Madame Aubernon ayant affirmé qu'on n'était plus gai; j'ai protesté : — Et Labiche, et les vaudevilles fous, et les pièces désopilantes du Palais-Royal ! » Brochard a approuvé, déclaré que les jeunes gens étaient très gais, n'ayant pas eu nos tristesses de 1870.

Le soir, cent cinquante personnes : Le Lubez, Raquez, madame Sulzbach, ont très bien chanté; Rose Syma et Germiny ont joliment joué une scène du *Flirt* de Gyp.

Gyp nous sert un mot de fillette à sa mère : « Tu ne sais pas, maman : Hélène de... qui écrit *cocu* avec un *k* ! la requête d'une jeune fille du dernier bateau qui sollicite d' « une amie mariée la photographie de Cléo de Mérode, *mais* pas *nue,* pour ménager les yeux chastes de sa mère. »

La même peut-être, ou une de ses émules, cause avec un ami de la maison : « Lisez-vous beaucoup ? demande-t-il. — Oh non ! les livres qu'on fait pour nous sont si ennuyeux ! — Alors que faites-vous ? — J'écris. — Quoi ? — J'écris ce qu'on ne me permet pas de lire. »

Madame de Lurcy me conte un trait de Caro. Elle était avec lui au Portillon (près de Bagnères de Luchon) admirant le paysage, tandis qu'il lui parlait; un peu impatienté, il finit par remarquer, non sans aigreur : « Vous ne m'écoutez guère. Savez-vous que je connais des duchesses qui paieraient cher un quart d'heure comme celui-ci ? — Elles sont plus riches que moi, répliqua madame de Lurcy. »

Mademoiselle Geneviève de Lurcy, âgée de onze ans, fit une réponse d'un autre genre à ce même Caro qui la questionnait sur un point de philosophie sociale : « J'aime mieux apprendre à supporter les événements qu'à les définir. »

Madame de... est ornée d'une moustache assez apparente : elle passe devant un douanier qui la prend pour un garçon déguisé, et lui dit : « Petit polisson, va ! »

Depuis la brouille, madame Aubernon, ne se sentant plus enchaînée par l'affection, accueille avec plaisir les épigrammes qui circulent sur les Dumas. Elle répéta plusieurs fois pendant une soirée le mot de Paul Arène à propos du procès de Gaillardet, un des collaborateurs de Dumas père : « C'est la revanche du nègre, il fait travailler pour lui les blancs. » Il est certain que Dumas père en prenait à son aise avec les collaborateurs, ce qui ne l'empêche pas d'avoir été, de rester le roi des amuseurs. Il disait : l'histoire est un clou auquel j'accroche mes romans. Ses collaborateurs ont fourni une bonne partie des matériaux. Auguste Maquet plaidait contre l'auteur des *Trois Mousquetaires*, à qui le président du tribunal demanda de venir s'expliquer en Chambre du Conseil. Dumas pendant deux grandes heures éblouit les magistrats, ravis d'une telle aubaine. Puis il prend congé, se dirige vers la porte, l'ouvre, et se retournant vers les juges : « Vous savez, Messieurs, tout ce que vous venez d'entendre, c'est du Maquet ! » Madame Aubernon l'appelle maintenant : le grand Dumas ; autrefois le fils était le grand Dumas. Rien de plus humain. Une directrice de salon, au xviiie siècle, ne disait-elle pas de quelqu'un : « Il n'a pas d'esprit, il ne vient pas chez moi ? »

6 mars 1898 : « Madame Aubernon a eu d'Annunzio à déjeuner, a dîné aussi avec lui chez mesdames Strauss et Ganderax ; elle l'a trouvé charmant, « mais qu'il doit être perfide, opine-t-elle ! » Il a été fort dur et injuste pour madame Guillaume Berr qui

avait traduit de ses poésies dans la Revue de Paris, et
le portait aux nues. Henri Heine appelle la traduction
en prose des vers : un clair de lune empaillé. Ce
n'est pas toujours vrai, et cette fois ça ne l'était pas.

Ce même jour, la baronne de Vaux fut amenée à
nous dire « « Mon fils aime très souvent. » Madame
Aubernon approuva fort ma réponse : « Il vaut mieux
ne pas aimer souvent, et aimer toujours. »

Et encore cette distinction un peu subtile : « Je ne
suis pas toujours de mon *avis*, car il faut en changer
parfois pour rester de son *opinion*. » Elle se réjouit
quand je lui répétai un propos de madame de Grandval
sur la *tranquille inexactitude des gens du monde* ;
et elle glosa là-dessus en perfection, car elle avait
souvent pâti de cette inexactitude. Elle n'aurait pas
été indulgente, comme le chancelier d'Aguesseau vis-
à-vis de sa femme, ou comme Benjamin Constant qui
remarquait avec sérénité : « Ma femme a une admirable patience à *se* faire attendre. »

27 Mars 1898. Je la trouve seule, et raconte que je
viens de lire le livre de Bardoux sur madame de Duras, et que j'ai pensé à elle, à son culte pour Dumas,
en y trouvant cet admirable cri d'amitié émue vers
Chateaubriand, ambassadeur à Londres, et ingrat :
« J'ai fait arrêter toutes mes pendules pour ne pas les
entendre sonner à l'heure où vous ne venez plus ! »
Nous nous regardons avec émotion, le passé se déroule comme le panorama qui apparaît brusquement
quand on arrive au haut de la Maladetta, et nous
voilà à évoquer les souvenirs de cette amitié brisée
avant la mort. Et personne ne vient interrompre cette
causerie doucement mélancolique, ce qui ne laisse
pas de nous étonner en nous faisant plaisir.

Soudain un grand compliment à mon adresse :

« Vous êtes parfait pour mes petits dîners, trop silencieux dans les grands. Vous continuez d'être enchaîné par le respect, comme il y a vingt ans ; il paraît que vous prenez votre revanche ailleurs, car mes amies qui vous invitent, se louent beaucoup de vos conversations chez elles. Madame Fitch porte aux nues l'élégance et la variété imprévue de votre érudition. Savez-vous ce que je leur ai répondu ? « C'est qu'il a appris à écouter chez moi. »

De nouveau nous remontons dans le passé, et des réflexions s'échappent, demi aveux d'états d'âme traversés à ces heures indécises, où l'on hésite entre ce qu'il faudrait faire, et ce qu'on est tenté de faire. Elle disait volontiers : je *suis une femme honoraire*, j'ai passé 70 ans ; je lui suggérai une autre formule, plus galante et aussi sincère, celle de l'auteur de l'Astrée ; le sept fois dix ; elle la trouva plaisante. Elle ajoutait encore, entre intimes : « J'ai renoncé à troubler, je n'ai pas renoncé à plaire. » Ce jour-là elle me nomma quelques hommes qui lui avaient fait la cour ; naturellement elle ne dit pas si elle avait *corroboré*, comme fait certain personnage de l'*Étincelle*. D'après ce que m'ont rapporté ses contemporains, d'après ce que j'ai perçu moi-même, je crois qu'elle eut de l'amitié pour l'amour, mais je jurerais, quoi qu'on ait pu dire, peut-être même parlerais-je qu'elle n'a guère connu de la passion que les prémisses, et n'a pas rencontré les tendres, les dignes complices de ses espérances. Aux yeux de l'immense majorité des hommes, l'esprit ne remplace ni la beauté, ni même la joliesse. Et ce n'est pas le cas de dire avec le poète : *Eve perdit l'Eden afin de le rêver.*

Un autre intime de l'endroit, à qui je communiquais mes doutes, opina crûment : « Mon cher, une femme, même injolie, enregistre toujours des succès, quand elle a un beau teint, de l'esprit, un salon ; c'est de l'amour gratuit, et cette raison-là pèse lourdement, par le temps qui court et dans tous les temps, aux yeux des débutants désargentés. Et puis on ne sait vraiment si une femme est laide, que lorsqu'elle vous a tout accordé ; chaque passion est un phénix, et puis encore il y a le jeu de la nature qui leurre sans cesse en pipant les dés. »

Mettons dans la balance, repris-je, la santé, cette unité qui fait valoir tous les zéros de la vie ; et enfin, *le je ne sais quoi*, cet élixir des causes latentes, ce magicien des impondérables que définit Balthasar Gracian :

« Le *je ne sais quoi* est l'âme de toutes les qualités, la vie de toutes les perfections, la vigueur de toutes les actions, la bonne grâce du langage et le charme de tout ce qui est de bon goût. Il amuse agréablement l'imagination, mais il est inexplicable. Les actions ont leur sage-femme: et c'est à ce *je ne sais quoi* qu'elles sont redevables d'accoucher heureusement. »

Et j'ajoute : ce n'est pas la vérité qui persuade les hommes ; ce sont ceux qui la disent. Les grands orateurs religieux, politiques ou mondains ont le *je ne sais quoi*.

En 1898, on joue, rue Monchanin, une pièce de Giacosa, *Les droits de l'âme*, qui parut trop ibsénienne, trop brusque dans ses raccourcis (acteurs Félix Marchand, madame Trousseau, Vial). Le même Giacosa lut chez madame Aubernon, devant une quarantaine de personnes, le premier acte d'un drame, La *Comtesse de Plallan*, importé en Amérique par Sarah Bernhardt. Nous écoutions très bien de notre côté, avec mesdames Guillaume Berr, Blumenthal, de

Saint-Victor, Arvède Barine, Bentzon, de Vaux ; mais, au fond de la salle, d'autres se moquaient férocement. Giacosa, pour un Italien, parle remarquablement le français, il a l'air peu distingué ; gras, épais ; de beaux yeux : sa conférence à la salle Charras était charmante.

Certain dimanche, au Cœur-Volant, je me trouvai tout seul ; les habitués avaient fait faux bond, et nous causâmes, de dix heures et demie à dix heures du soir, avec une récréation d'une demi heure après déjeuner, d'une autre demi-heure avant le dîner, pour me dégourdir un peu dans le parc. Ce fut un rude assaut verbal, je fis flèche de tout bois, et dois confesser que nous rabâchions un peu, que nous n'étions guère difficiles sur la qualité des souvenirs anecdotiques. Comme elle nommait Rolle, l'ancien député, je rappelai ce médiocre quatrain qui courut à propos d'un bruit de mariage entre lui et mademoiselle Haussmann :

> On dit que du préfet Rolle épouse la fille :
> Je ne voudrais pour rien du sort du marié,
> Car je craindrais, entrant dans pareille famille,
> D'être de mon bonheur trop vite exproprié.

Elle s'amusa de cette bêtise. Les virevoltes de la conversation ayant mis sur le tapis le spiritisme, elle conta une soirée de spiritisme donnée par sa mère en 1857, au temps de la vogue de Hume ![1] Madame Aubernon mime à merveille la scène, l'apparition du personnage, les bruits d'os de squelette choqués dans

---

1. L'exactitude de ce souvenir m'a, bien longtemps après, été révélée par les curieux *Souvenirs* de madame Jules Baroche, que sa nièce publia en 1921.

la coulisse, l'émotion nerveuse du public féminin, la réponse dilatoire de Hume, quand un officier lui demande d'évoquer les amants célèbres, et que la compagnie chuchote : Abeilard ! Abeilard ! — Je ne peux pas ; Abeilard n'était pas un sérieux amant. — Peux-tu alors évoquer Oswald ou Chactas ? — Je le peux. — Une portière s'ouvre, la silhouette d'Oswald se dessine, et disparaît aussitôt. — Nadaud étant entré pour dire quelques chansons, le thaumaturge proteste : « Qu'on éloigne cet homme ! Il me paralyse ! » Mais voici Chactas en costume de sauvage, et ensuite Frédéric II avec sa canne et sa tabatière. Alors on commence à comprendre, et l'émotion se mue en sourires, puis en rires sonores, lorsque Chactas demande au roi une prise de tabac, et jette sa perruque. Hume n'était autre que le peintre Lambert, surnommé Lambert les chats, mystificateur aussi habile que spirituel. Et il n'est pas sûr, continuait madame Aubernon, que cette saynète ait guéri de leur crédulité les dames, ni même tous les hommes.

Ce jour du terrible dialogue, nous eûmes cependant un charmant intermède, qui, pour ma mémoire en déroute, fit l'effet d'un bain rafraîchissant, et la ravitailla en lui ouvrant de nouveaux horizons. Vers six heures et demie, madame de Keroman vint, et raconta tout d'abord une aventure mondaine où dominait la note comique ; celle-ci heureusement joue un aussi grand rôle que la note tragique dans les éternels imbroglios de l'Amour, et des diminutifs de l'Amour. Madame Aubernon aimait les innombrables plats que prépare, réussit ou manque ce cuisinier sentimental avec ses marmitons, et toute invention nouvelle lui agréait, pourvu qu'elle fût servie avec la sauce de l'esprit. « On ne peut pourtant pas toujours causer, déclara-t-elle, comme faisaient Saint-Augustin avec ses amis, le grand .nauld avec Nicole ou la mère Angélique, ou comme on fait quand on se trouve en présence de jeunes filles. L'amour, le flirt, les passades, le caprice, la physiologie sensuelle, jouent un trop grand rôle dans la vie, dans la littérature théâtrale et romanesque, pour que les gens du monde n'aient pas le droit de s'en occuper, de mettre en relief leurs aspects dramatiques ou plaisants. Il est des temps de niaiser, comme dit Pascal. Question de mesure et de goût.

Certes, repris-je, d'aucuns dépassent la mesure. L'académicien Duclos, un soir, chez la comtesse de Rochefort, sous prétexte que seules les honnêtes femmes peuvent entendre des contes salés, et que, là ou la vertu règne, la bienséance est inutile, arriva progressivement à en détailler de tellement raides, que la comtesse finit par l'avertir : « Prenez garde, Duclos, vous nous croyez aussi par trop honnêtes femmes. » Et puis la pudeur est souvent une question de nombre ; ce qui scandalise une femme vertueuse quand on est trois, la fait sourire quand on est deux : à moins toutefois que le nombre n'encourage à mettre la pudeur au rancart.

Quant à moi, appuya madame de Kéroman, une gauloiserie bien nuancée, avec des sous-entendus qui permettent de deviner beaucoup, ou de ne pas comprendre, me fait autant de plaisir qu'un bon perdreau rôti en septembre, ou une poire comice en novembre.

Le monde n'est pas un couvent ni une prison, insista madame Aubernon : le cerveau a besoin de la petite orgie mensuelle recommandée par l'École de Salerne. Cela fait partie du code de la frivolité, sans laquelle le monde s'ennuierait trop. Ayons chacun notre sanc-

tuaire où s'épanouissent les reliques du cœur, les fortes croyances qui déclenchent l'esprit de sacrifice ;
mais cultivons Épicure, Montaigne, le rire et le sourire. De beaucoup d'historiettes libertines se dégage
une leçon de prudence et de modération. Les sexagé-
génaires, *dont l'éloquence est presque tombée*, et qui
n'ont pas encore la sagesse élémentaire d'ontourer les
femmes de leur plus profond respect, devraient bien
méditer le quatrain de Boufflers et les versiculets de
Panard. Redites-les donc, mon cher ami, ils amuseront
Madame de Keroman.

> — Boufflers : Austère comme un cénobite
> Il vécut toujours chastement ;
> Mais il dut sa bonne conduite
> A son mauvais temperament.

> *Trop tôt et trop tard*, de Panard.
> Adolescents et barbons
> Pour aimer ne sont pas bons ;
> Voilà la ressemblance.
> Il n'est pas temps à quinze ans ;
> A soixante, il n'est plus temps :
> Voilà la différence.

A soixante ans, sourit madame Aubernon, le tempérament est toujours mauvais. Je l'ai déclaré souvent, et Dieu sait quelles protestations j'ai soulevées !
Comme je sentais les rébellions frémissantes se dres-
ser contre la fatale limite d'âge, même quand elles
n'éclataient pas tout haut, et quel dédain accueillait
mon opinion ! Les plus sages se disaient que j'avais
peut-être raison en principe, mais qu'ils feraient exception à la règle.

Là-dessus, pendant vingt-cinq bonnes minutes, nous

fîmes une petite débauche anacréontique ; quarante à cinquante historiettes, plus ou moins décolletées, défilèrent allègrement. Grâce à ma connaissance des Parnasses satiriques, je tenais le record pour le passé, mais madame de Keroman me serrait de près pour les anecdotes contemporaines. Comme je voudrais ne pas scandaliser les oreilles pudibondes, et en même temps répondre à l'attente des amateurs de gaillardises, je ferai court, quitte à mécontenter les deux camps.

Madame Aubernon s'esclaffe au sujet de la requête d'une petite princesse du xviiie siècle; demoiselle d'honneur de la reine de Naples, oubliée par Vénus le jour de sa naissance, elle supplia Sa Majesté de lui donner un amant « afin d'être sans retard débarrassée de cet opprobre de la virginité. »

Madame de Keroman conte l'aventure d'un ménage dos à dos. Le mari n'est pas un mari à revolver, mais un mari à commissaire : après le constat de la faute, la porte s'étant refermée sur lui et ses compagnons, Madame avec un beau sang-froid déclare : La séance continue ! »

Je répète l'épitaphe de la Comtesse de Verrue :

> Ci-gît, dans une paix profonde,
> Cette dame de volupté,
> Qui, pour plus grande sûreté,
> Fit son paradis en ce monde.

La question curieuse de Bob, âgé de dix ans :

« Papa, quand vous avez fait votre voyage de noces en Italie, est-ce que j'en étais ?

Papa, après réflexion : Tu es parti avec moi, et tu es revenu avec ta maman.

Les deux douairières voulurent aussi entendre le

sonnet épicurien de Vauquelin des Yveteaux, et je terminai par l'impromptu de Lattaignant :

> Je n'ai rien chanté de ma vie
> En impromptu :
> Mais que vos yeux ont de vertu !
> Ma foi, quand on est si jolie,
> On a bien droit d'être servie
> En impromptu.

Tout en se levant pour prendre congé, madame de Keroman parla d'un ami qui usait de cet euphémisme pour savoir si le mariage de ses enfants était consommé : « Etes-vous mon gendre ? Etes-vous ma bellefille ? » Madame Aubernon aurait voulu garder à dîner cette aimable femme, mais de son côté elle avait cinq convives, et elle parut s'en aller à regret.

14 juillet 1898. Très agréable journée au Cœur-Volant. Le soir : Lepelletier, Doazan, Brochard, Chéramy, Raphaël Georges Lévy, les de Souza, madame de Saint-Victor. Thèmes de conversation : *L'Affaire*, Dumas, Paul Hervieu, Anatole France, Brunetière, l'Amour ; celui-là est toujours un grand premier ténor : Ne *parlons plus de l'Amour*, reparlons-en, comme disait Pailleron à une autre agape du Cœur-Volant. Lydie Aubernon ayant demandé à chacun s'il voudrait recommencer sa vie, nous avons tous répondu oui, sauf elle ; contre nous elle invoque l'opinion de Ninon de Lenclos, une prétendue heureuse de ce monde, cependant. Elle conte ensuite l'histoire du monsieur qui, dans les salons, venait confier aux dames qu'il n'avait jamais eu de maîtresse, non jamais. « Oh ! Monsieur, s'exclamait-on, combien je vous félicite ! Vous n'avez pas eu de chagrins ! Vous n'avez pas été abandonné ! Vous n'avez pas été trahi ! etc... » Quelqu'un, plus

curieux que les autres, découvrit qu'il était l'amant de
sa belle-mère, et s'abandonnait à la débauche la moins
élégante.

J'ai recueilli encore cette définition de Chéramy :
« La vérité est un fruit qu'on appelle paradoxe quand
il est vert, et lieu commun quand il est mûr. » Est-ce
du Chéramy, ou du Dumas colporté ? Je penche pour
la seconde hypothèse, d'autant plus que, ce même jour,
Chéramy cita, sans dire qu'elle était d'Auber, cette
réflexion : La femme est comme la truffe ; même quand
on ne peut plus en manger, on en aime encore le parfum. Et ce vers retourné, bien avant Chéramy, me
donne aussi à penser :

Tel brille au premier rang qui s'éclipse au second.
Chéramy avait vu beaucoup de choses et de gens, sa
conversation était substantielle, précise, nullement
brillante, sauf quand elle reflétait la pensée des grands
lettrés ses amis. Madame de Girardin l'aurait peut-
être rangé dans le clan des demi-lettrés, de ces répu-
tations de coterie qu'elle appelait : *les bottes bleues.*

Ce même jour, visite à la voisine de madame Aubernon, la comtesse Dodun de Keroman. J'y trouve ses
enfants, les de Biré, les de Coynart, et madame de
Trédern. C'est proprement une maison où l'on appelle
les choses par leur nom, Madame de Coynart, causant
avec moi, dit de quelqu'un : *c'est un cochon,* et elle
s'en excuse spirituellement : « Je me corrige de mes
gros mots ; alors je garde celui-ci pour me consoler ;
quand je me serai corrigée des autres qui sont plus
raides, je me déferai de celui-là. »

Un aveu aussi de madame de Keroman à madame
Aubernon : « Nos ducs ont de moins bonnes manières
que vos amis. » Elle m'avait écrit plusieurs lettres
extraordinaires de verve et d'observation humoristi-

que : hélas ! je les ai perdues. « Alors vous remontez chez *la grosse,* » disait-elle quand nous regagnions le Cœur-Volant. Son très automnal fiancé fut victime d'une pénible aventure : se promenant au bois de Marly, il rencontre des cambrioleurs qui, non seulement lui enlèvent son porte-monnaie, sa montre, mais son costume entier, et ne lui laissent que les clefs de son logis : de telle sorte qu'il dut, tout grelottant, nu comme un ver, rentrer chez madame de Keroman. — Du moins, mon cher ami, sourit-elle, n'ont-ils pas l'intention de cambrioler votre appartement, puisqu'ils n'ont pas pris vos clefs.

Une des dernières représentations chez Madame Aubernon, fut celle où sa troupe joua *Rabagas.* J'ai noté quelques noms des spectateurs, qui presque tous se connaissaient, circonstance infiniment favorable au succès et à l'agrément d'une fête : les Brunetière, les Houssaye, les Doumic, les Henri de Régnier, les Art-Roë, Fernand Vandérem, Lavedan, du Tillet, Vicomtesse de Trédern, princesse Gortchakoff, les Raquez, Mesdames de Saint-Victor, de Pierrebourg, Comtesse Zamoiska, Gyp, les Baignères, Paul Hervieu, Hesse, Braine, Saint-Hilaire, Béclard, d'Estournelles de Constant, Madame Madeleine Lemaire et sa fille, Pozzi, les Bonnet, Madame Fitch, Madame Mira Singer, Chéramy, les Borel, Robert de la Sizeranne, M. et Madame Thouvenel, Madame Jeanniot, les Jacques Piou, Arvède Barine, Madame Blanc-Bentzon, Marcel Prévost, Baronne Decazes Stackelberg, Gilbert Boucher, les Sulzbach, M. et Madame Willy Blumenthal, Madame de Lurcy, les de Coynart, les de Biré, Lepelletier, Rolle, Alfred Mézières, les Piou, Vial, Sautereau, Raphaël Georges Lévy, Mesdames Charles Hayem, Guillaume Berr, les Jacques Normand, Mesdames Gautreau, Hochon, les Strauss, Dubois de l'Etang, au nom doublement giboyeux, etc... Au buffet, je cause quelque temps avec Jacques Normand, et, comme nous parlions des caprices des libraires et du public vis-à-vis des ouvrages, — *pro captu lectoris habent sua fata libelli* — mon interlocuteur rapporte une réflexion pénétrante de son beau-père Autran : « Les gens riches n'achètent pas de livres : ce sont les pauvres qui les achètent, et ils les prêtent aux riches qui ne les leur rendent pas. »

Décembre 1898 : Madame Aubernon organise une fête de charité. On jouera le *Filleul de Pompignan*, 9 Avenue Hoche, et elle espère placer cinq cents billets à vingt francs. D'Annunzio lui a envoyé un de ses volumes de vers, avec cette dédicace *modeste* : « A Madame Aubernon de Nerville j'envoie cette pourpre, cette myrrhe, cet or. »

Samedi 25 février 1899, a lieu la fête organisée par Madame Aubernon pour les salles du docteur Pozzi à l'hôpital Broca. Énormément de monde. La pièce a vieilli, la salle froide dans le fond, les acteurs excellents, surtout Despatys, Raquez et Germiny. Deux ou trois mots de la pièce. « Le malheur compte double dans la vie des femmes, comme dans les campagnes des militaires. — On a dit cinq ou six choses vraies au commencement du monde, et c'est tout. — Un parrain est un second père, quand par hasard il n'est pas le premier. — Les chagrins éternels sont l'occupation de ceux qui n'ont rien à faire... »

Peu de temps après, Madame Aubernon tombe malade, et Pozzi me confie que c'est infiniment grave ; il prononce le nom du mal qui ne pardonne pas.

10 août 1899. Diné avec Victor Brochard, installé à Saint Germain, au pavillon Henri IV ; nous avons passé trois heures ensemble, parlé beaucoup de Madame Aubernon, des du Tillet, de F. de Fels, d'Izoulet. Il est complètement aveugle, toujours charmant et délicieux à entendre. Il mime une fois de plus l'étonnante scène où il fit valoir à M. Charles Roux, député, nabab marseillais, bon lettré, félibre, président d'une grande société de navigation, les titres du comte Jacques du Tillet à épouser sa très jolie et distinguée fille : pendant une demi-heure, il défila le chapitre des alliances, prenant des temps, effarant, éblouissant le personnage qui, cependant, ne passe pas pour être un gobeur, et qui peut-être, ayant son siège fait, a joué la comédie de la conviction progressive. « Allié des Murat ! Ce n'est pas tout ! Par les Clermont Tonnerre, il remonte à Saint-Louis ! — Ce n'est pas tout ! Il a des liens de parenté avec le comte de Flandres !... Ce n'est pas tout ! Sa famille se rattache aux Hohenzollern !... » Charles Roux était ahuri, ravi. Naturellement j'ai négligé les ombres au tableau. Au reste, mon cher du Bled, ce beau garçon a toutes les vertus, puisque la jeune fille l'aime, et que notre amie est engouée de lui ; il fait partie, comme dit cette rosse de Doazan, de la théorie des flirts cérébraux. »

Les Marseillais s'étonnèrent de ce choix ; Charles Roux répondit péremptoirement : « mon gendre n'est pas républicain, il le deviendra. » En rentrant de son voyage de noces, du Tillet laisse couler les semaines sans aller chez Madame Aubernon, qui croyait, non sans raison, avoir contribué à son mariage. Elle s'étonne, se lamente, s'indigne ; Brochard convoque du Tillet, a avec lui une conversation que je reproduirai peut-être un jour, et à la suite de laquelle Madame Aubernon, prenant la chose au tragique, fit fondre le bijou que le couple lui avait donné au moment du mariage ; elle nous montrait sur son guéridon le lingot, ajoutant : « Se conduire ainsi, c'est profaner le Saint-Sacrement ! » Ce qui ne l'empêcha point, deux ans après, de les réinviter à dîner ; et elle allait ainsi au devant de *la surprise* causée par cette extrême indulgence : « Ce ne sont plus des amis, ce sont des convives. » Losqu'ils reparurent dans le salon de la rue Monchanin, j'allai saluer Madame du Tillet ; elle me dit en souriant : « Eh bien, nous revenons, quoique ici on nous traite couramment de monstres. — De jolis monstres en tout cas. « Bah ! continuai-je, il ne faut conserver que les rancunes à gros intérêts. » Brochard n'avait pas voulu être de ce dîner, qui lui fit l'effet d'une abdication. Et nous glosons longuement sur cette mansuétude trop chrétienne qui, dit-il, n'ajoute rien à la gloire du salon, et n'est propre qu'à encourager l'ingratitude. Les dîners de pardonnés font partie du code mondain de notre amie. « A quoi bon cette reculade, grondait Brochard ? Ils sont des silencieux à table, et n'apportent d'autre contingent au prestige du salon que celui de leurs agréments physiques. Du Tillet écrit agréablement, sans plus, mais, comme causeur, il ne dit rien de rare, ni de plaisant. Décidément notre pauvre Lydie déraille, et pousse son système jusqu'à l'absurde : elle n'écoute que les conseils qu'elle se donne à elle-même ; ça lui a souvent coûté cher. »

Ce jour là Brochard était dans ses veines d'amertume, et Jean Izoulet, qui le remplaça au lycée Condorcet, reçut aussi les étrivières. Celui-ci vient l'entretenir de sa thèse de doctorat ès lettres, *La Cité moderne*, puis lui apporte le manuscrit. Brochard était alors professeur à la Sorbonne, membre de l'Académie des Sciences morales et politiques. Il commence un soir la lecture de la *Cité Moderne*, s'arrête à la douzième page,

et, se prenant la tête : « Suis-je devenu un imbécile ? »
Ce style, quel pathos ! Remettons à demain. — Le lendemain matin, il ingurgite cinquante pages, et, se frottant
les mains: « Non, je ne suis pas un imbécile ! » Des
articles dithyrambiques d'amis trop zélés, achevèrent
d'indisposer Brochard, président de thèse, qui ne fit
pas mystère de son mécontentement. Quelque temps
après la publication de la thèse, Brochard reçoit un
propectus de quatre pages, envoyé à tous les lycées de
France, où figuraient des extraits d'articles élogieux,
la photographie d'Izoulet, et au-dessous cette réflexion :

En 1893, à la Wartburg, par un clair midi ventilé
de septembre, adossé à la petite cour, et contemplant
la sombre forêt de Thuringe, j'ai cru sentir que l'âme
française n'avait pas déroulé ses derniers replis. »
Brochard, finit par conclure : « Il a beaucoup travaillé, il a une excellente mémoire, il faut l'entendre,
et ne pas le lire. Il est né réclamier, politicien ; il aurait réussi à la Chambre. Quelqu'un l'a défini : Un
fumiste devenu gobeur par auto-suggestion. » D'ailleurs il a un public de belles madames ; Madame de
Beausacq le regardait presque comme un génie ; il
parle debout, et sa faconde fait oublier son physique.
Il m'arriva de déclarer à un de nos immortels que je
le trouvais médiocre écrivain, et bon conférencier. Il
répondit en secouant la tête : « C'est que vous ne lisez
pas les mêmes livres. »

Autres échantillons du style d'Izoulet: « Le spiri-
tualisme *thèse*, et le matérialisme *antithèse*, qui, grâce
à mon *hypothèse*, se réconcilient dans une *synthèse*. —
On a dit: Dieu n'est pas seulement une intelligence :
c'est aussi un cœur. Je précise : un cœur de lion. »

20 avril 1899 : Aux dernières nouvelles, Madame Au-

bernon aurait seulement le diabète, et pourrait être sauvée. Quel bonheur ! Et comme on a besoin d'espérer pour elle !

20 Juillet 1899 : Visite très douloureuse à Louveciennes. J'étais avec la fidèle Madame de Saint-Victor ; chaleur torride. Nous sommes restés trois quarts d'heure seulement. Je lui ai demandé de ses nouvelles — « Je vais très mal ; parlons d'autre chose. » Elle a encore terriblement maigri, s'intéresse à tout ; on l'entend à peine. Elle a devant la bouche un mouchoir, qui se remplit sans cesse de pus sanguinolent. Pendant quelque temps, elle ne voulait pas qu'on lui fît des visites ; maintenant elle les aime. Je n'ai pas osé lui demander la permission de l'embrasser, mais je lui ai baisé la main, et demandé la faveur de revenir. Elle nous a reçus devant sa villa, presque au milieu de corbeilles de fleurs qui embaumaient. Quel contraste ! En la quittant, nous pleurons silencieusement.

Madame Aubernon est morte le 27 septembre 1899, à neuf heures du matin. J'étais en Haute-Saône, et on m'a averti trop tard pour que je pusse assister à ses obsèques. Agée de 74 ans ! C'était un cancer de la langue ! Une dame, que je ne veux pas nommer, a saisi cette occasion de placer un mot cruel, qui n'était même pas neuf : « Elle est punie par où elle a péché. » L'année suivante, à son bout de l'an, nous étions assez nombreux ; après la cérémonie, je serrai la main du docteur Pozzi, qui avait les yeux pleins de larmes, et me dit avec émotion : « Elle était unique ! » Oui, unique ; on ne la remplacera pas.

FIN

TABLE DES MATIÈRES

DEUXIÈME VOLUME

CHAPITRE PREMIER

DANS LES VOSGES ET EN HAUTE-SAONE

CHAPITRE II

VANVES ET LOUIS-LE-GRAND

CHAPITRE III

LA FACULTÉ DE DROIT DE PARIS

CHAPITRE IV

SALONS POLITIQUES

CHAPITRE V

MADAME AUBERNON ET SES AMIS

PREMIÈRE PARTIE

Un pastel du xviiie siècle: Madame de Nerville. — Cinquante ans de salon. Les mots de madame Aubernon : Les *monstres*

CHAPITRE V (*suite*)

MADAME AUBERNON ET SES AMIS

Imprimerie Générale de Châtillon-sur-Seine. — EUVRARD-PICHAT.